[제6판]
균형적 접근에 기초한

영유아 언어지도

남 규 · 최은영 · 장석경

KNOWLEDGE COMMUNITY 공동체

머/리/말/

언어는 소리와 뜻을 연관 짓는 인간 상호 간의 의사소통 수단이다. 언어를 통한 상호 소통은 단순한 메시지 전달도구만이 아니라 자신의 생각과 감정을 표현하기 위해 의미를 구성하고, 다른 사람의 사고와 느낌을 이해하기 위해 그 의미를 재구성하는 사고과정을 포함한다. 언어를 배운다는 것은 단순히 말하고 쓸 수 있는 기능적인 측면을 넘어서 사회, 심리, 문화적 측면에서 중요한 비중을 차지하기 때문에 언어가 교육 전반에 미치는 영향은 매우 크다.

지난 수년간 영유아기 언어발달과 교육에 대한 연구는 지속적인 변화 또는 재개념화가 이루어져 왔다. 이러한 변화는 언어지도를 어떠한 방법으로 해야 할 것인가에 대해 많은 고민이 있었음에도 불구하고 표면적으로 드러나는 언어지도의 양상은 본질을 벗어나는 경우가 많다.

이에 본 서는 유아교육을 전공하는 학생 및 교사, 부모들에게 올바른 언어지도를 실천할 수 있도록 돕고자 하는 동기에서 출발하였다. 특히 영유아기 언어는 언어습득이 활발히 이루어지는 시기로서 바람직한 언어지도를 하기 위해서는 교사와 부모가 언어에 대한 기초지식과 영유아기 언어발달에 관한 지식, 언어교육에 대한 지식을 가지고 있는 것이 필요하다. 그러므로 본 서는 이러한 지식을 바탕으로 언어지도에 관련된 교육과정과 영유아의 언어발달을 돕기 위한 교수-학습 방법, 평가 등을 고려하여 영유아들에게 균형 있는 언어를 사용할 수 있도록 하는 데 중점을 두었다.

이 책은 크게 이론과 실제를 포함해 모두 11장으로 구성되어 있다.

제1~3장에서는 인간의 언어에 대한 이해와 영유아의 언어발달, 언어발달에 대한 변화를 이론적인 관점으로 살펴보았다.

제4~6장은 다양한 언어교육의 방법을 제시하였으며, 음성언어와 문자언어 발달에 따른 지도방법과 예를 제시하였다. 특히 최근 연구가 많이 되고 있는 초기문해 기술인 음운인식, 구문, 내러티브 등에 대한 지도내용과 실제를 소개하였다.

그리고 제7~10장에서는 언어발달을 증진시키기 위한 교사와 유아의 상호작용을 제시하였으며, 언어발달과 언어교육을 위해 국가에서 제시한 2024 개정 표준보육과정(0~2세)과 2019 개정 누리과정과의 연계성을 살펴보았다. 또한 언어발달을 지원하기 위한 환경, 언어발달의 평가를 실었다.

실제편인 제11장에서는 예비교사로서 유아교육기관에서 실제 일어날 수 있는 상황을 분석해 보고 유아에게 언어적 지원을 할 수 있는 다양한 방법을 고민해 볼 수 있는 예시를 실었다. 또한 언어활동의 대상 연령을 영아와 유아로 구분하여 주제에 따른 놀이 상황, 놀이 상황 분석 및 교사의 지원, 보육과정(누리과정) 영역별 놀이 활동, 관련 그림책, 언어발달 측면의 교육적 놀이 지원을 소개하여 유아교육기관의 일과를 통해 통합될 수 있도록 다양한 활동을 실어보려고 노력하였다.

일반적으로 영유아 언어지도 교과목은 대학에서 학생들이 매우 중요하게 생각하지만 어려워하는 과목이다. 그렇기 때문에 독자들이 언어에 대한 이해와 함께 언어교육의 이론과 방법의 연결성을 찾을 수 있도록 정성과 최선을 다했지만 부족한 점이 너무나도 많다. 계속해서 전문가들과 독자들의 조언과 격려를 겸손하게 받아 앞으로 부족한 부분을 계속해서 보완해 나가고자 한다.

마지막으로 저자들을 있게 해주신 은사님, 선후배 동료 선생님, 협조해 주신 선생님들에게 깊은 감사의 마음을 전한다. 특히 영유아를 위한 언어교육의 중요성을 이해하고 좋은 아이디어를 제안하는 데 노력을 기울여 준 대전보건대학교 유아교육 전공 학생들에게 감사와 사랑의 마음을 전한다. 끝으로 이 책의 출판을 도와주시고 보다 좋은 책을 만들기 위해 함께 고민해 준 공동체 가족 여러분들에게 감사를 드린다.

2025년 8월

남 규 · 최은영 · 장석경

차/례/

CHAPTER 07 교사-영유아 상호작용

CHAPTER 08 언어교육·보육과정

CHAPTER 09 언어발달을 지원하기 위한 환경

CHAPTER 10 영유아 언어발달 평가

CHAPTER 11 유치원, 어린이집에서의 언어지도의 실제

영 · 유 · 아 · 언 · 어 · 지 · 도

Chapter 01

언어의 이해

1. 언어의 정의와 중요성 | 2. 언어의 특성과 기능 | 3. 언어의 구조 | 4. 언어교육의 중요성

학/습/목/표

1. 언어의 의미를 이해하고 음성언어, 문자언어의 기원에 대해 말할 수 있다.
2. 언어의 특성과 기능을 설명할 수 있다.
3. 언어의 구조 및 언어의 형태를 설명할 수 있다.

① 언어의 정의와 중요성

언어란 무엇인가?

언어란 생각이나 느낌을 나타내거나 전달하는 데 쓰이는 음성, 문자의 수단이며, 사회관습적인 체계(표준국어대사전, 2018. 1. 20. 인출)이다. 이는 일반적으로 생각하는 언어의 개념으로 여러 가지 상징들을 사용하여 상호 의사를 전달하는 기호체계를 말하며, 언어의 중심기능은 상호 이해를 위한 의사소통의 수단이다.

■ 인간만이 사용하는 고유한 언어를 우리는 어떻게 사용해야 할 것인가?

교육부는 전국의 초등학교 4학년부터 고등학교 2학년 434만여 명을 대상으로 '학교폭력 실태 조사'를 하였는데 학교 피해유형 중 언어폭력이 35.4%로 가장 높았다고 보고하였다.
"말을 함부로 사용하는 사람은 동물과 다름없다"라고 소크라테스는 말한다.
최근에는 다양한 매체를 통해서 자유롭게 자신만의 언어를 표현할 수 있지만 그에 따른 언어의 피해의 심각성을 바라볼 때 언어를 어떻게 사용할 것인가에 대한 해답은 언어교육의 가장 중요한 과제일 것이다.

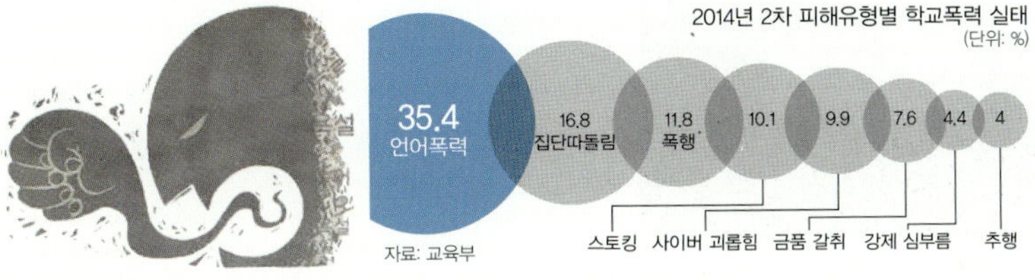

출처 : 세계일보(2014. 11. 27).

이러한 언어를 통한 상호 소통은 자신의 생각과 감정을 표현하기 위해 의미를 구성하고, 다른 사람의 사고와 느낌을 이해하고 의미를 재구성하는 사고과정을 포함한다. 언어는 의사소통과 사회적 접촉, 주변 사람에게 영향을 주는 사회적 도구로 사용되다가 점차 개인의 생각과 행동을 조절하는 심리(정신)적 도구가 된다(Vygotsky, 1978). 동물도 의사소통을 하지만 인간의 언어와는 다르다고 할 수 있다. 언어를 인간만이 가지고 있는 의사소통의 도구라고 할 때, 언어의 사용은 자신의 생각과 감정을 효과적으로 전달하는 능력과 대상이나 상황에 맞게 사용하는 능력이 함께 포함되어야 할 것이다.

인간이 언어가 없는 상황 속에서 생활을 할 수 있을까?

언어는 기본적으로 의사소통을 위한 도구로서 개인의 감정이나 생각을 표현한다. 인간이 언어가 없는 상황 속에서 생활한다면, 의사소통을 위해서 소리를 내거나 몸짓을 통해 표현하겠지만 서로를 이해하기 어렵고, 자신의 생각을 표현

영화 〈블랙〉(2005). 인도판 헬렌 켈러.

보지도 듣지도 못하는 8살 소녀, 아무런 규칙도 질서도 모르던 '미셸'의 모든 것을 포기한 부모는 마지막 선택으로 장애아를 치료하는 '사하이' 선생님에게 미셸을 맡기게 된다.
미셸이 집에서 동물 취급당하는 것을 본 '사하이' 선생님은 '미셸'의 눈과 귀가 되어주기로 결심하고, 그녀에게 말과 소리 그리고 단어 하나하나를 수화로 가르치기 시작한다.
선생님의 노력으로 '미셸'은 모든 사물에는 이름이 있다는 것과 단어의 의미를 알게 된다. 그것을 깨닫는 순간 그때부터 '미셸'은 언어적 의사소통을 하기 시작한다.

출처 : Daum 영화(movie.daum.net에서 2014. 9. 6. 인출).

하기 힘든 생활을 하게 될 것이다. 위에서 소개한 영화는 일상적인 언어와 단절되어 있던 한 소녀가 언어를 체득하는 과정을 통해서 인간이 태어나 숨을 쉬듯, 우리가 자연스럽게 사용하고 있는 언어의 의미와 기능에 대해 다시 생각해 볼 수 있게 한다.

말을 한다는 것은 누군가에게 자신의 감정을 표현하고, 내가 나임을 표현하는 중요한 수단이다. 그러므로 언어가 없는 상황 속에서 생활한다는 것은 손짓, 몸짓, 옹알거림을 통해 언어를 표현하게 되어 다소 불편해진다는 문제를 넘어 인류의 존재마저 위협하는 문제가 될 수도 있다.

언어는 어떻게 나타났을까?

1) 음성언어의 기원

언어가 어떻게 생겨났는지에 대해서는 언어 이전의 인간의 삶에 대한 자료가 부재하기 때문에 대부분 신화나 전설과 관련되어 있다. 언어는 인간이 살아남기 위해서 서로 간의 긴밀한 협동이 필요했기 때문에 생겨났을 것이라고 추측하기도 한다. 언어의 기원에 대한 설명은 신이 언어를 만들었다는 입장과 인간이 진화하면서 언어가 발전했다고 보는 입장으로 나눌 수 있다. 신이 언어를 만들었다는 가설은 성경에는 하나님이 아담에게 이름을 지어주고, 아담이 각 생물을 일컫는 바가 곧 이름이 되었으며, 바벨탑 사건[1) 이후 하나의 언어가 세계 각국어로 변화되었다는 기록을 찾을 수 있다(창 2 : 19; 11 : 1–9). 또한 진화론과 관련된 가설은 언어가 인간이 진화함에 따라 발전되어 왔음을 설명하고 있는 입장들로 멍멍설, 쯧쯧설, 딩동설, 싱송설 등이 있다.

1) 기원전 3세기 바빌론의 역사가 베로수스(Berosus)는 최초의 인간들은 한 민족이었으나 자신의 힘을 너무 믿고 오만해져서 신을 경멸하게 되었다고 기록했다. 신보다 더 위대하다고 믿은 그들이 바빌론에서 탑을 쌓아올려서 하늘에 도달하려고 하자 신이 바람을 불게 했고 탑은 무너졌다. 이전에는 모든 사람들이 한 가지 언어를 썼으나 신이 다른 언어들로 말하게 해서 여러 종족으로 나누어졌다.

- **멍멍설(bow-wow theory)** : 동물 소리의 흉내가 언어의 시작이라는 입장(예 뻐꾸기, 개구리 등과 같은 동물 이름은 이들이 내는 소리에서 비롯)
- **쯧쯧설(pooh-pooh theory)** : 외침이 언어의 시작이라는 입장(예 감정을 표출할 때 만들어 낸 소리가 언어의 기원)
- **딩동설(ding-dong theory)** : 자연의 소리 묘사가 언어의 시작이라는 입장(예 종이 울리는 소리 – 땡땡)
- **싱송설(sing-song theory)** : 노래를 부르면서 언어가 시작되었다는 입장
- **요헤호설(yo-he-ho theory)** : 도움을 청하거나 멀리 소식을 전하기 위해 소리 지르던 것이 언어의 기원이라고 보는 입장
- **타타설(ta-ta theory)** : 인간의 행동과 연관성이 있는 소리를 만들어 내면서 언어가 시작되었다는 입장
- **타라라붐데에이설(ta-ra-ra-boom-de-ay theory)** : 종교의식과 관련된 춤이나 주문에서 언어가 비롯되었다는 입장

■ 진화론적 입장에서 본 언어의 기원

언제 인간이 언어를 사용하기 시작하였는지에 관해서는 현재 우리가 가지고 있는 지식과 연구방법으로는 정확히 파악할 수 없다. 최근 언어학자들 사이에서는 인간 언어의 기원을 100,000~50,000년 전으로 예측하고 있다. 인간이 언어를 구사하기 위해서는 해부학적으로 한 가지 조건이 반드시 충족되어야 하는데, 즉 목의 후강이 내려앉아야 한다. 약 300,000년 전에 인간의 해부학적 목의 구조가 이와 같이 진화되었을 것이라고 학자들은 가정하고 있다. 최근 유전학의 급속한 발전으로 몇몇 학자들은 언어 유전인자(foxp2)의 존재를 가정하기도 한다. 이 이론에 의하면, 호모사피엔스(homo sapiens)는 100,000년 전에 상기의 유전인자의 진화과정에 있었다고 한다. 이와 같은 원시적 의사소통 수단에서 인간은 앞에서 지적하였듯이 해부학적 조건이 충족됨에 따라 점차로 언어를 발전시켰을 것이라고 몸짓이론의 학자들은 주장하고 있다.

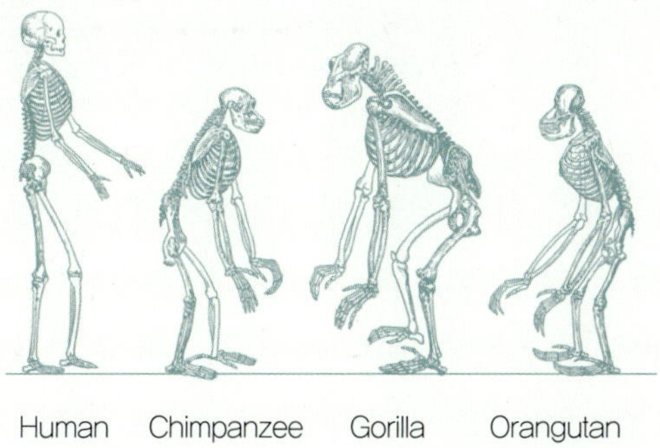

출처 : 위키백과(ko.wikipedia.org).

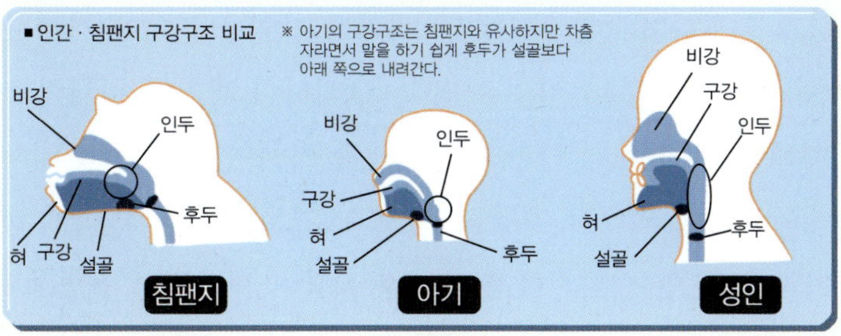

출처 : 조선일보(2003. 10. 6).

2) 문자언어의 기원

인간은 떠오르는 생각이나 정보를 동굴 벽이나 커다란 바위 면에 표시하거나 그림으로 그렸다. 인도의 사암동굴 벽화, 스페인의 알타미라, 프랑스의 라스코와 쇼베 동굴 벽화, 세계 도처에서 발견되는 동굴 벽화는 그 역사가 4만~2만 년 전으로 거슬러 올라간다. 이것을 문자언어의 시작으로 간주할 수 있다. 그러나 본격적인 문자언어의 시작은 기원전 3300년경 메소포타미아 지역의 수메르인에 의한 설형문자[2)]를 문자의 시작으로 본다(이종인 역, 2003). 설형문자는 현재 알려진 것 중 가장 최초의 문자로, 시간이 지나면서 상형문자적인 요소는 줄어들고 점점 추상화되었다.

문자는 언어를 기록하기 위해 사용되는 기호체계이다. 인간은 문자의 발명으로 이미 얻은 지식을 고정시켜 시간과 공간의 제약 없이 타인에게 전할 수 있게 되었다. 인간이 짐승의 뼈나 돌, 쇠붙이 등을 사용하여 점토판, 비단, 동굴에 남긴 기록들은 문자에 대한 역사를 추론하는 데 도움을 준다. 인간은 문자를 통해 기억력과 두뇌정보 저장능력의 한계를 극복하고, 선행 경험과 지식을 기록으로 남길 뿐만 아니라 앞선 시대의 문명을 이어받아 이를 기반으로 새로운 문명을 창조할 수 있게 되었다(강동일 역, 1995). 과거의 기억은 언어에 의해서 유지되며, 역사의 축적은 문자에 의해서 이루어진다. 그리하여 과거와 현재의 경험은 언어에 의해서 미래로 전해진다. 인간의 집단생활 역시 언어에 의해서 이루어진다. 개인과 개인은 언어에 의해서 결합되고, 이미 얻은 지식은 언어에 의해서 서로 전달된다. 이와 같이 언어에 의해서 사회적 집단이 형성되고 공동생활이 유지되며, 인간의 문화가 오늘날과 같이 발전하게 된 것이다.

2) 수메르인들은 젖은 점토 위에 흔적들을 남기기 위해 다양한 도구들을 사용하기 시작하였다. 후에 갈대바늘(reed stylus) 모양의 자국들은 표준기호가 되었는데 이것을 쐐기문자(설형문자, cuneiform script)라 부른다.

■ "따리마까시" 한글 쓰는 인도네시아 섬(동아닷컴, 2009. 8. 7)

인도네시아 소수민족이 세계 처음으로 한글을 공식문자로 도입했다.[3] 한글이 해외에 공식적으로 보급되면서 과학적인 표음문자(表音文字, 사람이 말하는 소리를 기호로 나타내는 문자)인 한글의 우수성이 다시금 주목받게 됐다. 6일 사단법인 훈민정음학회에 따르면, 인도네시아의 술라웨시주(州) 부퉁섬 바우바우시는 이 지역의 소수민족인 찌아찌아족의 토착어를 표기할 공식문자로 한글을 도입하기로 하고 한글로 된 문자교육을 시작했다.

이 시는 지난달 21일부터 찌아찌아족 밀집지역인 소라올리오 지구의 초등학생 40여 명에게 한글로 된 찌아찌아어 교과서를 나눠주고 주 4시간씩 수업을 시작했다. 또 일부 고교에서도 매주 8시간씩 한국어 초급 교재로 한국어를 가르치고 있다. 찌아찌아족들에게 보급된 교과서에서 손은 '을리마', 발은 '까께', 우산은 '빠우' 등으로 표기됐다.

인구 6만여 명의 소수민족인 찌아찌아족은 독자적 언어를 갖고 있지만 문자가 없어 고유어를 잃을 위기에 처해 있었다. 이를 알게 된 훈민정음학회 관계자들이 바우바우시를 찾아가 한글 채택을 건의해 지난해 7월 한글 보급에 관한 양해각서(MOU)를 체결했다. 이어 서울대 이호영 교수(언어학)가 주도해 만든 한글 교과서를 보급했다. 앞으로 이곳에서 한글교육이 자리 잡아 상용화되면 한글이 해외로 전파된 첫 사례가 된다.

대표적인 찌아찌아어 회화 표기

의미	한글 표기
감사합니다	따리마까시
나는 찌아찌아 사람입니다	인다우미안노 찌아찌아
사랑합니다	인다우뻬엘루이소오
용서하세요	모아뿌이사우
예	움베
아니오	찌아

출처 : 사단법인 훈민정음학회.

---

3) 이와 관련해 〈연합뉴스〉가 인도네시아 바우바우시에서 운영해 온 한국어 교육기관 '세종학당'이 지난 8월 31일 철수했다고 보도한 바 있다(오마이뉴스, 2012. 10. 23).

❷ 언어의 특성과 기능

인간을 포함하여 모든 동물들은 나름대로 의사소통 체계를 가지고 있다. 그러나 의사소통 체계에는 여러 종류가 있다. 예를 들면, 꿀벌은 여러 가지 춤의 모양으로 꿀이 있는 방향, 거리, 그리고 꿀의 질을 표현한다. 침팬지, 돌고래 등 다른 동물들도 소리나 몸짓 등을 통해 그들 나름의 신호체계를 가지고 있다. 그러나 이런 동물의 신호체계를 우리는 언어라고 부르지는 않는다. 그 이유는 인간의 언어는 인간만이 가지고 있는 고유한 정신기능을 반영하여 매우 체계적이고 기능적인 특성이 있기 때문이다.

인간의 언어가 가지고 있는 공통적인 특성은 무엇인가?

■ 이원성

언어는 소리의 체계와 의미의 체계로 분리된다. 따라서 비슷한 소리가 전혀 다른 의미를 가질 수 있고 전혀 다른 소리가 같은 의미를 가질 수 있다. 예를 들어 동음이의어의 예로 '배'라는 단어를 떠올려 보자. '배'는 소리는 같으나 세 가지 의미를 가진다. 먼저 바다 위 교통수단인 '배', 우리 신체 가운데 부분인 '배', 마지막으로 과일을 지칭하는 '배'를 들 수 있다.

예 이원성의 예

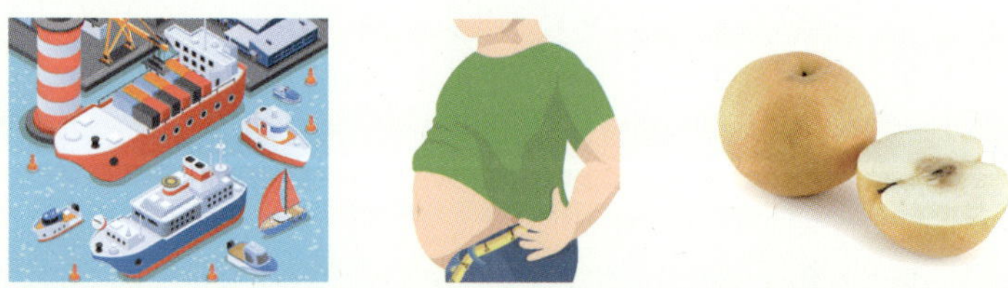

배

■ 임의성

언어는 소리와 의미관계가 자의적(恣意的 : 필연적이 아니라 임의적)이다. 언어는 한 문화에 속한 사회구성원들이 원활한 의사소통을 하기 위해 임의적으로 합의한 상징인 것이다. 예를 들면, 우리가 앉는 물건인 '의자'를 '의자'라고 부르기로 하고, 음성이나 문자를 연결시키기로 한 약속이다. 그 문화에 속한 모든 사람들이 이러한 임의적 합의에 동의만 한다면 의자를 책상으로 말하고, 책상을 의자라고 불러도 되는 것이다.

간혹 영유아들은 주변 사람들이 "(시계를 손가락으로 가리키면서) 저건 시간을 보는 시계라고 한단다"라고 했을 때 "왜 그걸 그렇게 (시계라고) 불러야 해요?"라는 질문을 하기도 한다. 이러한 상호작용 과정을 통해 영유아는 자신이 속한 문화의 언어를 자연스럽게 학습하게 된다.

예 임의성의 예

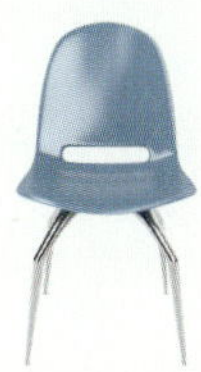

〈의자 → 책상〉

〈책상 → 의자〉

위와 같이 사회구성원들의 합의가 있다면 우리는 아래와 같이 의사소통이 가능하다.

"자, 여러분들 이제 의자 앞에 책상을 가져와 앉으세요."

■ 사회성

언어는 사회적인 약속이며 관습적이다. 언어가 자의적이라고 해도 타인과의 원활한 의사소통을 위해 개인이 함부로 고칠 수 없는 것이다. 따라서 가령 책상을 자기 혼자서 자의적으로 '의자'라고 부를 경우 이런 자의성은 사회적으로 인정되지 않는다.

■ 체계성

언어는 분석적이고 체계적인 구조와 기능을 가지고 있다. 한글은 자음과 모음의 체계로, 자음과 모음이 만나 단어가 되며 단어들이 모여 문장을 이룬다. 문장은 주어, 목적어, 보어, 서술어 등의 요소들이 그 나름의 구조를 가지고 있다. 이런 구조가 지켜지지 않을 때에는 언어는 언어로서 이해되지 않으며 인정되지도 않는다.

ㅅ(자음) + ㅏ(모음) + ㅈ + ㅏ = 사자(단어)

나는(주어) 사자를(목적어) 보았어요(서술어)

■ 가변성

인간 언어는 시간의 흐름에 따라 변한다. 사회적 변화에 따라서 언어도 함께 변화한다. 언어의 다양한 요소들 중에 새로운 어휘가 빠르게 증가하고 있다. 또 옛날에는 '어리다'를 '어리석다'의 의미로 사용하였으나, 요즈음은 이 말을 '나이가 적다'라는 의미로 사용하고 있다.

■ 생산성

한 언어를 구성하고 있는 음소의 수는 제한되어 있지만 이러한 음소들이 모여 다양한 방법으로 조합하여 수많은 어휘를 만들어 낼 수 있다. 생산성은 단어에서도 그리고 문장 표현에서도 마찬가지이다. 예를 들면, 인간은 처음 컴퓨터가 만들어졌을 때 잘 다루지 못했다. 이에 따라 이러한 의미를 갖는 "컴맹(컴퓨터 + 맹인)"이라는 언어가 생산되었다. 우리가 의사소통할 때 "난 정말 컴맹이야"라고 말하더라도 청자와 화자의 대화에 무리가 없다. 이와 같이 사용하는 사람과 사회구성원들의 합의에 따라 얼마든지 새로운 언어는 생산될 수 있다.

인간의 언어는 어떠한 기능을 하는가?

언어의 기능은 학자마다 견해가 다양하나 할리데이(Halliday, 1975)는 언어의 기능을 일곱 가지로 분류하고, 발달순서가 있다고 주장했다.

① 도구적 기능(Instrumental Function)

자신의 욕구를 충족시키기 위해서 사용하는 경우로 '~하고 싶어요'와 같이 표현한다. 예를 들어, 영유아는 "밥 먹고 싶어요", "화장실 가고 싶어요", "바깥놀이 하고 싶어요"와 같이 사용할 수 있다. 뿐만 아니라 우리가 자주 접하는 전단지와 같은 광고의 글자를 포함한 문자언어도 도구적 기능을 한다.

② 통제적 기능(Regulatory Function)

타인의 행동을 통제하기 위한 기능을 하기 위해 언어를 사용하는 경우로 "내 말대로 해주세요(Do as I tell you)"와 같이 표현한다. 예를 들어, 손 씻을 때 "줄을 서 주세요"와 같이 사용할 수 있다. 우리가 접하는 교통표지판 "우선 멈춤"과 같은 문자언어도 통제적 기능을 한다.

③ 상호작용적 기능(Interactional Function)

상대방과 나와의 사회적 관계 형성을 위해 사용하는 언어로 '나하고 너하고(You & Me)'와 같이 표현한다. 예를 들어, "나랑 같이 놀자", "너와 나랑은 단짝 친구야"와 같이 사용할 수 있다. 최근 SNS에서 많이 사용되고 있는 이모티콘 등도 상호작용적 기능을 하고 있다.

④ 개인적 기능(Personal Function)

자신의 의견이나 감정 표현을 위해 사용하는 언어로 “저는 이런데요(Here I come)”와 같이 표현한다. 예를 들어, “저는 겨울보다 여름을 좋아해요”, “저는 파란색보다 분홍색을 좋아해요”와 같이 사용할 수 있다. 신문의 사설 또는 에세이 등도 개인적 생각을 글로 표현함으로써 개인적 기능을 한다고 할 수 있다.

⑤ 상상적 기능(Imaginative Function)

상상이나 창의성을 표현하기 위해 사용하는 언어로 “~인 것처럼 해보자(Let's pretend)”와 같이 표현한다. 예를 들어, “우리 천사가 되어보자”, “개구리처럼 뛰어보자”와 같은 말이 이에 해당된다. 주로 유아교육기관에 역할놀이, 신체표현 활동에서 많이 활용된다.

⑥ 발견적 기능(Heuristic Function)

주변 환경을 탐색하고 이해하기 위해 사용하는 언어로 “왜 그런데요(Tell me why)?”와 같이 표현한다. 예를 들어, “하늘은 왜 파란색일까요?”, “사람은 왜 응가를 하나요?”와 같이 사용할 수 있다.

⑦ 정보적 기능(Informative Function)

다른 사람과 아이디어나 정보를 교환하기 위해 사용하는 언어로 “할 말이 있는데요(I've got something to tell you)”와 같이 표현한다. 예를 들어, “강아지는 반가울 때 꼬리를 흔들어요”, “고양이는 생선을 좋아해요”와 같이 사용할 수 있다.

할리데이에 의하면, 위의 일곱 가지 기능 중 도구적 기능이 가장 먼저 발달하고, 다음으로 통제적, 상호작용적, 개인적, 발견적, 상상적 기능이 발달하며, 마지막으로 정보적 언어기능이 발달한다.

3 언어의 구조

1) 언어의 기본 요소

언어를 구성하는 기본 요소는 무엇인가?

언어는 다양한 기본 요소들로 이루어져 있는 의사소통 체계이다. 언어의 기본 요소는 일반적으로 자음과 모음, 음소, 음절, 형태소, 단어, 어휘, 구, 절, 문장, 문단으로 구성된다. 이를 구체적으로 살펴보면 다음과 같다.

(1) 자음과 모음(Phone)

한글의 자음 · 모음 체계를 구성하는 음성의 가장 작은 단위로서 자음 14개(ㄱ, ㄴ, ㄷ, ㄹ, ㅁ, ㅂ, ㅅ, ㅇ, ㅈ, ㅊ, ㅋ, ㅌ, ㅍ, ㅎ)와 모음 10개(ㅏ, ㅑ, ㅓ, ㅕ, ㅗ, ㅛ, ㅜ, ㅠ, ㅡ, ㅣ) 총 24개로 구성되어 있다.

(2) 음소(Phoneme)

음소는 더 이상 작게 나눌 수 없는 음운론상의 최소 단위로 자음과 모음으로 표현된다.

- 하나 이상의 음소가 모여 음절을 이룬다(예 꽃=ㄲ+ㅗ+ㅊ).
- 음소는 말과 뜻을 구분해 주는 소리의 단위로 변별적인 기능이 있다.

  예 굴과 꿀의 구별은 'ㄱ'과 'ㄲ'의 변별적인 음소에 의해 가능하다.
  달과 돌의 구분은 'ㅏ'와 'ㅗ'의 변별을 통해서 가능하다.

(3) 음절(Syllable)

음절이란 하나의 글자를 이루는 자음과 모음으로 구성되는 하나의 완성된 말소리이다. 음절의 구조에는 모음 단독, 모음 + 자음, 자음 + 모음, 자음 + 모음 + 자음이 있다.

- 모음 단독 : 아, 어, 애, 왜…
- 모음 + 자음(받침 있는 글자) : 악, 열, 옹, 원
- 자음 + 모음(받침 없는 글자) : 가, 너, 도, 로…
- 자음 + 모음 + 자음(받침 있는 글자) : 강, 돌, 섭, 총…

(4) 형태소(Morpheme)

형태소란 음소들이 모여 만든 의미를 지니는 언어의 가장 작은 문법적 단위이다. 형태소는 자립 여부에 따라 자립형태소와 의존형태소로 나뉘며 의미의 성격에 따라 실질형태소와 형식형태소로 나뉜다.

- **자립형태소** : 문장에서 독립적으로 뚜렷한 의미를 지닌다. 명사, 관형사, 대명사, 감탄사 등이 속한다.
- **의존형태소** : 문장에서 독립적으로 사용되지 못하고 다른 말에 의존해서 합해져야 하는 형태를 지닌다. 동사-형용사 간의 어간 및 어미, 조사, 접사 등이 속한다.
- **실질형태소** : 구체적인 대상이나 동작, 상태와 같이 실질적인 의미를 나타내는 형태를 지닌다. 명사, 관형사, 부사, 동사, 형용사의 어간 등이 속한다.
- **형식형태소** : 실질형태소와 함께 쓰여 말과 말 사이의 기능을 형식적으로 표시하는 형태를 지닌다. 동사, 형용사의 어미, 조사, 접사 등이 속한다.

예 순이는 사과를 먹는다.

– 자립형태소 : 순이, 사과

– 의존형태소 : 는, 를, 먹, 는, 다

– 실질형태소 : 순이, 사과, 먹

– 형식형태소 : 는, 를, 는, 다

(5) 단어(Word)와 어휘(Vocabulary)

- **단어** : 자립성과 분리성을 가진 최소 단위로 최소한 한 개 이상의 형태소로 이루어지며 일정한 뜻을 지닌다.

  예 학교에 간다 : '학교', '에', '간다'의 3개의 단어

- **어휘** : 일정한 범위 안에서 사용되는 단어의 집합을 말한다.

  예 교통수단에 관련된 어휘 : 버스, 지하철, 자동차, 비행기 등

(6) 구(Phrase), 절(Clause), 문장(Sentence), 문단(Paragraph)

- **구** : 둘 이상의 단어가 모여 절이나 문장의 일부분을 이루는 것을 말한다.
- **절** : 주어와 술어를 갖추었으나 독립하지 않고 문장의 일부를 이루는 단위이다.
- **문장** : 문법상의 뜻과 기능을 가진 언어의 최소 단위로 단어가 일정한 규칙에 따라 연결되고 조직된 것이다.
- **문단** : 하나의 요지를 설명하기 위해 전개한 문장들의 모임이다.

2) 언어학 구성요소

언어를 구성하는 요소는 무엇인가?

언어학에서는 언어의 구조를 다양한 차원에서 접근을 한다. 즉, 언어가 어떠한 형태로 이루어져 있는지 형식을 구성하는 요소들을 음운론, 형태론, 구문론이라고 한다. 또한 언어의 내용적 차원에서 관련된 요소를 의미론이라고 하며, 언어의 사용적 차원의 요소를 화용론이라고 부른다. 이를 구체적으로 살펴보면 다음과 같다.

언어 구성요소	정의
형식	음운론 : 언어의 소리체계
	형태론 : 단어의 내적 조직체계
	구문론 : 언어의 문법체계
내용	의미론 : 언어의 의미체계
사용	화용론 : 언어의 사회적 상호작용 체계

(1) 음운론(Phonology)

언어에서 사용되고 있는 말소리가 인간의 언어에서 어떻게 조직되어 쓰이는지를 다루는 분야이다. 즉, 한 언어 안에서 의미가 다른 두 소리를 구별해 주는 음성적 요소(예 달과 딸은 초성의 차이로 의미에 차이가 생기는 것)를 연구한다.

- 말소리에 들어 있는 소리의 단위 및 유형들을 이해하거나 산출한다.
  예 말소리에 들어 있는 '곰'과 '공'이 서로 다름을 이해함
  '마마마 자로 끝나는 말은?'이라고 물을 때 '엄마'라고 산출함
- 낱말을 이루는 낱자의 소리들을 식별할 수 있고 그런 소리들이 결합되어 낱

말이 된다는 사실을 인식한다.

- 말소리의 최소 단위인 음소들을 합치고, 분절하고, 빼고, 삽입하고, 대체하는 등의 조작이 가능한 음운규칙을 안다.

예 음운론의 예

 	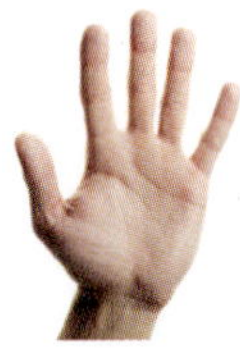 
음절 수준 : 사람, 사과	중성 + 종성 : 손(ㅅ + ㅗㄴ), 돈(ㄷ + ㅗㄴ)

초성 + 중성 : 공(고+ ㅇ), 곰(고 + ㅁ)	음소 수준 : 기차, 고래

(2) 형태론(Morphology)

형태론은 형태소들이 결합하여 낱말을 형성하는 체계 또는 규칙을 다루는 분야로서 단어의 형태 변화와 구성을 연구한다. 형태론에서는 형태소, 단어, 어휘 등을 다룬다.

- 단어구조에 대한 인식 및 발화

  예 '사람', '사람들'의 차이 인식

- 문장구조에 대한 인식 및 발화

  예 '안 한다'는 '거부'의 의미를 동사 앞에 안을 붙임을 인식

  → 밥 안 먹어, 수업 안 들어

(3) 구문론(Syntax)

구문론은 단어를 체계적으로 배열하여 의미 있는 문장으로 만들어 내는 과정을 연구하는 분야이다. 문장을 구성하는 요소의 결합과 배열, 각 문장성분이 구성되는 규칙을 대상으로 한다.

- 구문규칙에 따라 단어가 배열되고 문장이 구성된다.

  예 우리말 : 나는 바나나를 먹는다(주어+ 목적어+동사의 순을 따름)

  영어 : I eat a banana(주어+ 동사+ 목적어)

(4) 의미론(Semantics)

의미론은 단어의 의미에 기초하여 문장 속에서 단어를 적절하게 사용하였는지를 연구하는 분야이다. 단어의 의미나 변화, 언어사용에서 언어적 또는 비언어적 상황에서의 문맥, 특정 언어의 발화가 적합할 수 있는 조건 등에 대해 다룬다.

- 언어의 의미를 표현하기 위한 체계이다.

  예 '엄마가 알을 낳았어요'는 문법적으로는 맞지만 '알'의 의미가 맞지 않다. 인간은 '알'을 낳을 수 없기 때문이다.

  소년(boy)과 남자(man)는 공통적 의미를 지니지만 연령적 차이가 있기 때문에 의미적으로 다르다.

(5) 화용론(Pragmatics)

화용론은 의사소통을 위해서 언어를 적절히 사용하는 방법을 연구하는 학문으로, 사람들이 의도하는 의미, 목적, 요청 등을 고려하는 사회적인 맥락을 전제로 한다. 의사소통의 맥락은 화자와 청자에 따라 달라진다. 화용론은 말하는 사람에 의해서 의사소통이 되고, 듣는 사람에 의해서 해석이 되는 의미에 관한 연구이며 문맥상 의미가 있는가를 연구하는 학문이다.

- 문법적으로 오류가 전혀 없는 문장인데도 어떤 맥락에서 쓰이는가에 따라 적절성의 여부가 달라진다.
  예 '할머니 밥 먹을래?'라는 말은 문법적으로는 오류가 없는 말이기는 하지만 상대방의 연령 등을 고려하지 않는 이러한 발언은 적절하다고 볼 수 없다.
- 언어표현의 의미가 사회적 상황맥락 속에서 의미의 해석이 이루어질 수 있다.
  예 『손 큰 할머니 만두 만들기』 그림책에서 나오는 주인공인 '손 큰 할머니'는 '손의 크기가 크다'는 의미로 사용될 수도 있다. 그러나 그림책의 맥락으로 보면 숲 속 동물들 모두에게 만두를 먹이기 위해 커다란 함지박으로 만두를 만들어 '씀씀이나 베푸는 양이 많다'는 의미로 사용된 것으로 의미 해석이 상황맥락 속에서 이루어진다는 것을 알 수 있다.

3) 언어의 형태

인간이 사용하는 언어는 기능에 따라 듣기, 말하기, 읽기, 쓰기의 네 가지 형태로 구분할 수 있다. 이 네 가지 언어형태는 서로 연결되어 있다. 언어의 형태를 이해와 표현의 측면으로 분류해 본다면 듣기와 읽기는 외부에서 받아들인 음성적 · 시각적 기호를 해석하여 이해하는 수용언어이며, 말하기와 쓰기는 의미를 전달하기 위한 표현언어이다.

또한 말하기와 듣기는 청각적 신호를 통해 의사소통을 한다는 의미에서 음성언어(spoken language, orality)라고 하고, 읽기와 쓰기는 시각적 기호를 통해 의사소통을 한다는 의미에서 문자언어(written language, literacy)라고 한다. 이와 같은 구조를 다음과 같은 그림으로 정리해 볼 수 있다.

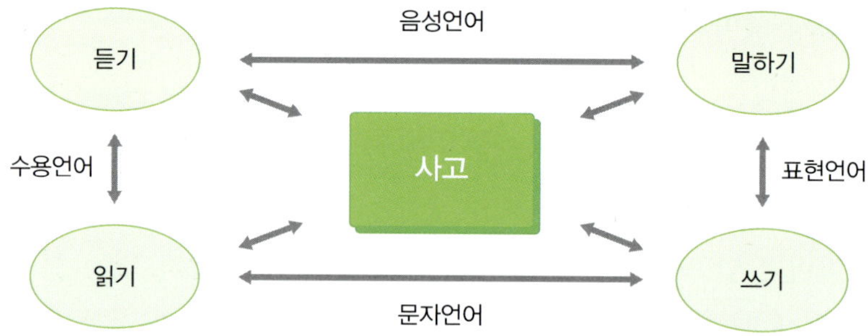

| 그림 1-1 | 언어발달과 사고발달의 유기적 순환

출처 : Machado(2003 : 522).

❹ 언어교육의 중요성

영유아기 언어교육은 왜 중요할까?

언어는 자기의 생각, 의도, 느낌을 표현하며 사고를 확장시키는 중요한 기능을 한다. 그러므로 보다 효율적으로 의사소통을 하기 위해서는 글자, 문법에 대한 교육이 필요하고, 표현능력을 배울 수 있도록 하며, 자료, 정보, 의미를 파악해 낼 수 있어야 한다. 언어교육은 모든 학습에 필요한 도구교과적인 성격을 띠므로 중요할 뿐 아니라 인지, 사회, 도덕성 등 전인교육에도 영향을 미친다.

① 언어는 의사소통의 기능을 익히게 한다

의사소통의 기능을 수용하기(reception)와 표현하기(expression)로 나눌 수 있다면, 듣기와 읽기는 수용언어로, 말하기와 쓰기는 표현언어로 볼 수 있다. 이 두 기능은 지식을 습득하기에 필수적인 것으로 모든 영역의 학습을 가능케 한다.

② 언어와 사고는 긴밀한 관련성을 가진다

현대의 학자들은 경험적인 연구를 바탕으로 하여 언어발달과 사고발달의 직접적 관계에 대해 다양한 견해들을 전개해 왔다. 여러 학자들은 언어발달이 사고발달에 매우 결정적 요소가 된다는 점을 강조하고 있다.

③ 인간은 언어로 인해 상상력을 발전시킬 수 있다

상상력은 언어능력이나 개념을 발달시키고, 세계에 대한 더 폭넓고 깊은 이해를 하게 할 뿐 아니라 삶을 더욱 흥미롭게 만들어 준다. 또한 창조성을 자극하고, 문제를 해결하도록 도와주며, 정신적으로 균형을 유지하도록 해준다.

④ 언어교육은 인간의 덕성과 도덕교육을 위해 필수적이다

사람의 됨됨이를 여러 가지로 알 수 있겠지만 언어는 분명히 그 사람의 인격을 말하여 주는 잣대가 된다. 언어는 속에 내포되어 있는 사고를 밖으로 표출하는 수단으로 그 시대의 사상과 그 시대에 사는 사람들의 도덕성을 표현하는 도구가 된다.

⑤ 모국어 교육은 민족의 정체성을 확립하기 위한 필수적인 요소이다

우리는 같은 언어, 같은 문화 속에서 민족의 정체성을 공유하고 있다. 따라서 언어는 민족의 형성, 발전과 더불어 완성되고, 단결력을 강화하는 중요한 요소이다.

생각해 보기

1. 인간에게 언어가 없다면 어떨까 생각해 봅시다.

2. 언어의 기원설 중 가장 지지하는 것이 무엇인지 밝히고, 그 이유를 설명해 봅시다.

3. 과거의 의미와는 다르게 현재 쓰이고 있는 단어들을 정리하고, 의논해 봅시다.

4. 언어의 중요성 및 언어사용의 올바른 방향에 대해 생각해 봅시다.

Chapter 02

언어발달

1. 음성언어 발달 | 2. 문자언어 발달 | 3. 의사소통능력

학/습/목/표

1. 영유아 음성언어의 연령별 발달 특징에 대해 말할 수 있다.
2. 영유아 문자언어의 발달 특징에 대해 설명할 수 있다.
3. 의사소통능력의 형태에 대해 설명할 수 있다.

1 음성언어 발달

영유아는 어떻게 언어를 배우는가?

영유아가 불과 몇 년 사이에 거의 완벽하게 모국어를 터득하게 되는 과정은 놀랄 만하다. 어린아이는 점진적으로 말을 배워가는데, 이는 마치 영아가 기어가는 단계에서 걷는 단계로 넘어가듯이 한 마디 말 단계에서 두 마디 말 단계로 자연스럽게 넘어간다. 그러나 두 단어를 사용한다고 해서 한 단어를 사용하지 않는 것이 아니라 두 단어와 한 단어를 함께 사용하면서 한 단어 사용빈도가 줄어들 뿐이다. 언어발달 단계 구분은 학자에 따라서 다르지만 중요한 것은 각 단계의 특성이다.

인간의 언어습득 발달단계는 크게 언어습득 이전 시기와 언어습득 시기로 나누어 볼 수 있다. 언어습득 이전 시기란 인간이 태어나 최초의 어휘를 사용할 수 있을 때까지의 기간이다. 인간이 최초로 말을 할 수 있는 시기는 생후 1년 전후이므로 언어습득 이전 시기는 영아기의 언어발달 기간이라 볼 수 있다.

1) 언어습득 이전 시기

언어습득 이전 시기는 최초의 말을 하기 전 단계로 보통 생후 만 1세 미만을 말한다. 영아는 태어나서 얼마 지나지 않아 주변 소리와 사람 목소리에 주의를 기울이며 소리의 산출로 의사전달을 한다. 울음, 쿠잉, 옹알이, 베이비사인과 같은 언어적 행동이 나타난다.

(1) 울음(Crying)

울음은 이 세상과 의사소통을 할 수 있는 최초의 수단이며, 영아가 양육자에게 자신의 욕구를 표현하는 최초의 의사소통 방식이다. 그러나 신생아의 울음을 보면 생후 1개월까지는 아기가 배가 고파서 우는지, 아파서 우는지를 구별하기가 힘들다. 생후 2개월이 지나면 아기의 울음은 분화되기 시작한다. 즉, 고통스러워 우는 경우는 갑자기 크게 불규칙적으로 울며, 흐느끼거나 끙끙거리며 앓는 소리를 낸다. 그러나 배가 고픈 경우는 울음소리가 점점 커지며 울다가 입술을 빨기도 한다. 또한 아기는 울음의 강도와 지속시간으로 의사소통을 한다. 즉, 강도가 더 크고 더 오래 지속되는 경우 그것은 더 배가 고프거나 더 고통스러움을 알리는 것이다. 첫돌 무렵이 되면 모든 아기는 양육자의 반응을 이끌어 내고 통제하는 수단으로, 그리고 의사소통 수단으로 울음을 사용한다. 이후 언어능력이 발달함에 따라 울음은 감소하게 된다.

■ 영아의 울음소리 분화과정

- **출생~1개월** : 분화되지 않은 울음(일반적인 신호)
- **1~3개월** : 분화된 울음(구체적 신호), 성인의 말소리에 반응하는 목울림 소리(쿠잉)
- **3~5개월** : 말소리의 식별(옹알이) 시작
- **6~7개월** : 비슷한 소리 내기(자기 소리 모방), 부드러운 말과 화를 내서 하는 말을 구별하기 시작
- **8개월** : 반향음 내기(타인 소리 모방), 금지시키는 것, 즉 안 돼, 뜨거워, 뜨겁지 등을 알아차림
- **9~15개월** : 언어활동에 대한 이해(한 구절), 어른의 말소리를 모방할 수 있음. 이 시기는 단순한 소리보다 단어로 된 어휘를 더 잘 모방하려는 경향이 있음

(2) 쿠잉(Cooing)

영아는 태어난 직후에 울음소리를 내고 생후 1~2개월이 지나면서 목을 굴리는 듯한 울음소리(쿠잉)를 낸다. 쿠잉은 언어에 쓰이는 소리는 아니며 영아가 조음기관을 가능한 모든 형태로 움직일 때 만들어지는 음향상의 신호이다. 영아는 팔과 다리를 움직이듯이 성대를 움직이는 것에 불과하므로 이것이 언어수행으로 간주되서는 안 된다. 재미있는 것은 농아들도 이 단계를 거친다는 사실이다.

쿠잉은 알아들을 수 있는 소리를 내는 것은 아니지만 음절형태에 맞게 소리를 구성하는 듯이 보이고 이상한 소리와 모음 비슷한 "Coo" 소리가 사라지며 한 음절을 계속해서 반복한다. 영아가 참된 의미에서 언어를 사용하고 있다고 말할 수는 없지만 첫 단계에서보다 훨씬 언어에 가까운 소리를 낸다.

(3) 옹알이(Babbling)

언어를 습득하기 이전 시기에 나타나는 옹알이는 쿠잉(cooing) 소리 이후에 나타나는 영아의 발성을 일컫는 말이다. 일반적으로 3~4개월경 시작하여 7~8개월경에는 더욱 세련되고 9~12개월이 되면 정점에 달하며 한 단어기와 겹치기도 한다.

옹알이는 영아에게 반복적으로 나타남으로써 더욱 효과가 있게 되고 영아는 자신의 소리를 들으므로 즐거워하기도 한다. 이때 영아들은 자음과 모음이 합쳐진 무의미한 소리를 내지만 부모들은 그 소리에 의미를 붙여 말하거나, 들리는 대로 그 소리를 모방하기도 한다. 옹알이는 완전한 의사소통의 의미와 체계를 갖춘 언어유형으로 보기는 힘들지만 언어발달, 특히 발성의 기초적 연습의 효과를 가진다고 할 수 있다.

영아의 옹알이는 자발적인 반응을 보이는 영아의 표현행동으로, 단순한 소리가 아니라 주위에 대한 사회적 흥미를 표시하거나 다른 사람의 주의를 끌고 애정을 받고자 하는 일종의 사회적 신호이다. 이러한 신호에 대해 주위의 사람들이 적절히 대응해 주면 언어발달을 자극할 뿐만 아니라 대인관계의 형성, 특히 어머니와의 초기 애착관계를 형성하는 데 긍정적인 효과를 가져온다. 그러나 영아의 옹알이의 의미를 이해하지 못하고 주위에서 아무런 반응을 보이지 않을 때에는 대인관계 형성을 저해하게 되며, 나아가서는 성격장애와 인지적 장애를 가져올 수 있다. 옹알이의 기능은 아기의 첫 단어를 만드는 소리가 특히 그 음운적 형태에서 같은 시기의 옹알이와 동일하다고 보면서 이 옹알이가 모국어 학습에 영향을 미친다고 많은 연구들에서 밝히고 있다.

출처 : 쌍둥이의 옹알이 대화(판도라 TV).

(4) 베이비사인(Baby Sign)

생후 9~11개월쯤 되면 몸짓으로 의사표현을 하는 베이비사인(baby sign)을 사용한다. 영아들은 표현하고자 하는 생각은 많으나 아는 어휘가 부족해 자신의 생각을 전달하기 위해 몸짓, 손짓을 이용해서 의사를 표현한다. 베이비사인을 사용하면서 감성이 점차 발달하며, 아기가 점차 말을 배워감에 따라 베이비사인을 사용하지 않게 된다. 영유아는 입이나 입술, 혀, 이 등 조음기관의 성숙이 천천히 이루어지는 반면, 손동작은 비교적 빨리 발달하기 때문에 말을 하기 훨씬 전부터 몸짓을 사용한다(박정민, 2002).

2) 언어습득 시기

언어습득 시기는 언어 이후의 발달단계로 유아기의 언어발달을 의미한다. 유아기의 언어발달은 크게 한 단어 시기, 두 단어 시기, 문장사용기로 나누어 볼 수 있다.

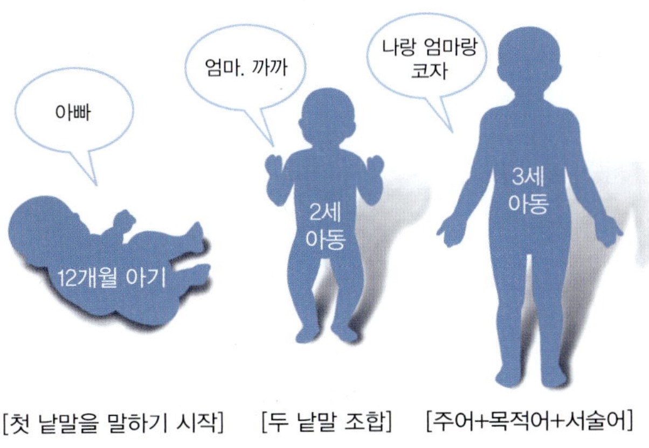

| 그림 2-1 | 언어습득 시기 언어발달의 예

(1) 한 단어 시기

생후 11개월이 되면 의미 있는 첫말을 하다가 돌이 지나면서부터 보편적으로 '까까', '맘마'와 같은 단어를 말할 수 있다. 한 단어로 된 말은 대체적으로 사물과 사건을 지칭하거나 또는 기분을 표현하거나 요구 등을 나타내는 것으로 경우에 따라서 다른 여러 의미를 포함하고 있다. "찌찌"는 때에 따라서 "젖이 여기에 있다"도 의미할 수 있고 "젖이 먹고 싶다"의 표현도 된다. 이렇게 한 단어가 문장을 의미하는 것을 일어문이라 한다.

한 단어 말의 현상은 피아제의 감각운동기의 4단계와 5단계에 일어나며 어린이의 행동은 더욱 분화되고 의도적인 행동을 하게 된다. 옹알이 단계를 거쳐서 한 단어로 발전되는데, 태어나서 처음으로 영아가 사용하는 '단어'에는 자기 자신을 자신의 방식대로 표현하고 싶어 하는 여러 가지 뜻이 내포되어 있다. 따라서 아이들은 자신의 모국어 문장을 자연스럽게 배우게 되는 것이다.

(2) 두 단어 시기

하나의 단어를 사용하여 여러 가지 몸짓과 함께 조합적인 의미를 표현해 내던 영아는 대략 1년 6개월 정도에 이르면 드디어 단어와 단어를 조합하여 기본적인 문장의 형식으로 말하기 시작한다(Dale, 1974 : 18). 하나의 개념만을 표현할 수 있던 방식에서 벗어나 두 개 이상의 개념을 말한다는 것은 두 개념 사이의 관계성을 표현해 낸다는 의미이다. 한 단어 시기에는 언어발달이 크게 느는 것처럼 보이지 않지만 일단 이렇게 두 단어를 조합하기 시작하면서부터 언어발달의 속도가 가속화된다.

한 살 반 전후로 점차 두 단어를 사용하게 되며, 4~6개월 정도 두 단어 문장을 계속 사용하다가 점차 단어, 문장으로 그들의 언어발달을 확장시킨다. 이렇게 영유아가 두 단어 사용과 여러 단어를 사용하여 문장으로 말한다는 것은 뇌의 수용능력과 밀접히 연관되어 있다. 즉, 뇌의 성숙도가 증가하면서 기억력이

향상되어 이해력을 넓히는 데 도움이 되며 또한 점차적으로 언어를 세분화해서 인지하게 되고 쉽게 습득할 수 있는 능력과 관계를 형성할 수 있다. 두 단어 시기를 언어학적으로 이어문이라 하며, 전보식 언어와 주축 문법이 이 시기의 특징이다.

■ 전보식 언어

전보식 언어란 중요한 핵심적인 단어(명사, 형용사, 동사, 부사)들만 나열하여 전치사, 조사, 조동사를 생략하여 의사를 표현하는 형식을 말한다. 이러한 전보식 언어는 다양하게 해석이 될 수 있으며 세 가지 형태로 나타난다.

예 엄마 빵

- 행위 중심의 의미 관계 → 엄마 빵 주세요.
- 상태를 표현하는 것 → 엄마 여기 빵이 있어요.
- 소유관계 → 이건 엄마 빵이에요.

■ 주축 문법

영유아의 이어문 표현은 주축어와 개방어로 구성되어 있다.

맥닐(McNeill, 1966)은 영유아가 이어문을 사용할 때 단어를 아무렇게나 연결하여 사용하는 것이 아니라 단어 사용에 있어 일종의 규칙, 즉 주축어, 개방어가 있는 것으로 보았다.

주축어는 영유아들이 자주 사용하며, 그 수가 비교적 적은 단어(지시사, 형용사, 동사)들로서 다른 단어가 합쳐지는 축의 역할을 하고 이어문의 첫 번째 또는 두 번째 위치하는 단어이다.

개방어는 그 수가 많고 주축어의 보어와 내용어가 되는 단어이다.

엄마	우유	멍멍이	좋아
엄마	빵	엄마	좋아
엄마	빠방	까까	좋아
주축어	**개방어**	**개방어**	**주축어**

■ 두세 단어 시기의 어휘발달 특징

의미의 과잉확장 · 과잉축소 : 두 단어 시기의 대표적인 특성이 의미의 과잉확장과 과잉축소이다. 개념에 대해 살펴보면 다음과 같다.

1. **과잉확장(overextension)** : 단어의 의미를 원래의 범주보다 더 확대해서 사용하는 것
   - 과잉확장 현상을 보이는 이유
   1) 명칭을 붙여 말하는 사물들이 모두 같은 범주에 속하며 성인들도 같은 의미로 사용할 것이라고 생각하기 때문
   2) 적절한 단어를 모르거나 기억하지 못하기 때문
   3) 새로운 단어를 습득하는 책략으로 과잉확장을 활용하기 때문
      예 이모, 친구 엄마, 가게 아주머니 등 모든 성인 여성을 '엄마'라고 부름

2. **과잉축소(underextension)** : 단어의 의미를 실제 범주보다 축소해서 사용하는 것으로 유아의 과잉축소 현상은 부모의 언어사용 형태와도 관계가 깊음
   - 과잉확장이나 과잉축소 현상은 유아가 어떤 단어를 처음 배울 때 특정 장면을 관찰하면서 그 단어를 듣지만 그 장면의 어떤 부분이 참조되는지를 정확하게 알지 못하는 데서 비롯되는 현상
   - 초기에는 일반적으로 과잉축소 현상이 더 자주 나타남
     예 토끼나 여우 등 네 발 달린 짐승만 '동물'이라고 의미를 성인보다 좁혀서 생각
   - 과잉확장과 과잉축소는 영유아의 자연스러운 성숙, 후천적인 학습(어휘, 문법습득 등)에 의해 점차 사라지게 됨

■ **수평적 어휘 발달과 수직적 어휘 발달 : 영유아의 어휘습득 과정**

1. **수평적 어휘 발달** : 유아가 단어의 여러 가지 속성을 알고, 다양한 상황에서 그 단어의 의미를 경험함으로써 다른 어휘를 배우게 되는 것
   예 맛, 형태, 색, 느낌을 통해 '감'이라는 단어를 알게 됨

2. **수직적 어휘 발달** : 유아가 어떤 어휘 개념의 속성을 알게 되면 이와 관련된 단어들을 하나의 의미집합체로 구성하여 어휘를 쉽게 습득하게 되는 것
   예 개, 고양이, 소, 말 → 동물/ 사과, 배, 딸기 → 과일

(3) 문장사용기

두 단어 조합으로 말하기 시작한 후 2~3개월이 지나면 세 단어 형식이 나타나기 시작한다. 이때 유아는 어휘나 문장구조에 대한 지식이 발달해 가며 다양한 문장형태로 언어를 구사하게 된다. 처음에는 대명사, 조사, 형용사, 부사를 포함한 복합문장을 사용하며 점차 문법적으로 성인과 유사하게 정확한 문장을 사용할 수 있게 된다(김은심 · 조성숙, 2011). 이 시기에 유아는 사물을 범주화할 수 있는 능력이 생기며 단어를 습득하는 방법은 다양하고 효율적으로 사용할 수 있다. 두 단어 시기에 어린이는 문장의 기본적인 의미관계를 깨닫게 되며 좀 더 표현을 분명하게 하기 위해 하나의 단어를 더 표현해야 할 것 같은 압력을 느끼게 된다. "엄마 물"이나 "엄마 줘" 혹은 "물 줘"로 표현하던 것을 "엄마 물 줘"라고 좀 더 완전한 문장으로 표현하고자 하게 된다.

■ 문장사용기의 특성

1. **문법의 과잉일반화(overgeneralization) 현상** : 문법의 습득과정에서 자신이 이미 알고 있는 문법 규칙을 다른 곳에도 적용하여 말하는 현상. 우리나라는 주격조사 중에 '가'를 먼저 습득하는데 모든 것에 주격조사인 '~가'를 사용하는 현상이 나타난다.
   예 손이가 아파요, go → goed

2. 부정문은 거부(싫어), 금지(안 돼), 부정(아니야), 무능(못)의 형태가 있다. 이 중 영유아는 부정문을 만들 때 '안' 또는 '못' 형태의 부정문을 사용, '못' 형태의 부정문은 5세 이후에 나타난다.
   예 안 밥 먹어, 안 이 닦을 거야

세 단어 조합으로의 이행과정에도 한 단어에서 두 단어 조합시기로의 이행과정과 유사하게 과도적인 형태가 있다. 즉, 두 단어의 의미관계 표현형식에 부르기나 감탄사를 덧붙여 말하는 형식으로 세 단어 조합이 먼저 나타난다. 이러한 과도기적인 세 단어 조합은 두 마디 말의 경우에서처럼 별 뜻 없는 한 단어가 덧붙여 세 단어 조합의 모습을 이루는 경우도 있고, 두 단어로의 의미관계 표현에서 두 단어 중 한 단어를 소유격이나 다른 수식어로 확장하는 경우도 있다.

■ 어휘 통계

영유아의 어휘는 3년 6개월에서 5세까지 급격하게 발달함을 알 수 있다. 언어발달의 1차적 결정적 시기를 3~6세경이라 하며, 2차적 결정적 시기를 13세경이라 하고 있는데 이는 스미스(Smith, 1962)의 언어발달 결과가 입증하고 있다.

이화여자대학교의 연구 결과

연령	인간발달연구소		Smith	
	어휘 수	연간 증가 수	어휘 수	연간 증가 수
3	1596	–	896	–
4	2487	891	1540	644
5	3120	633	2070	530

스미스(Smith, 1962)의 연구와 이화여자대학교 인간발달연구소(1971)의 연구는 약 10년간의 차이가 있어서 양 통계 간에는 어휘 수의 차이가 크다. 그러나 어휘 수 증가의 비율에는 큰 차이가 없음을 알 수 있다. 일반적으로 지능이 높은 어린이는 약 4개월가량 빠르며, 지능이 낮은 어린이는 빠른 어린이에 비해서 3년 정도 늦어지는 경우가 있다(민영순, 1994).

2 문자언어(문해 : Literacy) 발달

문해란 사람이 살고 있는 특정 문화 속에서 사용되고 있는 문자언어를 읽고, 쓰는 능력을 말한다. 이러한 능력은 단순히 문자기호를 해독하고 쓰는 것 이상의 의미가 포함되어 있다. 이때 읽기는 인쇄물에서 의미를 찾는 능력이며, 쓰기는 타인과의 의사소통을 위해 문자기호를 사용하여 글로 만드는 능력으로 정의될 수 있다(유아교육사전, 2000; 한국유아교육학회, 1996). 따라서 문해능력은 문자에 대한 의미를 알고 읽기와 쓰기를 함으로써 상호 소통이 되는 의사소통의 넓은 범위를 포함한다.

문자언어 발달은 음성언어의 발달과 마찬가지로 형식적인 지도가 시작되기 훨씬 이전부터 생활환경 속에서 자연스럽게 일어난다. 아직 글을 잘 읽지 못하는 영유아라 할지라도 친숙한 과자나 그림책을 보면, 과자의 봉지, 그림책 제목에 적혀 있는 글자를 알고 읽을 수도 있다. 때로는 같은 반 친구들의 생일축하 카드의 내용을 쓸 수 있고, 역할놀이 영역에서 병원놀이를 할 때에도 처방전에 간단한 내용을 쓸 수 있다. 이러한 과정은 의미이해를 위한 능동적이고 적극적인 구성적 과정이며, 의미를 주고받는 사회적 상호작용을 통해 가장 확실하게 발달할 수 있다.

문자언어 발달을 위한 상호작용은 가정과 지역사회에서 매일의 일상생활에서 가장 친근한 성인과 아동 사이에서 주로 일어난다. 음성언어가 출생 직후부터 시작하여 계속적이고 점진적인 과정을 통해 발달해 나가듯이 문자언어도 출생 직후부터 시작하여 계속적이며 점진적인 과정을 거치면서 발달해 나간다.

이전에는 유아의 언어발달에 있어 음성언어가 완전히 습득되고 난 후에야 읽기능력이 발달하기 시작한다고 보았다(이영자 · 이종숙, 1986, 1990; Sulzby, 1986). 그러나 유아들은 음성언어를 사용하면서 문자언어에 대한 지식을 보여주기도 하며, 문자언어를 사용하면서 음성언어의 능력을 보여주기도 한다. 뿐만 아니라 성장해 가면서 문자언어의 경험을 더해감에 따라 유아의 읽기는 능숙한 읽기로 변해간다. 유아들의 읽기능력은 결코 어느 한 순간에 갑자기 이루어지는 것이 아니다.

1) 문자언어(문해) 발달과정

유아가 글자를 읽기 위해서는 우선 단어를 해독하는 과정이 필요하며, 또한 주변의 읽기환경으로부터 글자와 말소리 관계를 이해하고 사용하면서 새로운 단어의 의미를 이해하는 것이 요구된다. 스카버러(Scarborough, 2002)는 이러한 문자언어 발달과정을 단어재인(word recognition)과 언어이해(language comprehension)라는 각각의 밧줄이 점차 상호 관련되고 합쳐지면서 숙련된 읽기가 이루어진다고 설명하고 있다. 스카버러(2002)가 제시하는 단어재인이란 어떤 단어를 듣거나 보았을 때 그 단어가 의미하는 것이 무엇인지를 아는 것이다. 이러한 단어재인 발달은 음운인식(phonological awareness), 해독(decoding), 시각재인(sight recognition)이 서로 합쳐지면서 형성되는 것이다. 언어이해란 언어를 사용하면서 의미를 구성하고 이해하며 사고, 분석하는 능력을 의미한다. 언어이해 발달은 배경지식(background knowledge), 어휘(vocabulary), 언어구조(language structure), 언어추론(language reasoning), 문해지식(literacy knowledge)이 서로 합쳐지면서 형성되는 것이다. 이러한 기술들은 각각 독립적으로 발달되는 것이 아니라 서로 상호 의존적으로 발달된다. 따라서 숙련된 읽기를 한다는 것은 단어재인 과정과 언어이해 과정 두 가지를 충분히 획득했을 때 보다 더 유능하게 읽을 수 있게 된다.

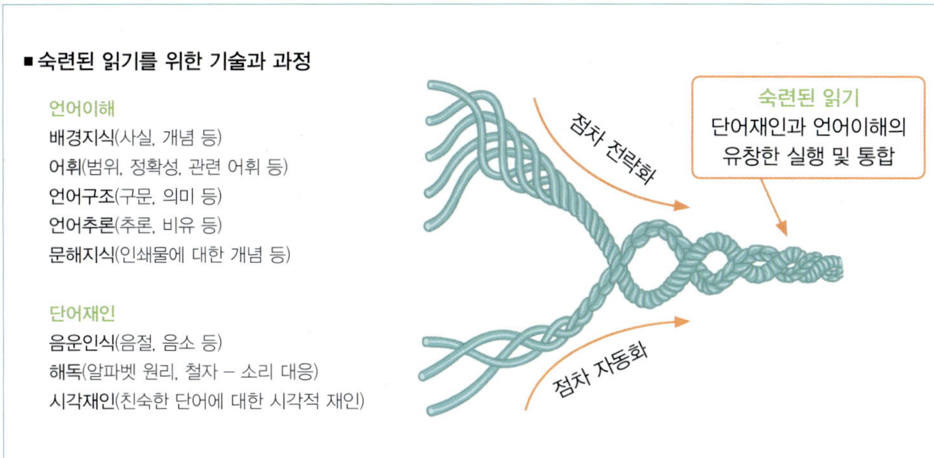

| 그림 2-2 | 스카버러(Scarborough, 2002)의 잘 짜여진 굵은 밧줄 비유

출처 : Scarborough(2002).

* 숙련된 읽기라는 굵은 밧줄의 구성

단어재인과 언어이해라는 각각의 밧줄이 점차 상호 관련되고 합쳐지면서 이루어지는 과정

- 단어재인 : 음운인식(phonological awareness), 해독(decoding), 시각재인(sight recognition)
- 언어이해 : 배경지식(background knowledge), 어휘(vocabulary), 언어구조(language structure), 언어추론(language reasoning), 문해지식(literacy knowledge)

2) 읽기발달

읽기의 의미는 두 가지의 견해를 가진다. 첫째, 읽기를 해독으로 보는 견해로 영유아가 읽는 내용을 이해하기 위해서는 해독(decoding)이 이루어져야 한다. 해독이란 단어를 보고 소리 내어 보는 것이다. 둘째, 읽기를 글의 의미를 이해하는 것으로 보는 견해이다. 글을 읽을 때 효과적으로 글자가 의미라는 것을 이해하는 통찰력을 갖게 된다.

영유아의 읽기는 성인과는 다르며 읽기발달의 수준도 각 영유아 개인마다 차이가 있으므로 읽기행동 발달단계의 특성을 고려해서 다양한 경험을 제공해야 할 필요가 있다. 영유아의 읽기발달은 일정한 단계를 거쳐 발달한다. 읽기발달 단계를 영아, 유아로 구분해서 살펴보면 다음과 같다.

영유아의 읽기는 어떻게 발달할까?

(1) 영아

영아는 아직 글을 읽지 못하지만 읽기를 위한 다양한 행동을 시도한다. 초기 문해 관점에서 영아는 관례적 의미의 읽기를 하기 전에 읽기활동을 즐기며 능동적인 읽기활동에 참여한다. 램과 패커(Lamme & Packer, 1986)는 그림책 읽기 실험은 통하여 영아의 그림책 읽기 행동 유형에는 발달적 순서가 있음을 다음 표와 같이 제시하였다. 부모와 교사는 영아가 시도하는 읽기행동들을 잘 관찰하고 읽기를 잘할 수 있도록 지지와 격려가 필요하다.

〈표 2-1〉 영아 읽기행동 발달단계

시각적 행동	동작적 행동	언어적 행동	정서적 행동
• 3개월 : 책을 응시 • 5개월 : 어머니가 손으로 지적하는 것을 추적 • 9~15개월 : 부모가 손가락으로 지적해 주지 않아도 설명하는 것과 읽는 것과 일치하는 그림을 바라봄	• 8개월 이전 : 책을 입에 넣으려고 하거나, 손으로 가볍게 두드리기, 손으로 구겨 쥐려는 행동 • 12개월 : 스스로 그림 지적, 부모가 영아가 지적한 것의 이름을 말하며 반응	• 6개월 : 소리 내어 웃기, 싱긋 등 언어적으로 반응하기 시작 • 12개월 : 명료해짐 • 15개월 : 친근한 이야기에 "뭐야", "이거" 언어명명 요청, 단어 말하기	• 5개월 이하 : 팔을 치거나 두드림 반응 • 6개월 : 엄마 바라보고 웃음 • 12개월 : 영아가 즐거워하는 책을 읽어달라고 하거나 다른 책을 읽어달라고 함

(2) 유아

교실의 언어영역에서 한 유아가 그림책『곰 사냥을 떠나자』를 보고 있는 모습을 그려보자. 유아는 그림책 책장을 넘기면서 나타난 그림을 손가락으로 가리키면서 혼자 "여기 식구들은 곰을 잡으러 강물을 건너고 있어요" 하면서 책을 읽고 있다. 그렇다면 이 유아는 다음의 읽기발달 단계 중 어디에 해당할까?

종종 유아가 그림책을 읽을 때 그림책의 그림만 보는 경우, 좋아하는 장면만 보는 경우, 때로는 글자를 또박또박 읽는 경우 등의 다양한 행동을 볼 수 있다. 이와 같이 유아가 읽기를 하기 위한 행동은 다양한 양상으로 나타난다. 이에 대해 이영자와 이종숙(1985)은 우리나라 3~5세 유아의 읽기행동에 나타나는 읽기발달 단계를 다음과 같이 설명하고 있다.

〈표 2-2〉 유아 읽기발달 단계

1단계 : 읽기 이해 전 단계 하위 1단계 : 말없이 그림만 쳐다보기 하위 2단계 : 그림을 지적하기 하위 3단계 : 그림의 명칭 이해하기 하위 4단계 : 그림에 대해 질문하기
2단계 : 이야기 구성능력 없이 '난 –못 읽어요' 같이 의사표현을 하는 단계
3단계 : 그림을 보고 마음대로 이야기 만들기 단계
4단계 : 의미가 비슷하게 꾸며 말하기
5단계 : 단어나 구절을 암기하여 이야기하는 단계 하위 1단계 : 책에 나온 글자의 암기를 통하여 50% 이하의 단어나 구절을 사용하여 이야기하기 하위 2단계 : 책에 나온 글자의 암기를 통하여 50% 이상의 단어나 구절을 사용하여 이야기하기
6단계 : 글자를 읽어야 한다는 것을 이해하지만 글자를 읽을 줄 몰라 '난 못 읽어요' 같은 의사표현을 하는 단계
7단계 : 글자를 읽는 단계

출처 : 이영자 · 이종숙(1985). 비지시적 지도방법에 의한 유아의 읽기와 쓰기 행동의 발달, p. 387.

이와 같이 영아와 유아의 읽기발달 단계는 처음에 글자에 주목하여 읽으려고 하기보다는 그것이 전달하는 의미에 무게를 두고 이해하다가 점진적으로 글자가 의미를 나타내고 있음을 알게 된다.

3) 쓰기발달

영유아의 쓰기학습 과정은 어느 한 순간에 갑자기 터득되는 것이 아니라 점차적으로 발달이 이루어지며 대체로 보편적인 발달단계를 나타낸다(Jalongo, 2000). 처음 영유아들은 상징을 통해 자기 자신의 생각과 감정을 표현하기 시작하며, 발달 초기의 그리기나 쓰기는 일종의 탐색활동이다(이지현 외, 2009). 영유아들은 처음에 그리기와 쓰기를 구분하지 못하는 경우가 있는데 쓰라고 하면 그리고, 그려 보라고 하면 쓰는 경우가 그것이다. 이때의 영유아는 종이 위에 무언가 표시한다는 데 의미를 둔다. 영유아들은 자신이 표현한 그림, 끼적거리면서 나타난 것들이 타인과 의사소통하기 위해 중요한 역할을 한다는 것을 알게 된다.

영유아의 쓰기는 어떻게 발달할까?

영유아의 쓰기활동은 처음에는 그리기가 포함된 끼적거리는 활동으로 시작된다. 영아들은 크레용이나 색연필을 들고 무언가를 그리거나 끼적거리면서 자신이 그린 그리기가 포함된 끼적거린 것에 나름대로 의미를 부여하여 설명하곤 한다. 이처럼 영아의 끼적거리기 활동은 후에 쓰기발달에 도움을 줄 수 있다.

영아의 그리기가 포함된 끼적거리기나 유아 쓰기의 공통점은 의도적으로 무언가를 표현하며 소근육 발달이 요구된다. 영유아의 쓰기발달은 일정한 단계를 거쳐 발달한다.

셜츠비(Sulzby, 1985)는 유아의 쓰기를 여섯 가지 범주로 분류하였으며, 이러한 분류는 위계적 순서를 거치는 것은 아니나 유아의 쓰기발달은 다음과 같이 보편적인 형태로 나타난다고 제시하였다.

〈표 2-3〉 쓰기발달 단계

범주	쓰기의 형태
범주 1 : 그림으로 쓰기	그리기를 해서 쓰기를 하며 그리기와 쓰기를 혼동하지 않고 이해한다. 그리기와 쓰기를 의사소통의 목적으로 사용하며 그림으로 쓰는 유아는 쓰기인 것처럼 그림을 읽는다.
범주 2 : 끼적거리기로 쓰기	끼적거리기를 쓰기의 한 형태로 나타나며 연필을 사용해서 왼쪽에서 오른쪽으로 끼적거리기도 하고 쓰기도 한다.

범주 3 : 글자 비슷한 형태로 쓰기	쓴 모양이 글자와 비슷하며 관례적이지는 않지만 창의적인 글자형태이다.
범주 4 : 낱글자들을 연속해 쓰기	유아 자신의 이름처럼 익숙한 글씨를 일렬로 펼쳐서 쓴다. 글자의 순서를 바꾸어 쓰기도 하며 동일한 글자를 다양한 방식으로 쓴다.
범주 5 : 창안적 글자쓰기	창안적 글자쓰기는 유아에 따라서는 다양하며 관례적인 철자법을 잘 알지 못하기 때문에 유아 자신의 방식에 따라 창안해서 쓴다. 하나의 낱자 전체 음절 혹은 하나의 단어로 나타나기도 하고 띄어쓰기도 하지 않는다.
범주 6 : 관례적인 철자법으로 쓰기	성인들이 쓰는 방식과 유사하다.

출처 : Sulzby(1985). Children emergent reading of favorite storybooks : A development study, p. 464.

영유아의 쓰기행동은 끼적거리기부터 시작된다. 글로 쓰고 싶은 것을 끼적거리기를 하려면 소근육 발달, 눈과 손의 협응력, 쓰기도구 사용방법에 대해 알아야 한다. 언뜻 보면 그림을 그린 것처럼 보이지만 영아는 나름대로 쓰고 싶은 것을 나타낸 것이다. 이에 대해 이영자(2004)는 우리나라 3~5세 유아를 대상으로 한 연구를 통해 영유아의 쓰기발달은 다음과 같이 발달한다고 제시하고 있다.

〈표 2-4〉 단계별 쓰기의 전형적 형태

단계	쓰기의 형태
0단계 미분화 단계	 '할머니'라고 쓴 것(30개월)

<table>
<tr>
<td rowspan="2">1단계
끼적거리기 단계</td>
<td>하위 1단계 : 글자의 형태가 나타나지 않으나 세로선이 나타나는 단계
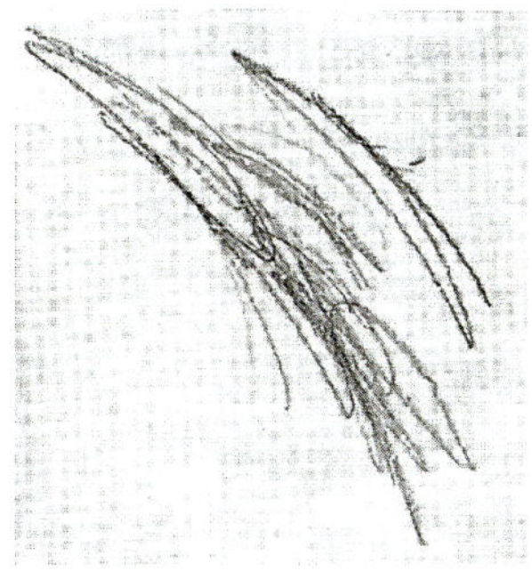
이름 쓴 것(21개월)</td>
</tr>
<tr>
<td>하위 2단계 : 글자의 형태는 나타나지 않으나 가로선이 나타나는 단계

'어린이집 선생님, 이한나예요'라고 쓴 것(34개월)
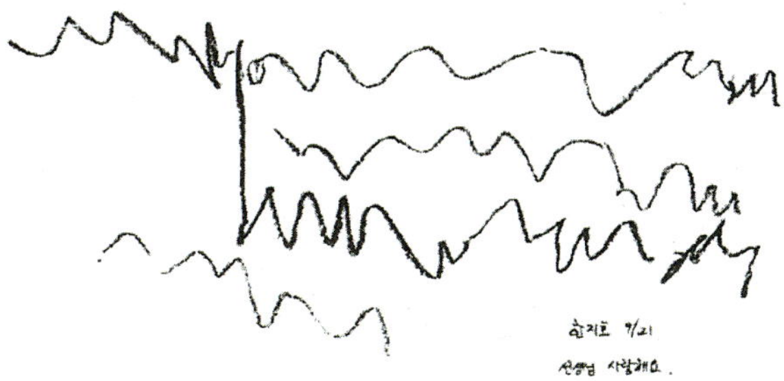
유아가 '선생님 사랑해요'라고 쓴 것(4세)</td>
</tr>
</table>

2단계 한두 개의 자형이 우연히 나타나는 단계	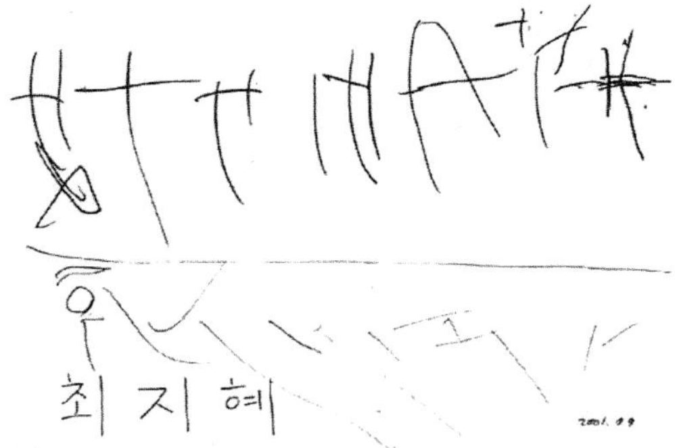 우연한 자형이 나타남(4세)
3단계 자형이 의도적으로 한두 개 나타나는 단계	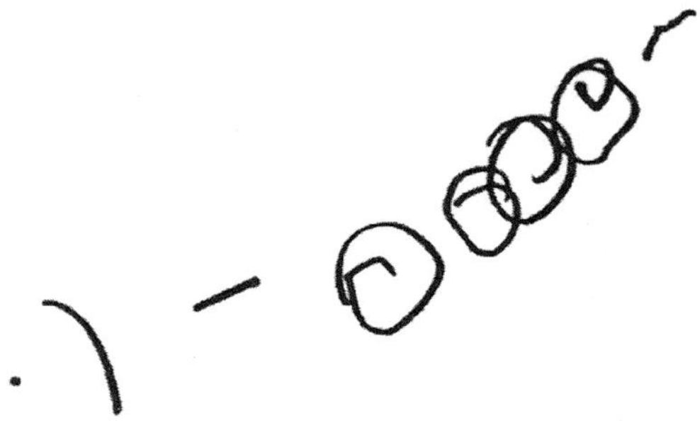 '엄마'라고 쓴 것(박지원, 32개월)
4단계 글자의 형태가 나타나고 가끔 자·모음의 방향이 틀리거나 부분적으로 틀린 단계	 아는 글자를 쓴 것(조한솔, 33개월)

5단계
단어 쓰기 단계

하위 1단계 : 완전한 단어가 나타나고 자 · 모음 방향이 틀리거나
글자가 부분적으로 틀린 단계

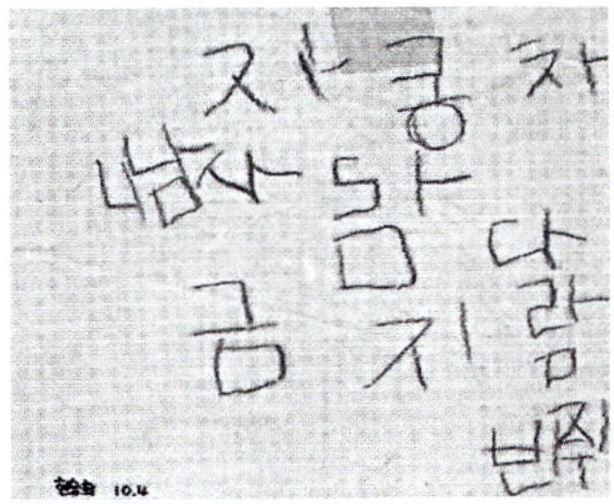

자동차, 사람, 다람쥐반이라고 쓴 것(3세)

하위 2단계 : 완전한 단어 형태가 나타나고 자 · 모음의 방향이 정확한 단계

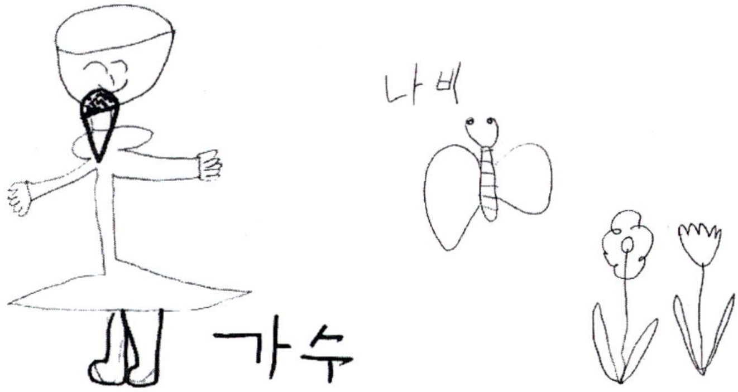

단어 쓰기(오이향, 만 5세)

6단계
문장 쓰기 단계

하위 1단계 : 문장 형태가 나타났으나 부분적으로 틀린 글자가 있는 단계

하위 2단계 : 틀린 글자 없이 완전한 문장 형태가 나타나는 단계

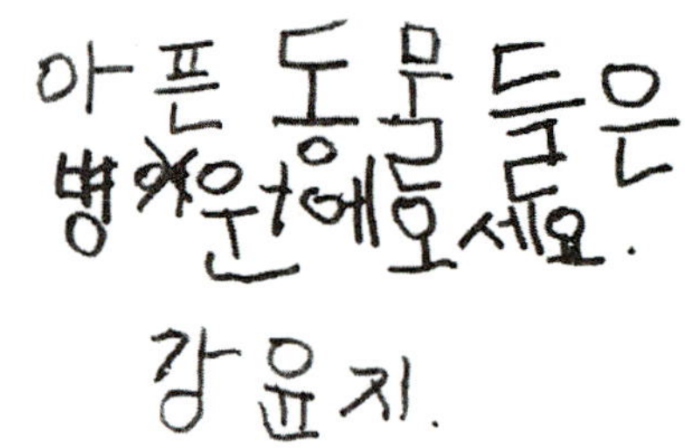

4세 유아가 동물병원 놀이하면서 표시해 놓은 것

출처 : 이영자(2013). 유아 언어발달과 지도, pp. 145-149.

3 의사소통능력

의사소통이란 서로가 지닌 생각이나 뜻을 통하게 하는 과정으로 서로의 감정과 의견을 교환하는 행위의 과정을 말한다(국립국어원, 2017. 1. 20). 즉, 상대방에게 자신의 생각을 일방적으로 전달하는 것이 아니라 서로의 생각을 '주고받는' 것이다(공주대학교 출판부, 2007). 여기에서 주고받는 것의 다른 의미는 다양한 상황과 사회 · 문화적인 기대에 대한 이해를 바탕으로 그에 적합한 비언어적 · 언어적 의사소통으로 자신의 의도를 조절할 수 있는 능력이 포함된다. 영아는 이미 태내에서부터 의사소통능력이 발달하며 출생과 더불어 울음이나 미소 등과 같은 비언어적인 형태로 자신의 요구를 표현하게 된다. 주 양육자가 영아의 의사소통에 반응하는 것에 따라 영아의 의사소통은 점차 다양해진다. 이때 주 양육자가 따뜻하고 친절하게 또 편안하게 반응한다면 영아는 따뜻함, 친절함, 편

안함 등과 같이 다양한 사회적 행동의 의미를 알게 되며 이를 바탕으로 영아의 주변 성인 또는 또래와 의사소통이 이루어진다. 이와 같이 언어 사용 이전의 의사소통 수단은 언어가 획득된 후에도 소멸되는 것이 아니라 흔히 신체언어(body language)라 지칭되는 강력한 의사소통 수단으로 성인기까지 지속된다. 영유아의 비언어적 의사소통은 정서표현과 밀접하게 연관되어 있는데, 유아기 초기에 유아가 또래나 다른 사람들과 사회적 상호작용을 할 때 비언어적 의사소통의 비율이 높지만 유아기 후기로 갈수록 언어적 의사소통이 차지하는 비율이 높아진다(Nowicki & Duke, 1994, 이정아, 2017 재인용).

■ **의사소통의 요소**

- 말하는 사람과 듣는 사람
- **내용** : 말하는 사람의 사고, 지식, 감정, 느낌 등과 같이 듣는 사람에게 영향을 주고자 의도하여 전달되는 내용과 이 내용을 전달하기 위한 매체와 방법
- **결과** : 의사소통으로 인해 나타나는 종결상태로 상대방에게 영향을 미치게 되어 상대방이 변하거나 또는 서로 변하게 되는 결과

의사소통은 의사소통기술, 의사소통전략, 의사소통능력 등을 포함한다.

의사소통기술은 매일의 생활에서 바람직한 대인관계를 형성해 나가기 위해 필요하며, 의사 전달 과정에서 듣는 사람에게 자신의 의사를 적극적으로 전달하는 방법을 사용한다. 이를테면 기호나 상징 등으로 표현하기, 경청하기, 질문하기, 피드백하기 등과 같은 기법들이 사용된다.

의사소통전략은 전달할 내용을 만들어 내는 방법, 또 만들어 낸 전달내용을 사람들에게 효과적으로 전달하는 방법과 관련된다. 예를 들면, 전달하고자 하는 내용의 행동에 대해 행위를 설명한다거나, "아주 중요한 문장이에요"와 같이 중요성에 대해 반복하여 말한다거나, 주의를 끌기 위한 방법으로 "여기 좀 봐봐,

나 중요한 할 말 있어" 등의 전략을 사용할 수 있다.

마지막으로 의사소통능력이란 자신의 생각과 느낌을 명확히 인식하여 긍정적인 방식으로 요구와 바람을 표현하고, 경청을 통해 타인의 권리와 요구를 정확히 해석하고 존중 및 공감하는 태도를 가지며 타인과 협력하여 문제를 해결하는 능력이다(엄은나, 2006).

■ 의사소통기술에 필요한 능력

- 상대방의 말에 주의를 기울여 듣고 상대방이 하는 말의 뜻을 이해하는 능력
- 상대방의 연령, 성, 사회적 지위 또는 상황적 조건에 맞게 자신의 언어적 표현을 조정하는 능력
- 자신이 하는 말을 상대방이 이해하고 있는지의 여부를 상대방의 반응으로부터 감시하고 조정해 나가는 능력

의사소통의 형태는 어떠한가?

언어 사용 여부에 따라 언어적 의사소통과 비언어적 의사소통으로 나눈다. 언어적 의사소통은 의사나 감정, 정보 등이 음성이나 문자 등을 통해 전달되는 것이고 비언어적 의사소통은 표정, 몸짓, 손짓, 음성, 어조 등 비언어적으로 표현하여 소통한다. 의사소통에 있어서 심리상태나 반응의 정서적인 상태는 비언어적인 의사소통으로 전달되기 때문에 타인과의 관계에 있어서 중요한 역할을 한다(신정숙, 2018).

언어적 의사소통
개인의 생각이나 감정을 말이나 글로 전달

비언어적 의사소통
표정이나 시선, 몸짓 및 자세, 미소 등으로 정보를 전달

| 그림 2-3 | 의사소통 형태

의사소통에 있어서 화자는 청자에게 언어적 의사소통과 비언어적 의사소통의 방법을 사용하면서 의사를 전달한다. 이때 화자와 청자는 의견을 조정하고 새로운 정보를 산출하기도 하며 서로 주고받으면서 소통할 수 있다. 즉, 화자와 청자는 소통에 있어 공동의 참여자가 되는 것이다.

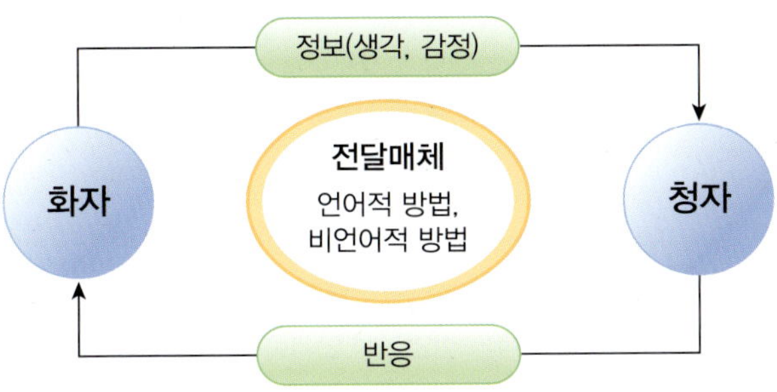

| 그림 2-4 | 의사전달 과정

출처 : google.co.kr에서 2018. 2. 5. 인출.

유아의 의사소통능력을 향상시키려면?

유아의 의사소통능력은 유아가 사회적 관계를 시작하고 지속하게 하는 수단이며 사회적 상호작용의 기본이 되는 요소로 효율적인 의사소통 전략이나 능력을 가지고 있는 유아는 자아정체감을 발달시키고, 다른 사람과의 사회적 관계를 형성하며, 전체적인 사회적 활동에 대한 기초를 제공하는 데 도움을 준다(김현정, 2001; 단현국, 2012). 유아의 의사소통능력 향상을 위해서는 유아교육기관이나 가정에서 도움이 필요하다.

엄은나(2006)는 유아의 의사소통능력을 향상시키기 위한 목적으로 프로그램을 구성했는데 구체적인 프로그램의 내용 및 교수–학습 방법을 소개하고자 한다.

〈표 2–5〉 의사소통능력 향상을 위한 프로그램 내용 구성

내용	구체적인 내용
자기 마음 이해하기	• 자기 마음에서 일어나는 변화에 관심 가지기 • 자기 생각과 느낌을 정확하게 지각하기
자기 마음 표현하기	• 자기 감정을 긍정적으로 표현하기 • 명확하고 효과적인 방식으로 요청 및 거절하기 • 상황에 알맞은 표현 알고 사용하기
경청	• 타인의 언어적 · 비언어적 표현에 관심 기울이기 • 경청하는 과정에서 관련 반응 보이기
공감	• 언어적 · 비언어적 단서로 타인의 느낌 알기 • 타인의 어려움을 알고 위로하기 • 타인의 성취나 바람직한 행동 칭찬하기
협력하여 문제 해결하기	• 타인의 요구와 바람을 수용하고 존중하기 • 문제를 명확하게 정의하기 • 타인을 통해서 해결방안 모색하기

출처 : 엄은나(2006). 유아의 의사소통능력 향상을 위한 프로그램 구성 및 적용효과, p. 75.

이와 같은 내용을 유아교육기관에서 이루어지는 다양한 활동(이야기 나누기, 역할극, 게임, 동화, 동시감상 등)으로 계획하여 모델링, 토의, 자기 표현 방법 등으로 활동할 수 있다.

생각해 보기

1. '3분 스피치' 주제를 정해서 원고를 작성하여 발표한 후 들었던 내용에 대해 이야기해 봅시다.

2. 영유아의 쓰기자료를 수집해서 쓰기발달 단계를 분석해 봅시다.

3. 유아가 좋아하는 책을 읽는 모습을 관찰하여 읽기발달 단계를 분석해 봅시다.

4. 주제를 정해 대화를 해보고 언어적 의사소통, 비언어적 의사소통의 형태를 찾아봅시다.

영 · 유 · 아 · 언 · 어 · 지 · 도

Chapter 03

언어습득 이론

학/습/목/표

1. 언어습득 이론(행동주의, 생득주의, 구성주의)의 개념과 특징을 말할 수 있다.
2. 인지적 구성주의와 사회적 구성주의 입장에서 언어와 사고의 관계를 비교하여 설명할 수 있다.

인간은 언어를 어떻게 습득하게 되는가?

영유아 언어발달에 대한 관점은 수많은 학자들의 연구에 의해 변화되어 왔다. 과거에는 언어를 자연적으로 따라 하면서 배우는 것으로 생각해 왔지만, 현대의 많은 언어학자들은 영유아의 언어습득이 어떠한 원리에 의해서 이루어지는가에 대해 관심을 가지고 지속적으로 연구해 오고 있다.

영유아의 언어습득에 있어서 중요한 전제조건은 언어를 습득하는 데는 반드시 언어를 쓰는 환경 속에서 언어와의 접촉이 있어야 한다는 사실이다. 예를 들어, 갓난아이가 언어를 사용하는 환경과 접촉하는 일 없이 몇 년 동안 고립되어 있다면 어떠한 언어도 배울 수 없게 된다. 이러한 사례는 언어학자들이 여러 차례 밝힌 바 있다. 1800년 프랑스의 아비뇽에서 발견된 야생소년 빅토르나 1970년 미국에서 발견된 지니(가명)의 사례가 대표적인 예이다. 인간은 선천적으로 언어를 배울 수 있는 능력을 가지고 태어나지만, 어떤 언어행위가 지속적으로 발생하는 언어환경 안에서 성장해야만 언어습득이 가능하게 된다.

빅토르(1788~1828)

18세기 말 프랑스 남부에서 출생 직후 인간사회에서 격리된 채 깊은 숲 속 늑대무리 속에서 키워진 12세 소년이 발견되었다. 이후 빅토르라는 이름으로 불려진 이 소년은 프랑스 정부에 의해 수년 동안 집중적인 언어치료와 특수교육을 받았지만 결국 인간의 언어를 익히지 못한 채 생을 마감하고 말았다.

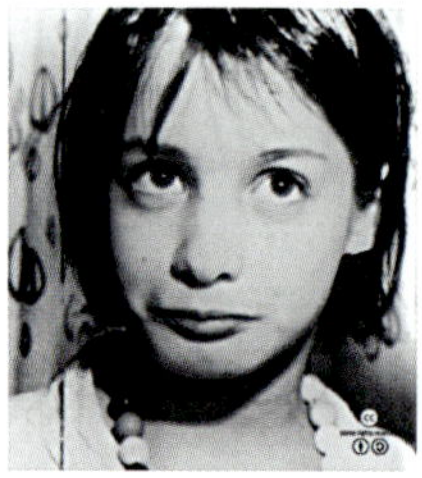

지니 와일리(1957~)

지니는 아버지에 의해 13살까지 방에서만 갇혀 지내다 구출됐다. 이 기간 동안에 지니는 언어경험을 전혀 하지 못해서 구출될 당시에 언어를 구사하지 못했다. 미국의 학자들이 약 10여 년에 걸쳐 재활 프로그램을 실시했으나 지니의 언어능력은 거의 향상되지 않았다.

인간의 언어습득 발달과정을 설명하는 이론은 다양한 입장에서 화해와 상반된 입장을 반복하고 있지만, 인간의 언어발달에 대한 모든 측면을 어느 한 이론만으로 포괄적으로 설명하기에는 부족하다. 그러므로 이 장에서는 인간이 언어에 대한 지식이 전혀 없는 백지상태로 태어난다는 행동주의 이론, 인간이 선천적인 언어습득능력을 가지고 태어난다는 생득주의 이론, 언어습득에서 유전적 기질과 환경의 상호작용과 인지과정을 중시하는 구성주의 이론을 알아보고자 한다. 각각의 이론에 대해서 소개해 보면 다음과 같다.

1 행동주의 이론

행동주의 이론은 환경의 영향력, 즉 주변 사람들의 언어 사용의 양과 질, 의사소통에 대한 태도가 언어발달에 영향을 준다고 보는 입장이다. 행동주의 이론은 20세기 초부터 1950년대에 지배적이었던 이론으로 모델링, 조건화, 모방, 강화를 언어습득을 위한 중요한 요인으로 설명하고 있다. 행동주의 이론의 대표학자인 스키너(Skinner)를 중심으로 한 학습이론가들은 언어 습득과 발달은 기본적으로 다른 모든 행동과 마찬가지로 강화작용에 의해서 학습된다고 주장한다.

즉, 어떤 행위가 어느 단계에 이르러 갑자기 나타나는 것이 아니라 경험과 훈련에 의해서 점진적으로 형성되고 발달되어 간다고 본다. 스키너는 쥐가 레버를 누르는 행동과 먹이를 받는 결과 간의 인과관계를 다수의 시행착오를 거쳐 점진적으로 학습하였으며, 이는 쥐의 행동이 먹이(강화물)에 의해 강화되었기 때문이라고 설명하였다. 이를 조작적 조건형성이라고 일컫는다.

스키너의 설명에 따르면, 언어의 획득과정도 조작적 조건형성 과정과 크게 다르지 않다. 즉, 언어획득도 조작적 조건형성에서 보는 강화의 원리에 의해서 가능해진다는 것이다. 영유아의 언어발달은 옹알이에서 시작되는데, 옹알거리는 소리 속에는 여러 나라의 언어에서 사용되는 음소가 포함되어 있다. 그런데 부모는 자신들이 사용하는 언어에 포함되는 음소를 영유아가 발음하게 되면 더 주의를 주거나 좋아하는 경향이 있다. 이러한 부모의 반응은 정신적인 강화의 구실을 하게 됨으로써 영유아는 그가 속하는 사회에서 통용되는 음소를 획득하게 되고, 나아가서는 음소와 음소의 조합방식을 학습하게 됨으로써 단어와 문장을 습득해 가는 것이다. 스키너의 언어학습 이론은 다른 행동과 마찬가지로 조작적 조건화에 의해 학습된다고 보았다. 스키너는 세 가지 반응에 의해 언어학습이 이루어진다고 설명하였으며, 영유아가 언어를 배워가는 방법을 다음과 같이 설명하였다(이정모 · 이재모, 1998; Owens, 2001).

첫째, 욕구발화(mand) 반응은 요구, 요청, 명령 등의 상황에서 나타나는 언어반응이다. 즉, 영유아의 요구에 양육자가 반응을 하며, 그 양육자의 반응을 유아가 모방하는 것이다. 예를 들어, 배가 고픈 영유아가 물을 먹고 싶어 '무', '무'와 같은 발성을 하게 되면 엄마는 이를 물을 달라고 하는 요구로 해석하여 물을 주게 된다. 영유아가 이러한 경험이 반복되면 '물'이라는 단어를 학습하게 되는 것이다.

둘째, 접촉(tact) 반응은 영유아가 어떤 사물이나 물체를 접촉했을 때 언어로 중얼거리게 된다. 그때 양육자가 영유아에게 강화를 하게 되면 반복되는 연습을 통해 그 사물이나 물체에 대한 단어를 학습하게 되는 것이다. 예를 들어, 영유아가 '공'이라는 것을 접촉했을 때 '고', '고~옹'이라고 말할 때 엄마가 "그래 맞아 그건 공이야. 우리 아가 잘했네"와 같이 강화를 해주면 영유아는 '공'이라는 단어를 학습하게 되는 것이다.

셋째, 반향적(echoic) 반응은 영유아가 주변의 성인이 하는 소리는 그대로 메아리처럼 따라 한다는 것이다. 영유아 주변의 성인이 '아빠'라는 소리를 내는 경우, "아빠 어딨지?", "아빠 오라고 할까?", "어, 아빠 저기 있네"와 같이 그대로 따라하는 경우이다. 이때 엄마가 "우리 아기 아빠라고 했네. 잘했어요"와 같이 강화를 해주면 영유아는 '아빠'라는 단어를 학습하게 되는 것이다.

- 강화 : 강화는 반응을 확률적으로 증가시키는 것이다. 강화에는 정적 강화와 부적 강화가 있다. 스키너는 영유아에게 바람직한 언어행동이 나타날 때는 칭찬과 미소 등과 같이 긍정적인 강화를 통해 기대하는 행동을 증가시키는 정적 강화와, 바람직하지 못한 언어 행동이 나타날 때 싫어하는 행동을 제거함으로써 기대하는 행동을 증가시키는 부적 강화로 바람직한 언어행동을 발생하게 함으로써 언어학습이 이루어진다고 보았다.
- 조건화 : 자극과 반응의 관계가 반복되는 경험에 의해서 고착화되는 과정을 말한다.

한편 반두라(Bandura)는 스키너 이론이 단순한 단어학습에 대해서는 설명할 수 있으나, 영유아가 취학 전에 수많은 단어나 복잡한 문법을 습득한다는 사실을 설명하지는 못한다는 한계를 지적하였다. 반두라는 모방이 영유아의 언어습득에 중요한 역할을 한다고 주장하면서 관찰학습과 대리학습이라는 용어를 사용하였다. 즉, 직접적인 강화가 아니라 간접적인 강화도 학습을 유발한다는 것이다. 선생님의 직접적인 칭찬이 아니라 친구가 선생님의 칭찬을 받는 모습을 통해서도 동일한 학습이 일어날 수 있다.

- **관찰학습** : 환경적 자극에 대한 반응을 통하여 행동을 학습하는 것이 아니라 타인의 행동을 관찰함으로써 학습하는 과정이다.
- **대리학습** : 다른 사람들이 새로운 행동을 할 때 어떤 결과가 나타나는지를 보게 된다. 이러한 과정을 통해서 자신의 행동을 변화시키는 것이다.

스키너가 언어학습 방법으로 강화를 강조하였다면 반두라는 모델이 되는 언어의 관찰과 모방을 강조하였다는 차이점이 있으나, 반두라와 스키너 모두 언어발달에 있어 환경적인 요인을 강조했다는 공통점이 있다. 행동주의 이론은 언어적 환경이 영유아의 어휘를 확장시키고, 문법적인 규칙을 터득하게 하는 중요한 요인임을 확인하였으나 모델링과 강화만으로는 복잡한 언어습득 과정을 충분히 설명할 수 없다는 점에서 한계가 있다.

■ 행동주의 이론의 비판점은 다음과 같다

- 영유아가 한 번도 사용하지 않았던 새로운 문장을 만들어 낼 수 있기 때문에 언어사용에 있어 창조적인 측면을 설명하지 못한다.

  예 '머리카락'을 알고 있는 영유아가 다리에 털이 난 것을 보고 '다리카락'이라는 말을 만들어 냄
- 영유아는 성인의 말을 그대로 모방하지 않고 스스로 문법적인 규칙을 일반화하여 적용하여 사용한다.

  예 선생님이(가), 사과와 귤(와)
- 영유아의 언어 습득은 모방이나 강화의 빈도와 비교되지 않을 정도로 급속도로 발달한다.

❷ 생득주의 이론

생득주의 이론은 인간이 언어를 습득하는 능력을 선천적으로 가지고 태어난다고 설명한다. 출생 후 몇 개월이 지나지 않아도 이미 신생아들은 비슷한 소리를 들려주면 구별할 수 있다. 영유아는 짧은 기간 내에 언어를 습득하며 체계적인 훈련과 교육을 받지 않고도 자연스럽게 언어를 습득한다는 사실은 신비스러운 일이다.

생득주의 대표적인 학자인 촘스키(Chomsky)는 모든 언어는 단순성에서 복잡성으로 습득되는 공통점을 가지고 있다는 것을 발견했다. 언어발달이 강화나 모방의 영향을 받는 것은 분명하지만 청각장애가 있는 부모와 정상부모의 자녀가 동일하게 옹알이를 한다는 점에서 강화나 모방만으로 언어발달을 설명할 수 없다고 보았다. 촘스키는 인간은 선천적으로 언어를 특정한 시기에 특정한 방법으로 배우게끔 구성되어 있다고 보았으며, 이를 언어습득장치(LAD : Language Acquisition Device)라는 개념으로 다음과 같이 설명하였다.

- **언어습득장치** : 언어재료들을 처리하고 가공하며 언어규칙을 구축하여 문법적 문장을 이해하고 산출하게 만들어 주는 능력을 말한다. 유아는 언어를 습득할 수 있는 언어습득기제를 선천적으로 가지고 태어나며, 이를 통해 언어에 포함된 문법적인 규칙들을 인식하고 산출하게 된다.

언어자료(입력) → 언어습득장치(언어처리기술) → 언어이해, 언어산출

첫째, 촘스키는 모든 언어에 공통적 언어구조와 영유아들도 쉽게 인지되는 구문규칙들이 있는 보편문법이 있다는 사실에 주목했다. 전 세계 문화권의 언어는 주어와 술어로 이루어져 있고 의문문, 명령문, 부정문이 존재한다. 언어능력을

타고난다는 가설도 이러한 사실에 근거를 두고 있다. 영유아가 단기간 내에 언어를 습득하는 사실은 문장의 구성규칙에 맞게 다양한 형태로 언어를 만들어 낼 수 있는 창조적인 힘이 있기 때문이다.

둘째, 언어발달의 과정은 보편성이 있다는 것이다. 각기 다른 문화권에 살고 있고 다른 언어를 사용한다고 할지라도 전 세계 영유아들이 언어를 습득하는 데 있어서는 동일한 발달단계를 보인다. 옹알이 시기부터 일어문, 이어문, 문장을 사용하는 순서로 발달한다. 물론 영유아가 말하는 어휘의 수나 문장의 길이에는 개인차가 있지만, 언어발달의 단계와 시기는 보편적이다.

한편 르네버그(Lenneberg, 1967)는 이러한 선천적인 언어습득장치는 특정한 시기에 활성화되어 언어발달에 영향을 미친다고 하였다. 즉, 영유아들은 뇌의 유연성으로 인해 언어습득이 유리한데 언어를 습득하는 데 결정적 시기(critical period)[1)]가 중요하다는 것이다. 예를 들어, 어렸을 때 해나 가족이 미국에 이민을 갔다고 가정해 보자. 당시 3살이었던 해나는 큰 어려움 없이 영어를 습득할 수 있었다. 하지만 해나 부모님들은 해나만큼 영어를 습득하고 유창하게 말하는 것에 어려움을 겪는다. 다시 한국으로 돌아왔을 때에 해나와 해나 부모님은 영어 사용에 있어 차이를 보일 것이다. 르네버그는 이와 같이 언어습득에 차이를 보이는 이유를 인간이 언어를 습득하는 데 가장 최적의 결정적 시기가 있기 때문이라고 설명하였다.

촘스키의 이론을 중심으로 한 생득주의 이론은 1960년대 후반과 1970년대 전반 언어발달 이론에 많은 영향을 미쳤다. 생득주의 이론은 확고한 경험적 증거에 기초한 이론이라기보다는 가설적인 이론이지만, 문법발달에 대한 설명과 보편적인 언어발달 단계를 개념화하고 언어발달을 돕기 위해 준비도 활동을 제공하는 데 기여하였다(Machado, 1999).

1) '결정적 시기'는 '민감기(sensitive)'로도 표현이 되는데 이는 로렌츠(Lorenz, 1952)가 최초로 언급하였다. 언어습득이 이루어지는 최적의 시기를 말하며, 일정 시기가 지나면 언어발달이 어렵거나 불가능하게 되는 생물학적 기간을 말한다.

■ 생득주의 이론에 대한 비판점은 다음과 같다

- 언어습득장치(LAD)는 객관적으로 검증할 수 없다. 인간은 누구나 언어습득장치를 가지고 태어난다고 하지만 언어습득장치가 있다는 가정만으로는 인간의 언어습득을 전반적으로 설명하는 데 한계가 있을 수 있다.
- 영유아가 초기에 사용하는 언어는 창조적이지 못한 경우가 많다. 영유아기 초기에 주로 사용하는 언어는 부모나 주변 사람들이 사용하는 언어를 모방해서 사용하기 때문에 창조적인 언어 사용을 찾아보기 어렵다.
- 영유아의 언어능력이 환경과의 상호작용과 관련성이 있음을 간과하는 경향이 있다. 영유아가 처한 가정, 유아교육기관과 같은 환경에서 인적자원과의 양적 · 질적인 상호작용에 따라 영유아의 언어능력은 달라질 수 있기 때문에 생득주의 이론은 이를 설명하는 데 한계가 있다.

■ 언어에 있어서 뇌의 역할

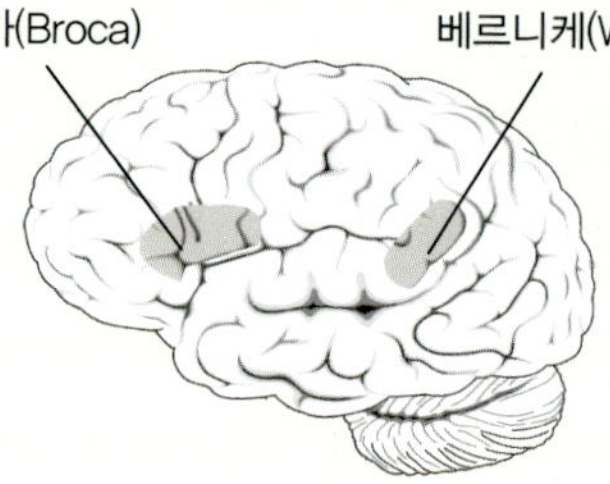

언어 사용에 특화된 뇌의 영역이 있다는 증거들이 있다. 인류학자, 신경외과의사이자 신경해부학자인 브로카(Broca)의 한 환자는 뇌의 왼쪽에 손상을 입었는데, 뇌 손상 후 장애인 실어증으로 많은 고통을 겪었다. 브로카의 진단 몇 년 후 사망하였는데, 그의 시체 부검 결과 뇌의 어느 부위에 손상이 있었는지 밝힐 수 있었다. 오늘날 언어 산출을 관장하는 뇌의 좌측 전두엽체의 부분을 브로카 영역이라고 부른다. 또한 베르니케 영역(Wernicke's area)은 뇌의 좌반구에 위치하는 특정 부위로 청각피질과 시각피질로부터 전달된 언어정보의 해석을 담당한다. 즉, 언어의 이해를 다룬다. 이는 독일의 신경정신과의사인 카를 베르니케(Carl Wernicke)가 발견하였다.

출처 : 곽금주 외(2006). 아동발달심리학, p. 319.

③ 구성주의 이론

구성주의는 영유아의 언어발달에 있어서 인간의 타고난 선천적 능력과 언어를 습득할 수 있는 다양한 경험의 상호작용을 중시하는 입장을 취하였다. 즉, 인간이 환경과의 능동적인 상호작용을 통해 발달하는 과정의 전제 아래 피아제(Piaget)의 이론을 기초로 하는 인지적 구성주의 이론과 비고츠키(Vygotsky)의 사회적 상호작용주의 이론으로 나눌 수 있다.

1) 인지적 구성주의

피아제(Piaget)는 '지식이란 무엇이며 이러한 지식은 어떤 과정을 거쳐 형성되는가' 하는 인식론에 관심을 가지고 인간의 인지발달 과정을 연구하였다. 그는 인간의 발달을 생득적인 요소뿐만 아니라 환경과의 상호작용 속에서 주체적이고 능동적으로 환경을 재구성해 가며 지식구성이 이루어짐을 밝히고 있다. 이때 인지발달을 환경에 대한 적응과정으로 보았으며, 이미 머릿속에 가지고 있는 지식의 틀인 도식을 활용해 새로운 정보를 받아들이거나(동화), 새로운 정보가 기존의 도식과 갈등을 일으켜 기존의 도식이 새로운 환경과 경험에 맞게 수정되는 과정(조절)을 통해 인지적 평형상태(평형화)에 이르게 됨으로써 인간의 인지발달이 진행된다고 보았다(이경화 외, 2009).

피아제의 이러한 구성주의 입장은 인지적 성숙이 언어발달을 이끈다고 하는 인지우선론을 주장한다. 유아가 인지발달에 의하여 스스로 지식을 구성하듯이 언어발달도 인지적 성숙의 결과로 획득되는 능력으로 보았다. 예를 들면, 인지능력은 첫돌까지 상당히 많이 발달한다. 이때 영아는 세상에 대해 탐색하고 조직하며 모방을 통해 행동 또는 소리로 의미를 표현한다. 영아에게 대상영속성

- **동화**(assimilation) : 새로운 정보 혹은 새로운 경험을 접할 때, 그러한 정보와 경험을 이미 자신에게 구성되어 있는 도식에 적용시키려고 하는 경향성
- **조절**(accommodation) : 새로운 정보 혹은 새로운 경험을 인식하기 위해 기존의 도식을 수정하는 과정
- **평형**(equilibrium) : 새로운 상황에서 일관성과 안전성을 이루려는 시도로, 이러한 평형은 계속적인 동화와 조절의 과정

의 개념이 형성되지 않았을 때는 물체를 표상하기 위한 언어가 존재하지 않는다. 그러나 영아에게 대상영속성 개념이 생기면 자신의 앞에 '과자'가 있다가 없어졌을 때 눈앞에 존재하지 않는 물체를 표상하기 위해 상징을 사용하는데 이것이 '과자'라는 단어로 나타난다. 이러한 언어의 상징적 체계에 대한 이해는 인지발달에 기초한다는 것이다.

또한 피아제는 언어란 유아의 사고수준을 반영하는 것이기 때문에 언어발달이 자기중심적인 언어에서 사회적 언어의 순으로 이루어진다고 본다. 즉, 자기중심적인 언어는 전조작기 시기의 자기중심적인 인지발달의 특성을 반영한 것이라고 본다. 그러나 점차 유아의 사고가 전조작기적인 사고에서 벗어나면서 반복어, 독백과 같은 자기중심적인 언어는 점차 줄어들고, 구체적 조작기 시기에는 정보를 교환, 비판과 조롱, 명령과 요구, 질문과 대답 같은 사회화된 언어로 변화되어 간다고 하였다. 인지발달 단계에 따른 언어발달의 특징을 살펴보면 다음과 같다.

〈표 3-1〉 인지발달 단계에 따른 언어발달의 특징

인지발달 단계(연령)	언어발달 특징
1단계 – 감각운동기 (0~2세)	• 세상에 대해 탐색하고 조직하는 것을 통해 행동 또는 소리로 의미를 표현한다.
2단계 – 전조작기 (2~7세)	• 자기중심적인 언어 영유아는 자신의 의도를 타인에게 전달하기 위해 말하지 않고, 또 말을 듣는 영유아 역시 말하는 사람의 의도를 이해하지 않고 마음대로 대답하는 경우가 많다. – 반복어(의사전달의 욕구 없이 반사적으로 어떤 발음을 반복하는 것) – 혼잣말(대화가 있거나 없거나 자신의 행동을 언급하는 것) – 집단적 고백(가장 사회화된 언어로 타인의 존재가 발화의 요인, 그러나 타인의 반응을 반드시 요구하는 것이 아님)
3단계 – 구체적 조작기 (7~11세)	• 사회화된 언어 자아중심적인 사고에서 탈피하여 사회성을 가짐에 따라 언어사용에 있어서도 여러 가지 발달적인 현상들이 나타난다. – 정보교환, 비판과 조롱, 명령, 요구, 위협, 질문과 대답
4단계 – 형식적 조작기 (11세 이후)	• 언어가 자아중심성을 벗어나서 사회적이 되어야 가능하게 된다. 자신뿐만 아니라 자신의 말을 듣고 있는 상대방의 입장까지 동시에 고려해서 소통하고, 타인과 대화하는 가운데 자신과 타인의 입장을 비교하는 현상들이 나타난다.

■ 인지적 구성주의에 대한 비판점은 다음과 같다

- 피아제의 언어발달보다 인지발달이 선행되어야 한다는 주장은 여러 연구에서 경험적으로 지지되고 있지만 그의 이론은 언어가 인지발달에 미치는 영향을 과소평가했다는 지적을 받고 있다. 또한 사회화된 언어 표현의 시기는 늦게 추정하고 있어 피아제의 주장보다 전조작기 유아들이 더 유능하다는 것이 여러 연구를 통해 밝혀졌으며(장유경, 1997), 이러한 연구결과들이 유아의 뛰어난 언어습득능력을 설명하는 최근 이론들을 형성하는 계기가 되었다.

2) 사회적 구성주의

비고츠키(Vygotsky)의 사회적 구성주의에 의하면, 인간이 적극적으로 지식을 구성한다는 전제 아래, 문화와 사회적 상호작용이 어떻게 인지발달을 이끄는가를 강조하는 입장을 취한다. 인간은 사회적 맥락 속에 존재하기 때문에 개인의 발달도 사회 · 문화적 맥락 속에서 이해해야 한다는 것이다. 그는 사회적 개입의 결과로 영유아의 발달은 선천적인 능력에 의한 자연적인 성숙이 이루어지지만 문화적인 발달은 언어를 매개로 이루진다고 하였다. 언어발달은 그 사회의 문화, 관습, 사고방식을 담고 있는 그 사회의 언어를 배우게 되면서 이루어지기 때문이다.

비고츠키는 영유아의 언어발달이 자기중심적인 언어 → 사회적인 언어로 발달해 나간다는 피아제의 주장과는 달리, 초보적 언어 → 상징적 언어(사회적인 언어) → 자기중심적 언어 → 내적 언어의 순서로 진행된다고 하였다. 비고츠키는 영유아의 언어와 사고가 초기에는 독립적인 기능을 가지고 출발하지만 성장함에 따라 두 개의 원이 서로 만나고 겹치게 된다고 보았다. 즉, 언어화와 언어의 논리화가 이루어져 인지와 언어의 통합이 진행되면서 언어적 사고가 가능하다고 보았다(정남미, 2014). 상징적 언어 단계에서는 언어발달이 사회적인 것에서부터 출발한다고 보았다. 영유아와 성인 간의 상호작용을 통해 성인이 직접 행동을 보여주거나 언어적 지시를 통해 사고를 이끌어 주는 역할을 하며 유아가 처음 말을 배울 때 '엄마', '까까' 등과 같이 사회적인 의사소통을 위해 말을 한다는 것이다. 또한 자아중심적인 언어 단계에서는 혼잣말이 나타나는데, 혼잣말은 문제를 해결하는 과정에서 자신의 행동을 통제하는 자기 조절, 자기 지시의 기능을 하며 더 추상적인 사고를 하기 위한 사회적인 언어가 내적 언어로 발달하는 과정에서 나타나는 과도기적인 언어라고 하였다. 자아중심적인 언어에서 내적 언어로 가는 단계에서는 언어적 사고가 형성되어 생각하는 것을 말로 표현하고, 말도 논리적으로 구성할 수 있다고 보았다. 즉, 비고츠키는 사고와 언어는 별도로 발생하지만 발달과정에서 서로 상호작용하게 되는데 언어가 사고에 비해 주도적인 입장에 선다는 입장이다. 토마스는 언어와 사고발달 간의 관계를 다음 그림처럼 요약하고 있다(Thomas, 2000). 여기서 비고츠키가 말하는 '언어'는 입을 통해 표현되는 말(speech)을 의미한다.

〈표 3-2〉 비고츠키의 언어와 사고발달 단계

단계	특징
초보적 언어 (출생~2세)	• 언어 이전의 인지 또는 인지 이전의 언어단계 • 언어와 사고가 독립해서 기능을 시작하는 초기단계
상징적 언어 (2세)	• 언어와 사고가 점차 결합되기 시작 • 외적 언어(사회적 언어)가 나타남
자아중심적 언어 (3~6세)	• 언어와 사고가 본격적으로 결합 • 자기중심적 언어(독백, 혼잣말)가 나타남
내적 언어 (7~8세)	• 언어가 사고로 내면화되는 단계 • 언어는 내적 언어가 되어 문제해결이나 행동을 계획하는 것을 돕고 사고를 이끄는 역할을 함

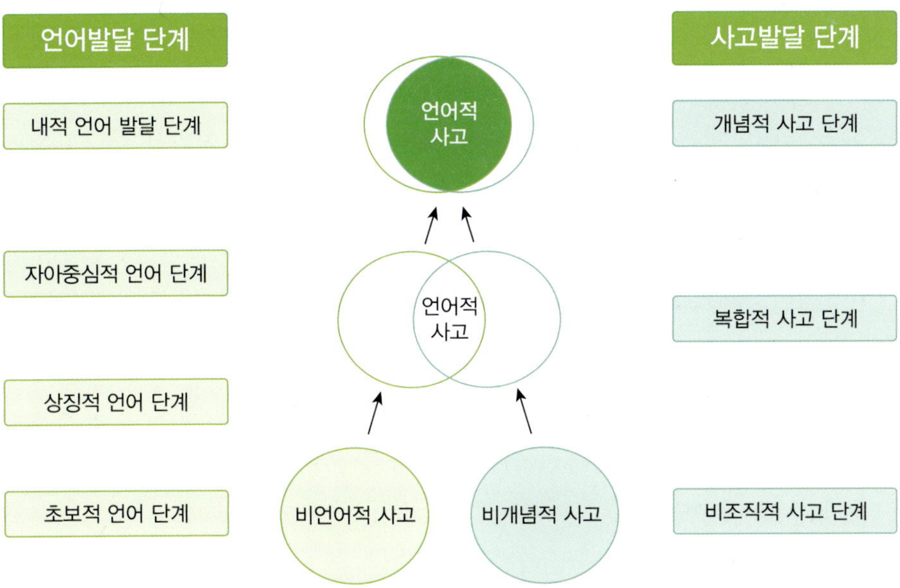

| 그림 3-1 | 언어와 사고발달의 관계

출처 : Thomas, R. M.(2000).

출처 : birdiechamp.com/2010/03/29/the-zone에서 2018. 1. 5. 인출.

비고츠키는 언어학습을 사회적 경험이 내면화되어 이루어지며 사회적 언어가 개인의 언어를 형성해 줌으로써 이루어지는 것이라 강조하여 성인의 역할을 강조하였다. 즉, 영유아는 근접발달지대(ZPD : Zone of Proximal Development) 내에서 성인이나 자신보다 유능한 또래의 도움을 필요로 한다(Vygotsky, 1978). 현재 영유아의 실제적인 언어발달 수준에서 사회적 경험을 통해 발달할 수 있는 잠재적 언어발달 수준 간의 차이가 바로 언어능력에 대한 근접발달지대이다. 이때 성인은 영유아들의 언어발달 정도에 따라 비계를 설정하여 도움을 주되 궁극적으로는 영유아 스스로 과제를 수행할 수 있도록 돕는 것이다. 이러한 풍부한 언어적 환경 안에서 성인이나 또래의 적극적인 상호작용의 경험은 영유아의 언어발달과 더불어 인지발달을 높이는 데 중요한 역할을 한다고 볼 수 있다.

- **근접발달영역**(Zone of Proximal Development) : 영유아의 실제적 발달 영역과 잠재적 발달 영역 사이의 거리로, 영유아가 혼자서는 해결할 수 없으나 성인이나 뛰어난 동료와 함께 학습하면 성공할 수 있는 영역
- **비계**(scaffolding) : 학습자가 주어진 과제를 잘 수행할 수 있도록 하는 유능한 또래나 교사의 도움

  예 단서 제공하기(hint), 모델링하기(modeling), 공동으로 참여하기, 격려하기, 설명하기(explain), 주의집중시키기, 질문하기, 토론하기

3) 피아제와 비고츠키 이론의 차이점

비고츠키와 피아제는 영유아를 능률적인 유기체로 보았다는 점에서는 유사하지만, 인지발달에 관한 견해에서는 차이가 있다. 피아제는 영유아가 혼자 힘으로 세상을 탐색해서 지식을 구성하는 것으로 설명하는 반면에, 비고츠키는 영유아가 타인과의 상호작용으로부터 영향을 받으며 성장하는 사회적 존재임을 강조한다. 피아제와 비고츠키 이론의 차이점을 알아보면 다음과 같다.

〈표 3-3〉 피아제와 비고츠키 이론의 차이점

차이점	피아제	비고츠키
인지발달과 사회문화적 맥락	• 인지발달과 사회문화적 맥락은 관계가 없다.	• 사회문화적 맥락이 인지발달에 영향을 미친다. • 형식적 조작을 요하는 사고를 사용하지 않는 문화에 살고 있는 유아들은 형식적 사고가 발달하지 않는다.
인지발달의 요인	• 인지발달을 가져오는 요인은 유아와 물리적 사물과의 상호작용이다.	• 사람들과의 상호작용이 유아의 형식적 사고를 결정한다.
언어발달의 관계	• 영유아 언어발달은 현재 그 유아의 인지발달 단계를 반영한다. • 사고를 통해서 언어가 발달한다. • 언어란 현실 표상을 위해 사용하는 상징적 기능의 하나이다. • 자아중심어는 전조작기적인 사고이며 인지발달에 따라 사회적 언어로 변화되어 간다.	• 언어를 통해서 사고가 발달한다. • 사회적 언어 → 자아중심어 → 내적 언어로 변화한다. • 자아중심어는 문제해결 과정에서 자신의 행동과 생각을 통제하는 자기조절의 기능을 수행한다.

생각해 보기

1. 언어습득 이론을 비교하고 자신의 견해를 정리해 봅시다.
2. 피아제와 비고츠키의 언어와 사고의 관계에 대해 논의해 봅시다.

영 · 유 · 아 · 언 · 어 · 지 · 도

Chapter 04

언어교육 접근법

1. 문자언어 지도 관점의 변화 | 2. 언어교육 접근법

학/습/목/표

1. 문자언어 지도 관점의 변화에 대해 설명할 수 있다.
2. 영유아 언어교육의 접근법을 비교하여 설명할 수 있다.
3. 영유아 언어교육 접근법을 이해하여 실제 교수-학습 방법에 적용할 수 있다.

1 문자언어(문해) 지도 관점의 변화

영유아의 읽기, 쓰기는 어떻게 가르쳐야 하는가?

영유아에게 읽기와 쓰기를 언제, 어떤 방식으로, 무엇을 가르쳐야 하는가에 대해서는 많은 논란이 있었으며, 이는 시대에 따라 변화해 왔다. 이러한 관점의 변화는 그동안 영유아 언어교육에 대한 전반적인 틀을 바꿀 만큼(paradigm shift) 새롭게 대두되었는데, 특히 1920년대와 1960년대, 그리고 1980년대에 특징적으로 변화해 왔다. 즉, 1920년대의 성숙주의 관점에서 1960년대의 행동주의 관점으로, 그리고 1970년대 말과 1980년대 초의 상호작용주의에 입각한 총체적 언어교육이 주류를 이루었으며(Teale & Sulzby, 1986), 2000년대에는 균형적 언어 접근법으로 변화되었다.

1) 성숙주의 관점

성숙주의는 발달을 생물학적 성숙의 결과로 본 게젤(Gesell)의 관점을 반영한 이론으로 1920~1930년대 문자언어교육에 영향을 주었다. 성숙주의 관점은 읽기에 필요한 기술을 갖출 때까지 읽기교육은 늦춰야 하며, 인지적 · 사회적 · 신체적 준비를 시키는 일이 더 중요하다고 여겼다. 즉, 읽기교육에 있어서 성숙주의는 영유아가 자연스럽게 성숙될 때까지 기다린다는 의미로 이해되었으며, 준비도 검사를 통해 영유아가 준비되었는지 아닌지를 판별하고자 하였다. 또한 쓰기 교육은 유아가 충분히 읽을 수 있는 능력이 갖추어진 다음에 실시할 수 있다고 보았으며, 쓰기에 필요한 기술습득과 관련된 것이 먼저 제공된 이후에 쓰기교육을 하는 것이 효과적이라고 주장하였다(Teale & Sulzby, 1986). 이러한 성숙주의 관점은 1950년대에서 1960년대 읽기교육의 주류를 형성하게 되었다.

2) 행동주의 관점

행동주의도 성숙주의 관점과 마찬가지로 영유아들이 읽기를 배우기 이전에 준비되어 있어야 한다고 주장하였으나 행동주의에서의 '준비도'는 성숙주의에서 주장하는 자연적인 성숙에 의해 이루어지는 것이 아니라 다양한 학습경험을 통해 준비된다고 생각하였다. 즉, 적절한 읽기 이전 경험은 영유아의 읽기에 대한 준비도를 강화시켜 준다는 것이다. 읽기준비도 관점에 따라 1960년대에는 해독을 중심으로 하는 부호중심 접근법이 강조되었는데, 이는 읽기를 언어의 가장 작은 단위인 음소를 정확하게 가르치는 것으로부터 시작하여 문자, 단어, 문장의 순서로 지도하는 것이다. 읽기준비도 관점에서는 문자언어의 발달기준을 성인과 같은 수준으로 읽고 쓸 수 있는 관례적인 읽기행동이나 쓰기행동으로 보았다. 따라서 그 이전에 유아에게 보이는 끼적거리기, 책 읽는 시늉을 보이는 행동은 중요한 문해행동으로 보지 않았다.

행동주의 관점의 읽기준비도 교육은 읽기의 형식적인 방법에 초점을 맞추고 유아가 수동적으로 일련의 기술을 습득하도록 한다. 또한 읽기를 준비시키기 위해서 체계적인 조기 문자언어교육을 지지한다. 또한 쓰기학습은 읽기가 숙달되고 난 후에 교사가 자음, 모음, 낱자, 단어, 문장 등을 써주면 유아는 이를 그대로 쓰고 반복적으로 연습하는 방식의 기술을 강조한다. 이러한 방법은 유아들로 하여금 읽기 · 쓰기 교육은 재미없고, 어려운 형식적인 학습으로 인식하게 하여 언어교육에 대한 흥미를 반감시키는 결과를 초래했다.

3) 상호작용주의 관점

상호작용주의 관점은 유아의 언어가 환경과 능동적인 상호작용을 통해 발달한다고 보는 입장이다. 인간의 언어는 사람과 사람이 의사소통하는 과정에서 사용되는 것이며, 학습될 수 있다고 보았다. 상호작용주의는 인지적 구성주의와 사회적 구성주의로 나뉜다. 인지적 구성주의는 특정한 사고의 발달이 먼저 이루어져야만 그에 맞는 언어발달이 이루어질 수 있다고 보는 관점이다. 사회적 구성주의는 언어와 인지 발달의 관계에서 언어우선론을 주장하였고, 언어가 인지발달을 이끌 수 있다는 입장이다. 예를 들어, 귀엽다, 예쁘다, 아름답다, 황홀하다 등의 표현을 사회적으로 많이 접하고 사용함으로써 점차 그 개념을 형성해 나가며 언어가 더 세분화될수록 인지구조도 함께 세분화된다. 따라서 사회가 더 발달할수록 언어도 더 풍부해지고 그 사회구성원의 인지발달도 더 높은 수준에 이르게 된다는 입장이다.

2 언어교육 접근법

언어를 어떻게 가르치는 것이 효과적인가?

영유아 언어교육의 교수방법에 있어서는 '부호(발음)중심 접근법'과 '총체적 접근법'이 있으며, 이 두 접근법에 대한 전환적 언어 접근법으로 '균형적(balanced) 접근법'이 강조되고 있다.

1) 부호(발음)중심 접근법

(1) 개념

부호중심 접근법은 행동주의 이론에 기초를 둔 언어교수 방법이다. 행동주의 이론에 의하면, 언어발달은 환경에 의해 영향을 받는다. 따라서 읽기나 쓰기를 위해 필요한 기술들을 반복적으로 제공하고 연습하는 것이 중요하다. 이에 따라 읽기지도를 발음중심으로 해야 한다는 주장은 쉘(Chall, 1967)의 초기 읽기에 관한 연구에서 읽기를 배우기 시작하는 처음부터 체계적으로 발음지도를 하는 것이 훨씬 효과적이라는 것에서 시작되었다. 플래시(Flesch, 1955)는 영유아들에게 44개의 글자와 말소리의 대응을 가르치기만 하면 어떤 글자라도 읽을 수 있다고 주장했다.

이러한 연구들에 의해 현장에서는 부호중심 접근법이 사용되기 시작하였다.

부호중심 접근법은 이해보다는 해독을 중요하게 생각하며, 읽기를 유창하고, 정확하게 하기 위해서는 자모체계, 글자와 소리 간의 대응관계와 같은 읽기의 하위 기술부터 가르쳐야 한다고 보았으며, 다음과 같은 특징이 있다.

첫째, 영유아가 읽기기술을 배울 준비가 되어 있지 않아도 반복연습을 통해 준비할 수 있으며, 준비가 되면 조기학습이 가능하다(Wortham, 1998).
둘째, 말하기, 듣기, 읽기, 쓰기의 발달은 순서적이다(듣기 → 말하기 → 읽기 → 쓰기).
셋째, 영유아들이 문해를 획득하기 위해서는 성인의 계획적인 교수가 필요하다.
넷째, 읽기와 쓰기는 형식적 교수방법을 통한 지도가 필요하다.

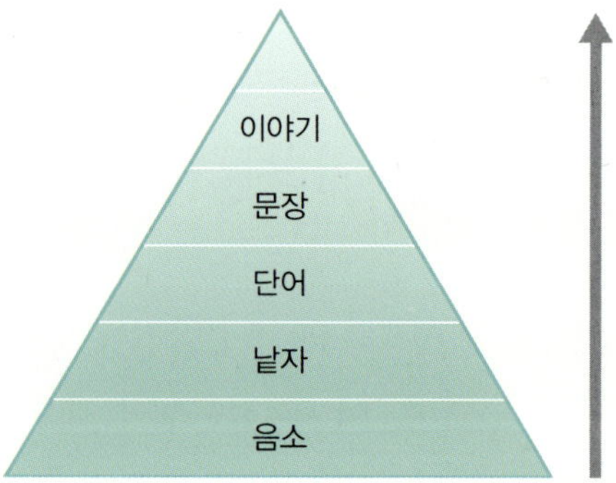

다섯째, 음소, 낱자에서 단어, 문장, 이야기 순서로 읽기를 지도하는 상향식 접근을 택한다.

(2) 부호중심 언어지도

부호중심 접근법은 언어교육의 목표를 정확하게 해독하고(읽고), 부호화하는(쓰는) 능력을 길러주는 것이다. 따라서 영유아의 자발적 선택이나 참여보다는 성인중심의 교수법을 선호하고, 긍정적인 강화나 모델링 같은 직접적 교수방법과 대집단 활동을 통한 문자교육을 선호한다. 또한 읽고, 쓰기 위한 사전 기술을 연습하는 데 많은 시간을 할애하고(Deford, 1981), 영유아 개인 특성이나 사전 경험 등을 고려하지 않는 체계적이고 반복적인 획일적 평가방법을 활용한다(이경화 외, 2009).

■ 부호중심 접근법의 장점

- 이론적인 근거나 구체적인 지식이 없이도 교사가 활동을 적용하기 쉽다.
- 교수방법이 구체적이어서 교사들이 쉽게 적용 가능하다.
- 학습에의 전이가 쉽고, 문자해독의 측면에서 효과적이다.
- 글자를 처음 배우는 유아나, 읽기에 어려움을 겪는 초등학교 저학년에게 효과적일 수 있다.

■ 부호중심 접근법의 단점

- 유아들에게는 지나치게 분석적이고, 논리적이어서 읽기와 쓰기를 강조하는 단순하고 지루한 학습이 될 수 있다.
- 획일적인 방법으로 연습시키므로 학습자의 경험이나 특성은 고려되지 못한다.

예 부호중심 접근법 예

가	지	ㄱ + ㅏ = 가	ㅈ + ㅣ = 지
가	지	가	지

사이다 탕수육 → | 사 | 탕 |

2) 총체적 접근법

(1) 개념

부호중심 접근법은 글자나 단어를 해독하고 부호화하는 데 효율적인 반면에, 무의미한 자료를 가지고 반복 연습시킴으로써 글에 대한 흥미를 잃게 한다는 단점이 있다. 이에 대한 대안으로 대두된 것이 의미중심 접근, 즉 총체적 접근법이다. 총체적 접근은 부호중심 접근법의 대안으로서 아동중심 교육사상과 진보주의 교육의 영향을 받았다. 따라서 영유아의 흥미와 직접적 경험, 다른 교과 영역과의 통합활동을 통한 언어교육을 강조한다.

총체적 언어교육은 그동안 추상적이고, 탈상황적이며, 형식적이었던 언어교육을 구체적이고, 상황적이며, 아동에게 의미 있는 학습이 될 수 있도록 한 언어교육 방법이다(이차숙, 2005). 총체적 접근법의 특징은 다음과 같다.

첫째, 언어의 구성요인들이 하나의 전체로서 유의미한 맥락 속에서 가르쳐져야 한다(Freeman & Freeman, 1992).

둘째, 말하기, 듣기, 읽기, 쓰기는 상호 연관되어 있으며 동시적으로 일어나는 활동이다. 그러므로 언어학습은 동시다발적인 의미중심의 통합된 활동으로 언어교육을 시도한다.

셋째, 글의 의미를 이해하고 인식하는 것으로 하향식 접근법을 택한다.

넷째, 글을 통해 의사소통이 이루어지는 것이 중요하다.

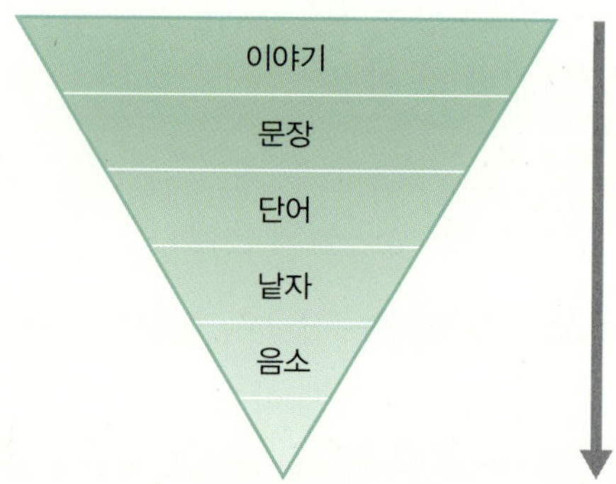

다섯째, 영유아들은 일상생활에서 자신에게 의미 있고 재미있는 문자활동을 통해 언어의 기능적 측면을 알아간다.

(2) 총체적 언어지도

총체적 접근법에서는 학습의 주체가 유아임을 강조하여 유아 스스로 언어학습을 하도록 한다. 비록 철자에 오류가 조금 있더라도 의미를 파악하고, 전달하며, 읽기와 쓰기에 대한 동기를 북돋워 주는 것을 더 중요한 목표로 삼는다. 유아가 언어학습을 할 때 낱글자를 중심으로 하는 것이 아니라 통합적인 측면을 강조한다. 또한 읽기, 말하기, 듣기, 쓰기가 별도로 각각 발달하지 않고 통합적으로 발달할 수 있도록 한다. 따라서 교사는 읽기와 쓰기가 통합된 활동을 할 수 있도록 환경을 마련하고, 또래와의 상호작용을 통해 할 수 있는 협동학습을 지도하며, 허용적인 분위기에서 읽기와 창안적 쓰기를 격려, 실수에 대한 두려움을 갖지 않도록 배려한다.

또한 언어발달을 촉진하는 지원자로서 다양한 흥미영역과 극화활동에서 읽기와 쓰기가 일어나도록 하고, 영유아의 자발적이고 능동적인 언어경험을 강조하며, 영유아들이 의미 있는 글을 접할 수 있는 기회를 많이 제공하는 것이 필요하다.

■ 총체적 접근법의 장점

- 유아의 경험에 기초하기 때문에 자연스러운 흥미유발로 언어활동을 학습하기 쉽다.
- 단어나 문장으로 읽어나가기 때문에 부호중심 접근보다 의미를 파악하기 쉽다.

■ 총체적 접근법의 단점

- 의미를 파악하는 활동에 중점을 두었기 때문에 글자의 정확한 해독은 어렵다.
- 통합적인 활동방법이 강조되고 또래와의 상호작용이 중요하기 때문에 교사의 지도에 큰 차이를 보인다.

예 총체적 접근법의 예

활동명	그림책 뒷이야기 지어보기
목표	• 그림책의 내용을 이해할 수 있다. • 그림책의 내용을 다양한 관점으로 창작해 볼 수 있다.
방법	① 그림책을 보면서 느낀 점을 이야기 나눈다. – 그림책을 보면서 어떤 마음이 들었니? – 가장 생각 나는 장면은 어떤 부분이니? – 왜 이 장면이 생각이 났을까? – 내가 만약 주인공이라면 ○○에서 어떻게 했을 것 같니? – 그림책이 다른 그림책과 조금 다른 부분이 있었니? ② 그림책의 뒷이야기를 상상하며 이야기 나눈다. – 그림책이 어떻게 끝이 났니? – (그림책 마지막 장면은 보여주며) 다음 장면은 어떤 일이 일어날까? ③ 그림책 뒷이야기를 만들어 본다. – 내가 만약 작가라면 뒷이야기를 어떻게 지어볼 수 있을까? – 어떤 방법으로 그림책을 꾸며볼 수 있을까?

3) 균형적 접근법

(1) 개념

균형적 접근법은 1990년대에 들어 총체적 접근법의 효과에 대한 논쟁이 일어나면서 대두되었다. 총체적 접근법으로 교육받은 유아들이 해독이나 읽기능력이 떨어진다는 것이 지적되었고, 유창한 읽기나 단어재인을 위해서는 음운인식 능력이나 자모음 지식, 글자와 소리의 대응관계에 관한 지식이 필요하다는 점이 확인됨에 따라 이러한 능력을 좀 더 의미 있고 체계적으로 교육하는 방법의 필요성이 대두되었다(이지현 외, 2012). 균형적 접근은 총체적 접근법과 병행해서 단어재인에 필요한 기초적인 읽기기술을 가르칠 수 있는 언어 및 문학 활동을 제안한다. 균형적 접근은 부호중심 접근법과 총체적 접근법의 장점을 수용하면서 두 방법을 병행하여 적용할 것을 강조한다. 균형적 접근법은 다음과 같은 특징이 있다.

첫째, 읽고, 쓰기를 배우는 것은 말하기를 배우는 것처럼 자연스러운 과정이다.
둘째, 풍부한 문식성 환경의 제공, 능동적인 글쓰기 활동에 대한 배려, 영유아와 상호작용하는 성인의 역할이 중요하다.
셋째, 글자인식과 관련된 기술을 체계적으로 가르친다.
넷째, 읽기 · 쓰기 기술을 가르칠 때 영유아의 경험과 관련된 자료를 제공한다.
다섯째, 문학작품을 통한 문식성 활동의 제공을 중요하게 여긴다.
여섯째, 다양한 학습방법을 모두 중요하게 활용한다.

(2) 균형적 언어 지도

균형적 접근법은 개별화 교육을 지향하기 때문에 교사의 역할이 특히 중요하다. 교사는 유아의 인지양식과 언어발달 정도, 가정환경 등을 잘 파악하여 개인에게 적합한 균형점을 찾아야 한다(이지현 외, 2012). 균형적 접근은 어느 한 가지의 특정한 지도법이나 다양한 지도법을 섞어서 실시하는 것을 뜻하지 않는다. 교사의 판단에 따라 영유아의 발달 특성과 발달수준에 가장 적합한 균형적인 언어 지도가 필요하다. 따라서 영유아의 특성, 언어발달 수준, 가정에서 언어환경에 노출된 정도 등을 파악하여 두 교육법의 방법을 균형 있게 제시하는 것이 중요하다.

균형적 접근은 영유아에게 의미 있고 실제적인 상황에서의 문자언어 지도와 더불어 음운인식, 자모음 지식, 자모음 대응, 단어재인, 어휘 등의 언어기술을 직접적이고, 명시적으로 지도해야 하고(이연승 · 김영실 · 김진영, 2007), 교사가 다양한 교수방법을 정확하게 알고 영유아들의 개인차를 고려한 가장 적합한 방법을 적용할 것을 권장한다. 또한 크게 읽기, 소리 내어 쓰기, 함께 읽기와 쓰기, 안내된 읽기와 쓰기, 혼자 읽기와 쓰기 같은 활동방법을 통해 문자교육을 실시하기도 하며, 큰 책(big book)을 활용한 교육활동을 전개하기도 한다.

■ 한글지도를 위한 균형적 접근

- **유아에게 의미 있는 맥락 안에서 지도한다.**
  - 읽기기술을 놀이, 노래 부르기, 게임의 맥락에서 지도한다.
  - 유아에게 의미 있는 읽기, 쓰기의 맥락에서 지도한다.
  - 유아가 읽기기술에 관련하여 궁금해하는 상황을 놓치지 않는다.
- **유아가 자기 나름대로의 목적을 가지고 읽기, 쓰기를 할 수 있는 기회를 많이 제공한다.**
- **유아 개개인의 읽기 수준을 파악하여 적절히 지도한다.**
  - 말과 글의 관계를 아직 인식하지 못하는 수준의 유아인 경우 의미 있는 언어적 · 문학적 경험을 하도록 한다(예 그림책 보기, 글자 쓰는 도구 탐색, 환경문자 인식 등).
  - 말과 글의 관계가 있음을 인식하기 시작하는 수준의 유아인 경우
    예 유아가 말하는 것을 한 자씩 받아써 주기, 이름쓰기를 할 때 한 자씩 글자를 가리키면서 읽기, 끝말잇기 등
- **탈맥락적 언어경험을 할 수 있도록 한다.**
  예 자신의 경험 이야기하기, 그림책의 내용을 이야기하기 등
- **유아-성인, 유아-유아 간 상호작용을 강조한다.**

■ 읽기에 대한 균형적 접근단계별 지도방법

전체(의미이해 활동) – 부분(문자기초 활동) – 전체(의미이해 활동)의 방법을 도입한다.

- **말과 글의 관계를 아직 인식하지 못하는 수준의 유아인 경우**
  - 총체적 언어교육에서의 방법을 주로 적용함
    예 의미 있는 언어적/ 문학적 경험
  - 읽기/ 쓰기에 관심을 가질 수 있는 다양한 경험을 제공
    예 그림책 보기, 쓰기도구 탐색, 환경의 문자 인식
- **말과 글이 관계가 있음을 인식하기 시작하는 수준의 유아인 경우**
  - 글은 우리가 하는 말을 나타내는 것임을 인식시키는 경험을 제공
    예 유아가 말하는 것을 한 자씩 받아 써주기
  - 낱자와 음절의 1대1 대응하기

예 이름쓰기를 할 때 한 자씩 쓰면서 그 글자를 소리 내어 말하기
그림책이나 환경상의 문자를 읽을 때 글자를 한 자씩 가리키면서 읽기

– 끝말잇기
특정 단어의 끝음절에 주의를 기울이고 그와 같은 음절로 시작되는 단어를 생각해서 말하는 경험은 메타언어 인식을 촉진시킴

- **글은 말과 관계가 있음을 인식하지만, 읽기기술이 습득되지 않아 어떻게 읽기/ 쓰기를 하는지 모르는 수준의 유아인 경우**
  – 이 수준 유아들의 특징 : 특정 글자를 어떻게 읽는지(또는 쓰는지) 궁금해하거나 자꾸 묻는다.
  – 말소리의 음소 수준과 글자의 자모음 수준이 대응됨을 경험하는 활동을 제공한다.
  – 다양한 음운인식 활동을 제공한다.
  – 어휘지도 활동을 제공한다.
  – 구문지도 및 내러티브 지도 등을 제공한다.

예 '그림책'을 활용한 균형적 접근의 예

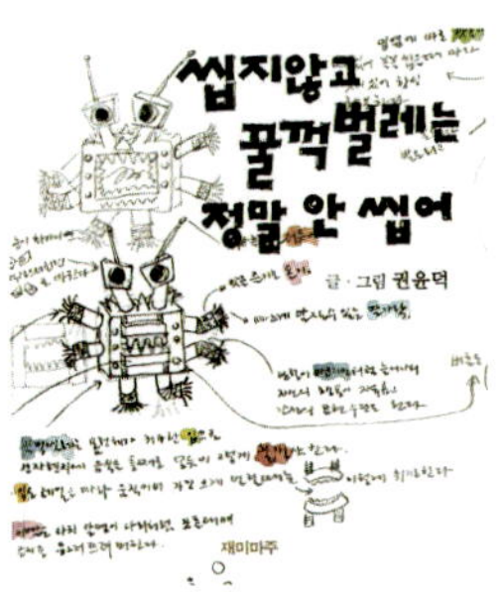

- 글 · 그림 : 권윤덕
- 출판사 : 재미마주
- 내용 : '민희'네 집 서재에는 씹지 않고 꿀꺽 벌레가 살고 있다. 씹지 않고 꿀꺽 벌레는 글자를 꿀꺽 삼키는 글자 벌레다. '사랑'의 '사'자와 '탕약'의 '탕'자를 모아 '사탕'을 만들어 먹기도 한다. 어느 날 꿀꺽 벌레는 민희와 민희 아버지가 '얼큰달큰', '달짝지근' 같은 말을 하는 것을 듣고 어떤 맛인지 알 수 없어서 고민을 한다. 이때 친한 친구 아낀다고 야금 벌레는 맛의 비밀을 꿀꺽 벌레에게 알려준다.

〈의사소통 영역〉	〈신체운동 · 건강 영역〉
• 내가 만약 꿀꺽 벌레라면 이야기 나누기 • 뒷이야기 지어보기 • 다른 벌레 이름 지어보기 • 꿀꺽 벌레에게 단어 먹여주기 • 끝말잇기 • 같은 글씨 뒤집기 게임 • 언어빙고 게임(음소 찾기) • 낱자찾기 게임(음절) • 음절, 음소 조합하기	• 음절 수에 맞추어 뛰어보기 • 씹지 않고 꿀꺽 벌레 몸으로 표현하기 • 벌레 꼬리잡기 게임
〈자연탐구 영역〉	**〈예술경험 영역〉**
• 꿀꺽 벌레가 먹은 단어 음절의 수세기 • 그림책에 나오는 단어 음절 수 그래프 만들기	• 내가 상상한 등장인물 그려보기 • 꿀꺽 벌레 만들기 • (ㄱ은 고양이) 노래 부르기

생각해 보기

1. 부호중심 접근과 총체적 접근을 비교해 봅시다.

2. 다음은 교사 저널의 일부입니다. 이에 해당되는 균형적 접근법을 설명하고 그에 기초한 활동을 계획해 봅시다.

> 오늘은 유아들과 견학을 가서 보았던 동물에 대해 이야기를 나누고, 동물원을 만들어 보며 놀이를 하였다. 나는 유아들이 직접 경험했던 것을 바탕으로 글자에도 관심을 가질 수 있도록 『브레멘의 음악대』 그림책을 소개했다. 그림책을 통해서 언어의 다양한 활동을 지원할 수 있는 방법을 고민하고 있다.
>
> – 만 5세 P교사 저널의 일부–

Chapter 05

언어형태별 지도

학/습/목/표

1. 음성언어 지도에 적합한 교수-학습 원리를 파악하여 계획안 구성에 적용할 수 있다.
2. 문자언어 지도에 적합한 교수-학습 원리를 파악하여 계획안 구성에 적용할 수 있다.

1 음성언어 지도

1) 듣기와 말하기

영유아의 듣기능력은 다양하다. 출생과 동시에 듣기가 시작되며 듣기능력은 성장과 함께 발달된다. 그러므로 교사는 영유아의 듣기능력이 성장할 수 있도록 구체적인 활동을 계획하고 제공해야 한다. 특히 교사 자신이 바른 듣기습관을 형성하고 영유아에게 듣기의 올바른 태도를 모범적으로 보여주어야 한다. 또한 교실환경에 영유아의 듣기를 방해하고 있는 요소가 없는지를 확인해 보는 절차도 필요하다.

영유아들이 자신의 경험, 느낌, 생각을 표현하여 대화하려고 할 때 말을 할 수 있도록 편안하고 허용적인 분위기를 조성해 주는 것은 중요하다. 이러한 분위기에서 영유아들은 자신들의 말하기 능력을 향상시킬 수 있다. 영유아들은 일상에서 일어나는 사건과 상황들을 다양한 낱말과 문장을 사용해서 말하기도 하고, 자신의 느낌, 생각, 경험들을 말하기도 한다. 그러나 이 과정에서 정확한 단어나 표현을 처음부터 사용하기는 어렵다. 자신이 처해 있는 상황에서 정확한 단어, 문장을 사용하여 표현하도록 하는 환경조성이 중요하다. 또한 교사들은 다양한 어휘, 상황에 적절한 단어, 말하는 태도 등을 모범적으로 보여줄 필요가 있으며, 가정과 연계해서 말하기 능력을 촉진시켜 주어야 한다.

영유아가 바르게 듣고 말할 수 있도록 지도하는 방법은?

영유아가 잘 듣고 말할 수 있도록 하는 것은 다양한 학습의 기회를 제공함으로써 가능하다. 교사와 부모는 영유아의 듣기와 말하기를 잘 할 수 있도록 다양한 활동을 계획하고 실행해야 할 것이다. 영유아들의 듣기와 말하기를 지도하는 원리에 대해 2024 개정 표준보육과정(0~2세) 해설서, 2019 개정 누리과정 해설서에 제시된 내용은 다음과 같다.

■ 0~1세 영아의 듣기와 말하기 활동의 예

영아의 경험
• 교사가 웃는 표정으로 영아의 얼굴을 보면서 "오늘 즐거웠어?"라고 묻자, 영아가 교사의 얼굴에 눈길을 고정하고 "아, 아" 소리를 내면서 교사의 말소리를 듣고 있음을 알린다. 자신이 말소리를 내면 상대방과 소통할 수 있음을 알아 간다.
• 산책 중에 교사가 "오늘은 어디로 갈까? 거기에는 길이 없는데"라고 말하자, 영아가 교사의 말을 듣고 손을 뻗어 방향을 가리키거나, 방향을 바꾸며 "저기, 저기 가자!"라고 말하며 걸어간다. 영아는 손으로 가리키고 말을 하며 교사와 소통하는 것을 알아 간다.
• 화난 표정의 영아에게 교사가 "화가 나는 일이 있구나."라고 말하자, 영아가 교사의 얼굴을 쳐다본다. 영아는 "어" 하며 손으로 또래를 가리키고, 또 "어" 하며 바구니를 얼굴에 댄다. 또래가 지나가며 바구니를 쳐서 얼굴을 부딪치게 된 상황을 몸짓과 말소리로 교사에게 알리고 있다.
영아의 배움 지원
• 영아가 흥미를 느끼는 것을 응시하면서 표정을 짓거나 소리를 내면 교사는 영아와 함께 바라보며 구체적인 말과 몸짓을 사용하여 영아의 의사 표현을 도와준다. 교사가 영아의 의사 표현에 민감하게 반응하면, 영아는 자신이 내는 소리 중에 의미 있는 말소리가 있음을 알게 되고 말소리 내는 것을 즐기게 된다. • 영아는 교사의 표정과 말소리와 몸짓을 모방하려는 경향을 보이므로, 교사는 상황에 맞게 다양한 표정, 목소리의 높낮이와 크기 등을 조절하여 정확한 발음으로 말하고 이를 반복해 준다. • 교사의 말에 영아가 소리나 옹알이로 반응하면, 교사는 짧고 알아듣기 쉬운 말소리로 반응하여 영아의 발성 시도를 격려한다. • 교사는 영아의 의사 표현 방식에 개인차가 있음을 고려하여, 영아가 몸짓만으로 표현하거나 옹알이로 반응할 때에도 이를 존중하고 민감하게 반응한다. 영아에게 말소리를 내도록 무리하게 요구하기보다 영아의 현재 표현 수준에 맞추어 자연스럽게 상호작용한다.

출처 : 교육부(2025). 2024 개정 표준보육과정(0~2세) 해설서, pp. 94-95.

■ 2세 영아의 듣기와 말하기 활동의 예

영아의 경험
• 영아의 손에 붙어 있는 밴드를 본 다른 영아가 "밴드 왜 붙였어?"라고 묻자, "응~ 그냥 붙였어"라고 답한다. 다시 영아가 "안 아파?"라고 묻자, "응. 안 아파."라고 답한다. 다시 "이거 봐. 밴드 예쁘지?"라고 묻자, 그 질문에 영아가 "응. 아프지 마."라고 답한다. 두 영아가 대화의 흐름을 파악하면서 자신의 상태나 생각을 말하며 소통한다.
• 영아가 "나는 노란 수박 먹어 본 적 있어."라고 말한다. 다른 영아가 이야기를 듣고 또래가 가리키는 노란 수박 그림에 눈길을 주며, "나는 빨간 수박 먹어 봤어. 노란 수박은 무슨 맛이야?"라고 묻는다. 영아는 상대방의 이야기를 듣고 맥락에 맞는 말을 하며 소통한다.
• 또래의 이야기를 들으며 내용에 따라 표정을 바꾸고, "와우", "오!"라고 말하며 호응한다. "뭐야?"라고 의미를 물어보기도 한다. 또래의 이야기를 들으며 경험을 말하거나, 새로운 상황을 덧붙여 이야기를 짓기도 하며 이야기의 흐름을 이어 간다.
영아의 배움 지원
• 영아는 자신의 의도나 관심을 구체적으로 확장해 주는 이야기에 흥미를 느끼므로, 교사는 영아의 말이나 이야기에 민감하게 반응하고 이를 반복하거나 확장하여 적극적으로 말과 이야기를 주고받는다. • 영아와 대화할 때 교사는 영아가 말할 차례에 눈길을 주거나, 미소를 짓거나, 고개를 끄덕이는 등 영아가 이야기할 수 있도록 긍정적인 신호를 보내며 기다려 주고, 교사가 혼자서 일방적으로 말하지 않도록 주의한다. • 교사는 영아가 단어 또는 문장으로 말하면 영아의 반응을 수용하여 "응, 공이야! 빨간 공이지?"와 같이 영아의 이야기를 다시 말해 주거나 확장해 주어, 영아가 상대방의 이야기를 듣고 흐름에 적합하게 말하는 시도를 즐기도록 지원한다. • 교사는 영아가 흥미를 보이는 사물이나 상황을 구체적으로 말해 주거나 간단한 질문을 한다. • 교사는 영아가 상대방의 질문이나 이야기에 귀를 기울이며 말하는 것을 자연스럽게 알아 갈 기회를 제공한다.

출처 : 교육부(2025). 2024 개정 표준보육과정(0~2세) 해설서, pp. 95-96.

■ 2019 개정 누리과정 듣기와 말하기 활동의 예

내용범주 : 듣기와 말하기
목표 : 일상생활에서 듣고 말하기를 즐긴다. **내용** : • 말이나 이야기를 관심 있게 듣는다. • 자신의 경험, 느낌, 생각을 말한다. • 상황에 적절한 단어를 사용하여 말한다.

- 상대방이 하는 이야기를 듣고 관련해서 말한다.
- 바른 태도로 듣고 말한다.
- 고운 말을 사용한다.

내용 이해	유아 경험의 실제
말이나 이야기를 관심 있게 듣는다. 유아가 다른 사람이 하는 말과 흥미로운 주제, 익숙한 경험이 이야기에 관심을 가지며 듣는 내용이다. **자신의 경험, 느낌, 생각을 말한다.** 유아가 상대방에게 자신의 경험, 느낌, 생각을 자유롭게 말하는 내용이다. **상황에 적절한 단어를 사용하여 말한다.** 유아가 때와 장소, 대상과 상황을 고려하여 적절한 단어와 문장을 선택하여 말하는 내용이다.	유아가 친구들에게 동물원에 놀러갔던 이야기를 신나고 재미있게 들려준다. 유아는 "나는 호랑이다. 어흥!" 하며 눈을 크게 뜨고, 목소리를 굵고 거칠게 한다. 이어 원숭이에 대한 이야기를 할 때는 가늘고 날카로운 음성으로 바꿔 말한다. 옆에서 이야기를 듣던 유아들이 원숭이 동작과 목소리를 흉내 내며 웃는다. 유아들이 병원 놀이를 한다. 의사 역할을 하는 유아가 "어디가 아파서 오셨어요?"라고 묻자 환자 역할을 하는 유아가 "의사 선생님, 배가 너무 아파요"라고 말하며 배를 움켜쥔다. 의사가 진찰을 한 후 옆에 있던 간호사 역할을 하는 유아가 "이쪽으로 오세요. 주사 맞아야 합니다"라고 말한다.

내용 이해	유아 경험의 실제
상대방이 하는 이야기를 듣고 관련해서 말한다. 유아가 다른 사람이 이야기하는 내용을 듣고 말하는 사람의 생각, 의도, 감정을 고려하여 말하는 내용이다. **바른 태도로 듣고 말한다.** 유아가 말하는 사람에게 주의를 기울이며 듣는 내용이다. 말을 끝까지 듣고, 자신의 의견을 말하는 내용이다. **고운 말을 사용한다.** 유아가 일상생활에서 자주 쓰는 유행어, 속어, 신조어, 상대방을 비난하는 말을 사용하지 않고, 우리말을 바르게 사용하는 내용이다.	유아들이 자신이 가장 좋아하는 음식에 대해 서로 이야기를 나누고 있다. 수정이가 "나는 아이스크림이 좋아. 왜냐하면 시원하고 달콤…" 하고 말을 끝내기도 전에 옆에 있던 우진이가 "나는 짜장면!" 하며 끼어든다. 그때 수정이가 "야! 내가 말하고 있잖아. 내 말 아직 안 끝났거든. 기다려봐"라고 말하며 "아이스크림은 달콤해. 딸기 아이스크림이 제일 좋아. 넌?" 유아가 선생님에게 웃음참기놀이를 하자고 제안한다. 선생님이 유아에게 웃음참기놀이의 방법을 물어보자, 유아는 자신이 생각한 웃음참기놀이의 방법을 또박또박 설명한다. 유아 : 그건… 음… 서로 웃기게 해서 안 웃으면 되는 거예요.

교사 : 어머, 정말 재미있겠는데! 여기 친구도 함께 해도 될까?
유아 : 네. 같이 하면 더 재밌어요.
교사 : 그럼 동생에게 웃음참기놀이를 어떻게 하는지 설명해 줄래?
유아 : 준서야, 서로 웃기게 해서 안 웃으면 되는 거야. 웃음을 참아야 돼. 알겠지? 선생님, 이제 우리 시작해요.

출처 : 교육부 · 보건복지부(2019). 2019 개정 누리과정 해설서, pp. 75-76.

교실에서 듣기와 말하기를 촉진하는 활동은 무엇일까?

(1) 친숙한 소리 식별하기

전화벨 소리, 악기소리, 동물 울음소리 등에 흥미를 보일 때 교사는 말을 통해 소리를 인지하도록 유도하여 주변의 소리를 식별하여 들을 수 있도록 한다.

- 같은 소리를 소리의 크기(작게, 보통, 크게), 소리의 속도(느리게, 빠르게)에 변화를 주어 듣기
- 발음은 같지만 음의 길이에 따라 의미가 달라지는 단어를 듣고 구별해 보기 (예 눈-눈, 배-배)
- 다양한 곡식이 들어가 있는 마라카스 소리 듣고 곡식 알아맞히기

〈표 5-1〉 마라카스 소리 듣고 곡식 알아맞히기 활동의 실제

활동명	마라카스 소리 듣고 곡식 알아맞히기
목표	• 마라카스 소리를 듣고 곡식의 이름을 말해봄으로써 주의 깊게 듣는 태도를 기를 수 있다. • 다양한 소리를 분별할 수 있다.

<table>
<tr><td>자료</td><td>• 곡식이 들어 있는 마라카스, 쌀, 강낭콩 낱말과 그림카드

〈곡식이 들어 있는 마라카스〉</td></tr>
<tr><td>방법</td><td>① 마라카스를 흔들어 본다.
② 주의 깊게 소리를 들어본다.
③ 마라카스 안에 들어 있는 곡식을 낱말카드에서 찾아본다.</td></tr>
</table>

(2) 듣기 놀이

① 내 몸에서 나는 소리 듣기/ 신체를 이용한 소리 듣기

- 내 몸에서 나는 소리와 신체를 이용해서 소리를 만들어 보면서 소리 듣기
- 입으로 불어서 소리를 내거나 손뼉을 마주치면서 소리를 만들기

② 언어적인 지시 따르기

- 계이름 소리 듣고 자신의 신체 움직여 보기
- 언어적 지시에 따라 동작하기
  예 머리를 끄덕여 보세요.
- 언어적인 설명을 듣고 알아맞히기
  예 나는 추운 겨울에 볼 수 있고 하얀색입니다.
- 보지 않고 지시에 따라 몸을 움직여 보물 찾아보기

〈표 5-2〉 언어적인 지시 따르기 활동의 실제

활동명	계이름 소리 듣고 자신의 신체 움직여 보기
목표	• 계이름 소리(도, 레, 미, 파, 솔, 라, 시, 도)를 주의 깊게 듣는다. • 계이름에 명시된 지시문을 인지하고 지시대로 신체를 움직여 볼 수 있다.
자료	 〈계이름 지시문〉 도 : 바닥을 짚으세요. 레 : 발목을 찾으세요. 미 : 무릎을 짚으세요 파 : 허벅지를 찾으세요. 솔 : 허리를 찾으세요. ~
방법	① 지시문을 인지해 본다. ② 계이름에 명시된 지시대로 신체를 움직여 본다. ③ 교사가 '도', '미', '솔' 하면 유아는 바닥, 무릎, 허리를 순서대로 찾아 움직이거나 짚을 수 있다. ④ 어느 정도 익숙해지면 계이름이 간단한 노래(예 학교종이 땡땡땡)를 계이름으로 불러보고 난 후 신체를 짚어볼 수 있다.

③ 말 전달하기 놀이

첫 번째 유아가 하는 말을 다음 친구가 잘 듣고 그대로 다음 친구에게 전달하는 방식으로 마지막 유아가 들었던 내용을 정확하게 말해보기

(3) 음악 감상하기

엄마의 배 속에 있을 때부터 아기는 음악을 듣기 시작하여 출생 후 성장하면서 자연스럽게 음악을 접하게 된다. 음악감상은 듣기로부터 출발하여 영유아의 심미감을 형성시킬 수 있다.

- 동요 듣기, 클래식 듣기, 이야기가 있는 음악 듣기, 만화주제가와 같은 다양한 장르의 음악 들어보기

〈표 5-3〉 클래식 듣기 활동의 실제

활동명	'라데츠키 행진곡' 듣고 신체 움직여 보기
목표	• 클래식을 듣고 감상하는 태도를 기른다. • 클래식을 듣고 리듬에 맞추어 신체를 표현할 수 있다.
자료	• 라데츠키 행진곡, 리듬막대
방법	① 라데츠키 행진곡의 배경에 대해 이야기를 나눈다. ② 음악을 감상해 본다(애니메이션). – 음악을 듣고 나니 어떤 느낌이 드니? ③ 승리의 경험 이야기를 나눠본다. – 친구들은 (대회, 경기, 게임 등)에서 이겨본 경험이 있니? ④ 승리의 사진을 감상하고 느낌에 대해 이야기해 본다. ⑤ 실제 오케스트라 연주영상을 감상해 본다. – 연주하는 모습을 보니 어떤 느낌이 드니? ⑥ 음악에 맞춰 신체표현을 해본다. – 음악을 듣고 난 후 느낌을 손과 발로 표현해 보자. – 어떤 신체표현을 해보면 좋을까? – 이번에는 느낌을 자유롭게 표현해 보자.

(4) 동요 듣기

- 피아노 소리의 음정을 달리하여 불러봄으로써 소리의 느낌과 차이를 경험하기
- 동요를 듣고 난 후 느낌을 신체로 표현하거나 그림으로 표현하기

〈표 5-4〉 동요 듣고 난 후 느낌을 신체로 표현하거나 그림으로 표현하기 활동의 실제

활동명	'작은 동물원' 동요 듣고 느낌을 신체로 표현하기
목표	• 동요를 듣고 동물의 특징을 이해할 수 있다. • 동요를 듣고 느낌을 신체로 표현해 볼 수 있다.
자료	 〈작은 동물원 동요 가사〉
방법	① 동요 '작은 동물원'을 들어본다. ② 반복되는 단어를 찾아본다. ③ 반복되는 단어의 특징을 표현해 본다. ④ 동요 전체를 듣고 느낌 및 동물의 특징을 신체로 표현해 본다.

(5) 동화 듣기

- 교사는 영유아들이 그림책에 관심을 가지고 다양한 상상을 할 수 있도록 다양한 그림책을 선정하여 들려줄 수 있으며 융판동화, 손 인형, 앞치마 동화, 자석판 동화 등 다양한 매체를 활용하여 그림책을 즐길 수 있도록 한다.
- 영아의 경우 누르면 소리(동물, 악기) 나는 그림책 듣기

〈표 5-5〉 소리(동물, 악기) 나는 그림책 듣기 활동의 실제

활동명	소리(동물, 악기) 나는 그림책 듣기
목표	• 동물소리, 악기소리를 주의 깊게 듣고 동물의 이름, 악기의 이름을 말할 수 있다. • 동물소리, 악기소리가 나는 그림책을 듣고 동물소리와 악기소리를 구별해 봄으로써 주의 깊게 듣는 태도를 기를 수 있다.
자료	  〈동물소리 그림책〉
방법	① 강아지, 오리 등의 동물이 등장하는 그림책의 각 동물들을 눌러보고 동물소리를 들어본다. ② 동물소리를 듣고 동물 이름을 말해본다. ③ 동물소리를 듣고 따라 해본다.

(6) 동시 감상하기

영유아들에게 동시를 통해 우리말의 재미와 아름다움을 느낄 수 있도록 동시를 감상한다.

〈표 5-6〉 동시 내용 듣고 반복되는 구절, 의태어, 의성어 찾기 활동의 실제

활동명	'참새' 동시 듣고 의태어, 의성어 찾아보기
목표	• 동시를 감상할 수 있다. • 동시를 듣고 의태어, 의성어를 찾아보고 바꾸어 볼 수 있다.

자료	참새 이상교 개웃 개웃 깝삭 깝삭 총총총 콕콕콕 포르르 – 날아갔다! 〈동시판, 도입자료〉
방법	① 동시 '참새'를 감상하며, 어떤 느낌이 드는지 이야기 나누어 본다. ② 반복되는 단어(개웃, 깝삭)를 찾아본다. ③ 의태어(총총총, 포르르), 의성어(콕콕콕)을 찾아보고 어떤 움직임인지 알아본다. ④ 의태어, 의성어를 참새의 특징에 맞추어 다르게 바꾸어 본다.

(7) 나의 작품, 보물 소개하기

- 영유아 개인이 가장 소중히 여기는 보물을 친구에게 소개 하기
  예 가장 좋아하는 장난감, 주말 동안 아빠와 함께 만든 작품, 내가 기르고 있는 애완동물 및 곤충들
- 자신의 작품 소개하기
  예 자신이 만든 미술작품이나 블록 등으로 만든 작품을 친구들에게 소개한다.
- 관심 있는 주제 소개하기
  예 동물, 곤충, 과일, 교통기관 등 자신이 흥미 있어 하는 것을 소개하며 이야기를 나눈다.

〈표 5-7〉 나의 작품, 보물 이야기하기 활동의 실제

활동명	가장 좋아하는 장난감 친구에게 소개하기
목표	• 일상생활에서 일어나는 일들을 간단한 문장으로 말할 수 있다. • 자신의 느낌, 생각, 경험을 말할 수 있다.
자료	 〈장난감 소개하는 자료〉
방법	① 영유아가 가장 좋아하는 장난감(레고로 만든 레미콘)을 소개한다. – 무엇을 만들었는지, 누구와 만들었는지, 왜 그것을 만들었는지 등에 대해 설명한다. ② 다른 친구들은 장난감 소개 내용을 듣고 궁금한 점을 질문한다. ③ 2, 3일 동안 교실에 비치해 두고 다른 친구들과 공유할 수 있다.

(8) 나의 경험 이야기하기

- 현장 견학 다녀온 경험
  - 견학활동을 하기 전 : 견학장소, 견학할 내용, 유의점에 대해 이야기하기
  - 견학을 다녀온 후 : 견학장소에서 본 것들, 느낀 점에 대해 이야기하기
- 주말 지낸 경험 이야기하기
  - 개인적으로 주말에 재미있었던 경험, 의미 있었던 시간에 대해 이야기하기
- 새 소식 이야기하기
  - 동생이 태어났거나 집에 강아지를 입양한 것과 같이 유아 가정에 새로운 소식 이야기하기

〈표 5-8〉 현장 견학 다녀온 경험 이야기하기 활동의 실제

활동명	소방서 다녀온 경험 이야기하기
목표	• 불이 났을 때 대처방법을 간단한 문장으로 말할 수 있다. • 자신의 느낌, 생각, 경험을 말할 수 있다.
자료	• 불이 났을 때 대처방법에 대한 이야기 나누기 자료
방법	① 소방서 다녀온 경험을 이야기한다. ② 대처방법에 대해 같이 이야기해 본다. – 불이 났을 때 대처방법은? "불이야" 소리친다. 비상벨을 울린다. ③ 불이 나지 않게 하려면 어떻게 해야 하는지 이야기 나눈다.

(9) 명화 감상하고 느낀 점 이야기하기

• 다양한 명화를 보고 감상한 것을 말로 이야기하기

〈표 5-9〉 명화 감상하고 느낀 점 이야기하기 활동의 실제

활동명	다양한 명화 보고 감상한 것을 말하기
목표	• 명화를 감상하고 본 것들을 간단한 문장으로 말할 수 있다. • 명화를 감상하고 자신의 느낌, 생각, 경험을 말할 수 있다.
자료	• 명화 그림  〈해돋이〉  〈책 읽는 여인〉  〈별이 빛나는 밤〉
방법	① '해돋이', '책 읽는 여인', '별이 빛나는 밤' 명화를 감상한다. ② 명화를 감상하고 느낀 점을 이야기 나눈다. – 해돋이를 감상하고 느낀 점은? – 책 읽는 여인을 감상하고 느낀 점은? – 별이 빛나는 밤을 감상하고 느낀 점은?

(10) “만약 ~이라면” 상상하여 말하기

- “만약 내가 아빠라면”, “만약 아직도 공룡이 살아있다면”과 같이 상상하여 말하기

〈표 5-10〉 “만약 ~이라면” 상상하여 말하기 활동의 실제

활동명	내가 만약 ~이라면
목표	• ‘내가 만약 ~이라면’에 대해 생각하고 간단한 문장으로 말할 수 있다. • 자신의 느낌, 생각, 경험을 말할 수 있다.
자료	• 종이 그림책 『내가 만약 ~이라면』 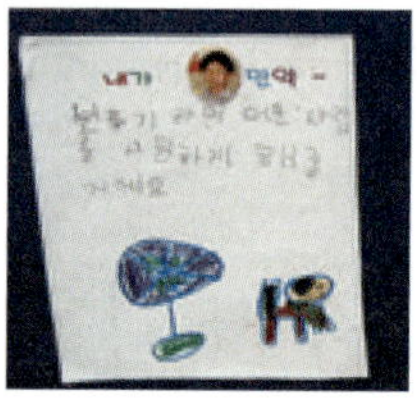 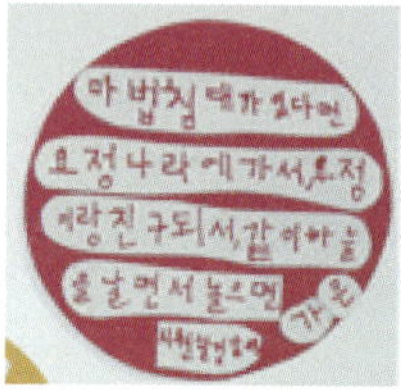
방법	① ‘내가 만약’ 그림책에 대해 이야기 나눈다. ② ‘내가 만약’ 상상해서 이야기해 본다. ③ 다른 친구들과 어떤 점이 다른지 이야기해 본다.

(11) 동화 뒷이야기 지어보기

- 동화를 듣고 난 후 뒷이야기 상상하여 지어보기

〈표 5-11〉 동화 뒷이야기 짓기 활동의 실제

활동명	동화 『장바구니』 뒷이야기 지어보기	
목표	• 동화를 듣고 난 후 뒷이야기를 상상해 볼 수 있다. • 자신의 느낌, 생각, 경험을 말할 수 있다.	
활동 및 내용		• 동물들이 가게에서 음식들을 빼앗아 갔어요.

(12) 동극활동

- 동화를 듣고 난 후 동화에 등장한 등장인물의 대사를 말해보면서 동극활동 하기

〈표 5-12〉 동극활동의 실제

활동명	"커다란 순무" 동극활동하기
목표	• 동화를 듣고 주인공들의 대사를 간단한 문장으로 말할 수 있다. • 자신의 느낌, 생각, 경험을 말할 수 있다.
자료	
방법	①『커다란 순무』 동화 속 등장인물에 대해 이야기 나눈다. ②『커다란 순무』 동화 속 주인공들이 말한 대사를 말해볼 수 있다. ③ 각자 배역을 맡아 동극활동을 해본다.

2 문자언어 지도

1) 읽기와 쓰기에 관심 가지기

영유아들은 수많은 환경문자(EP : Environmental Point)에 노출되어 있다. 환경 속 문자들은 영유아들에게 읽고 싶은 동기를 유발할 수 있다. 아직 글자를 읽고 쓰지 못하는 시기에는 많은 인쇄문자에 노출되도록 해야 하며, 영유아가 흥미를 보이는 그림책을 활용하여 많은 어휘나 문장에 관심을 보이도록 하는 것이 중요하다.

영유아가 읽기와 쓰기에 관심을 가질 수 있도록 하는 방법은?

영유아가 잘 읽을 수 있으려면 읽기에 흥미를 유발시킬 수 있도록 하는 환경 마련이 중요하다. 영유아들은 하루의 시작이 모두 읽기를 할 수 있는 환경 속에서 시작된다. 영유아가 자주 접하는 환경에서 익숙한 글자를 찾아보고 그 글자에 흥미를 갖는 것은 중요하다.

또한 영유아의 쓰기발달을 촉진시켜 주기 위한 환경조성 방법으로는 필요한 쓰기 재료들을 모으고 쓰기에 관심을 가질 수 있는 다양한 도구들을 배치하고 도서 영역을 활성화시켜 준다. 쓰기에 관심을 가진다는 것은 자신의 생각이나 말을 끼적거리거나 글자와 비슷한 형태로 표현해 보는 시도이다.

영유아들의 읽기와 쓰기에 관심 가지기를 지도하는 원리에 대해 2024 개정 표준보육과정(0~2세) 해설서, 2019 개정 누리과정 해설서에서 제시된 내용은 다음과 같다.

■ 0~1세 영아의 읽기와 쓰기에 관심 가지기 활동의 예

영아의 경험
• 영아는 분필로 선을 긋다가 색을 칠해 주듯이 분필을 꾹 눌러 힘을 주어 칠하기를 반복한다. 잠시 일어나서 자신이 그린 그림을 쳐다보고, 다시 앉아서 색칠하며 흔적을 만든다.
• 영아는 마커를 잡고 빠른 속도로 팔을 움직이며 발바닥에 칠하고, 끼적거린 흔적을 유심히 바라보다가 끼적이기를 한 발바닥을 교사에게 보여준다.
• 영아는 한 손으로는 종이를, 다른 한 손으로는 빨간색 크레용을 움켜잡고, 빠르게 혹은 느리게 무작위로 움직여 흔적을 남긴다. 그 흔적을 바라보고, "우와~ 불이 났어."라고 흔적의 의미를 말한다.
영아의 배움 지원
• 교사는 영아가 자유롭게 끼적이기를 시도할 수 있는 안전하고, 편안하며, 여유로운 공간을 마련한다. 예를 들어, 큰 종이를 바닥이나 테이블, 벽에 붙여 영아가 다양한 자세로 끼적이도록 지원할 수 있다. • 영아가 부담 없이 끼적이기를 시도할 수 있도록 끼적인 흔적을 쉽게 지울 수 있는 재료나 벽면 공간을 제공한다. • 영아가 끼적이기에 자연스럽게 흥미를 가지도록 촉감과 질감이 다양한 종이, 매끄럽거나 거친 벽면과 바닥 등 감각적으로 흥미로운 표면을 제공하여 끼적이기를 자유롭게 탐색하도록 한다.

• 두꺼운 크레용, 물에 쉽게 씻기는 마커, 손에 잡기 편한 색연필 등 안전하고 쉽게 사용할 수 있는 도구를 제공하여 영아가 끼적이기에 자연스럽게 참여하도록 지원한다.
• 영아가 끼적이기를 시도할 때 교사는 미소를 짓거나 칭찬하며 긍정적으로 반응하고, 영아의 끼적거림을 따라 하며 "와! 선이 생겼네!", "빨간색이 예쁘구나!"와 같이 언어로 표현한다.

출처 : 교육부(2025). 2024 개정 표준보육과정(0~2세) 해설서, pp. 102-103.

■ 2세 영아의 읽기와 쓰기에 관심 가지기 활동의 예

영아의 경험
• 영아는 원을 그리고 점을 찍으며 "선생님, 이거 고래야, 고래", 긴 선을 가리키며 "물, 여기서 고래가 물을 뿜어내는 거야.", 가늘게 선을 그리며 "여기는 고래 꼬리야."라며, 생각을 선으로 그리고 말로 표현하며 끼적인 의미를 교사와 소통한다.
• 영아는 자신이 만든 작품이 자신의 것임을 나타내려고 의도적으로 선을 그으며 자신의 이름을 글자와 비슷한 형태로 남긴다.
• 영아는 종이에 끼적이면서 "엄마, 사랑해. 아빠, 사랑해. 형아, 사랑해. 선생님, 사랑해."라고 말하며, 자신의 마음을 나타내는 상징을 적극 활용한다. 상징을 활용한 끼적이기로 자신의 마음을 나타낼 수 있음을 알아 가고 있다.
영아의 배움 지원
• 교사는 영아의 끼적이기가 자신의 생각, 느낌 등을 선, 그림, 상징 등으로 나타내고 그 의미를 나누거나, 이야기를 만들어 또래 혹은 교사와 소통하려는 것임을 알고 다양한 표현 방식을 인정한다. • 영아가 자유롭게 끼적이기를 시도하도록 끼적이기를 하고 싶을 때 자연스럽게 끼적일 수 있는 화이트보드나 물감 보드 등을 활용한 끼적이기 공간을 준비한다. 색종이, 골판지, 부드러운 종이 등 질감과 크기가 다양한 종이와 두꺼운 크레용, 색연필, 물에 씻기는 마커 등 손쉽게 사용할 수 있는 쓰기 도구를 제공할 수 있다. • 교사는 영아가 끼적이기를 즐길 수 있도록 지켜보며 미소를 짓는 등의 관심을 나타낸다. 혼자 끼적이기를 어려워하는 영아에게는 손에 쥐기 쉽거나 손으로 잡기에 부담이 적은 초크, 물붓, 색 모래 등 재미있는 도구를 탐색하고 활용하게 해 보거나 그리기 도구를 손에 쥐는 것을 함께 잡아 도와줄 수 있다. • 영아가 끼적이며 만든 결과물을 벽이나 게시판에 전시하거나, 책으로 만들어 책 읽기 공간에 비치하여 또래와 함께 볼 수 있도록 한다.

출처 : 교육부(2025). 2024 개정 표준보육과정(0~2세) 해설서, pp. 103-104.

■ 2019 개정 누리과정 읽기와 쓰기에 관심 가지기 활동의 예

내용범주 : 읽기와 쓰기에 관심 가지기

목표 : 읽기와 쓰기에 관심을 가진다.

내용 : • 말과 글의 관계에 관심을 가진다.
• 주변의 상징, 글자 등의 읽기에 관심을 가진다.
• 자신의 생각을 글자와 비슷한 형태로 표현한다.

내용 이해	유아 경험의 실제
말과 글의 관계에 관심을 가진다. 유아가 일상에서 말이 글로, 글이 말로 옮겨지는 것에 관심을 갖는 내용이다. **주변의 상징, 글자 등의 읽기에 관심을 가진다.** 유아가 일상에서 자주 보는 상징(표지판, 그림문자 등)이나 글자 읽기에 관심을 가지는 내용이다. 유아가 상징이나 글자에는 사람들의 생각과 감정, 정보가 담겨 있다는 것을 이해하는 내용이다. **자신의 생각을 글자와 비슷한 형태로 표현한다.** 유아가 자신의 생각이나 말을 끼적거리거나 글자와 비슷한 선이나 모양, 글자와 비슷한 형태로 표현하는 내용이다.	유아들이 음식점 놀이를 하고 있다. 유아가 "선생님, 우리 지금 가게 만들 건데 '김밥가게' 어떻게 적어요?" 하며 선생님에게 도움을 요청한다. 선생님은 유아가 잘 볼 수 있도록 보드판에 천천히 '김밥가게' 글자를 크게 적는다. 유아는 보드판의 글자를 보며 천천히 따라 적는다. 유아가 교실 입구의 비상구 표시 등을 가리키며 "저것 봐! 사람이 초록 색깔이야. 이렇게 하고 있어" 하며 비상구 사람의 모습을 흉내 낸다. 함께 이야기를 나누던 유아는 "나 저거 알아. 저거는 불날 때 저쪽으로 빨리 피하려는 말이야"라고 말한다.

출처 : 교육부 · 보건복지부(2019). 2019 개정 누리과정 해설서, p. 77.

교실에서 읽기와 쓰기에 관심 가지기를 촉진하는 활동은 무엇일까?

(1) 혼자 읽기

교사는 교실에 다양한 종류의 그림책을 제시해 주어 유아들이 놀이를 하면서 궁금한 것을 찾아보거나 그림책을 보면서 글자에 관심을 가질 수 있도록 한다.

(2) 함께 읽기

영유아의 이해도를 높일 수 있는 질문을 한다. 그림책을 읽어주는 동안 영유아가 잘 모르는 어휘에 대해 그림책에 묘사된 사물의 이름을 말해주고, 그 단어의 뜻을 이해하고 읽을 수 있도록 한다.

(3) 환경 속 인쇄물 읽기에 관심 가지기

영유아는 일상에서 자주 접하는 주변 환경 속 간판, 과자 봉지, 그림책 표지 등을 읽고 싶어 한다. 영유아는 자연스럽게 주변의 인쇄물에 표시되어 있는 사물을 통해 그 의미를 파악한다. 인쇄물에 제시된 글자를 보고 자신의 이름을 찾아 읽어보거나 글자를 오려 친구의 이름을 만들어 읽어볼 수 있다.

간판

과자 봉지

그림책 표지

(4) 자신의 생각을 표현하기

- 유아가 자신의 생각이나 말을 끼적거리거나 글자와 비슷하게 표현할 수 있도록 끝말잇기, 동시 짓기, 책 만들기, 사전 만들기 제공하기

〈표 5-13〉 끝말잇기 쓰기 활동의 실제

활동명	끝말잇기 쓰기 활동
목표	• 자신의 생각을 글자와 비슷한 형태로 표현할 수 있다.
자료	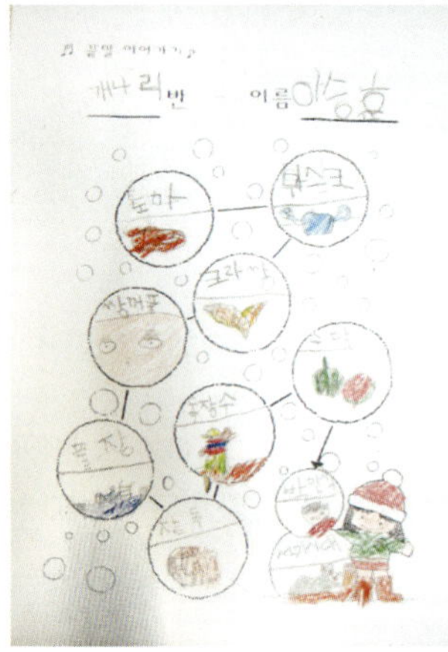
방법	① 끝말잇기 쓰기활동을 위한 자료에 처음으로 시작할 단어의 이름을 쓴다(예 도마). ② 첫 단어의 끝말을 이어 쓸 단어를 쓰고(예 마스크) 단어를 표현하는 그림도 그려볼 수 있다.

〈표 5-14〉 동시 짓기 활동의 실제

활동명	동시 짓기
목표	• 다양하게 감상한 동시를 다른 단어로 새롭게 창작할 수 있다. • 자신의 느낌, 생각을 글자와 비슷한 형태로 표현해 볼 수 있다.
자료	 
방법	① 동시를 새롭게 만들어 쓰기 활동을 해본다. ② 친구들이 했던 동시 활동 결과물을 게시하여 시화전을 개최한다. ③ 게시한 시화전을 감상하고 난 후 느낀 점을 글로 써본다.

〈표 5-15〉 책(사전) 만들기 활동의 실제

활동명	책 만들기
목표	• 다양한 형태로 책 만들기를 할 수 있다.
자료	  
방법	① 그림책의 뒷이야기를 지어보기 위해 자신의 생각을 글자와 비슷한 형태로 표현해 본다. ② 유아가 가장 좋아하는 그림책을 소개해 본다. ③ 'ㄱ'자로 시작하는 자음책을 만들어 본다.

(5) 놀이할 때 필요한 간판, 규칙 등을 만들기

■ 유아가 놀이를 경험하면서 놀이에 필요한 간판, 규칙, 순서도 등의 글씨를 적어 볼 수 있도록 안내하기

〈표 5-16〉 요리활동의 실제

활동명	"꼬마김밥" 요리활동 재료 및 순서표 쓰기활동
목표	• 요리활동의 순서도와 재료목록을 글로 써볼 수 있다.
자료	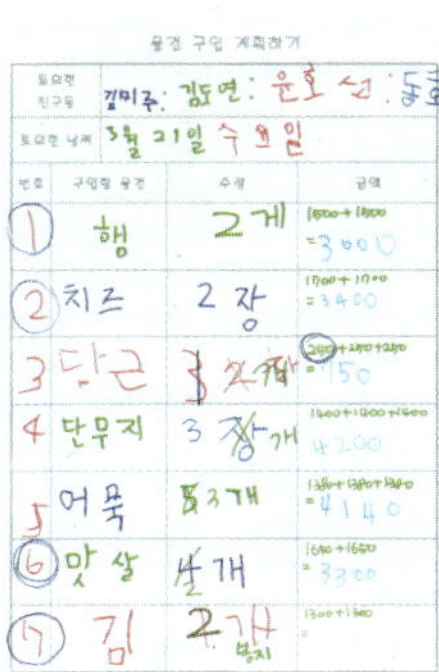 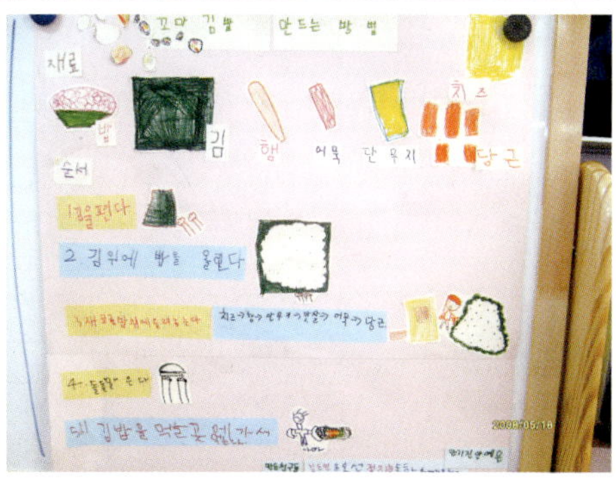

방법	① 꼬마김밥을 만들기 위한 재료 목록을 써본다. ② 꼬마김밥을 만들기 위한 순서도를 써본다. ③ 재료와 순서도를 보며 요리활동을 계획해 본다.

〈표 5-17〉 놀이에 필요한 간판, 규칙 만들기

활동명	간판, 규칙 만들기
목표	• 자신의 생각을 글자로 표현할 수 있다.
자료	   〈 도서관 놀이를 위해 유아들이 함께 간판을 만들고 도서관에서 지켜야 할 약속을 정하고 있는 모습〉
방법	① 교사는 유아들이 놀이하면서 필요한 간판, 규칙 등을 따라서 써볼 수 있도록 적어 준다. ② 유아들은 교사가 써준 글자를 보며 따라 적어본다.

생각해 보기

1. 영유아와 함께 할 수 있는 듣기와 말하기 활동을 생각해 봅시다.

2. 영유아와 함께 할 수 있는 읽기와 쓰기 활동을 생각해 봅시다.

Chapter 06

언어 구성요소별 지도

1. 음운인식 지도 | 2. 한글 자모음 지도 | 3. 어휘 지도
4. 인쇄물 개념 지도 | 5. 구문 지도 | 6. 내러티브 지도

학/습/목/표

1. 언어 구성요소별 발달의 특징을 설명할 수 있다.
2. 언어 구성요소별 지도방법을 이해하고 계획안 구성에 적용할 수 있다.

유아가 글을 정확하게 그리고 유창하게 읽을 수 있으려면 단어를 정확하고 빠르게 인식할 수 있어야 하며, 문장이나 글의 의미를 이해할 수 있어야 한다. 또한 읽은 여러 가지 정보들을 기억할 수 있어야 하는 등 많은 정신적 과제들을 해결해야 한다. 특히 글 읽기를 처음 배우는 유아들은 반드시 자모음 체계, 자소-음소 대응관계, 철자법 그리고 읽기과정에서 자모음에 대한 지식의 적용방법들을 알아야 한다(Harris & Hodges, 1995). 최근 NELP(National Early Literacy Panel, 2009)는 초기 문자(문해)언어 기술들을 대표하는 여섯 가지의 기술들을 제시하였다.

초기 문자언어 발달에 필요한 여섯 가지 기술

① **음운인식** : 단어의 의미와 별개로 그 단어가 내는 소리의 청각적 측면을 추적하고 조작하며 또는 분석하는 능력

② **자모음에 대한 지식** : 자모음의 이름 및 자모음의 소리에 대한 지식

③ **자동적으로 자모음의 이름 또는 숫자 이름 말하기** : 무작위로 제시된 일련의 자음, 모음이나 숫자들의 이름을 재빨리 말하는 능력

④ **사물 이름 또는 색깔 이름 말하기** : 사물을 나타내는 일련의 그림 또는 색깔들이 반복적 패턴으로 제시될 때 그 이름을 재빨리 말하는 능력

⑤ **자모음을 쓰거나 자기 이름 쓰기** : 자음이나 모음을 쓰라는 요청을 받을 때 쓸 수 있거나 자기 이름을 쓰는 능력

⑥ **음운기억** : 말로 제시된 정보를 짧은 시간에 기억하는 능력

① 음운인식 지도

음운인식이란?

우리말에서 하나의 단어는 음절, 음소 등의 다양한 소리단위로 구성되어 있다. 음운인식이란 언어의 일반적인 소리구조에 대한 인식으로 말소리의 여러 단위들을 지각하고 인식하는 능력(Yopp & Yopp, 2002)으로, 연속되는 말이 여러 단위(음소, 음절, 단어 등)로 구성되어 있음(이지현 외, 2013)을 이해하는 능력이다. 예를 들어, '사람'과 '사과'라는 단어를 들려주었을 때 유아가 이 두 단어는 음절 2개로 구성되어 있고 동일한 음절 '사'가 있음을 자각하게 되는 것이다. 음소수준의 인식은 유아가 '기차'와 '고래'라는 단어의 단어의 소리를 듣고 '기차'의 'ㄱ' 소리와 '고래'의 'ㄱ'의 첫소리가 같음을 자각하게 되는 것이다.

■ 음운, 음절, 음소란?

- **음운(phoneme)** : 말의 뜻을 구별하여 주는 소리의 가장 작은 단위이다.
  그렇다면 말의 뜻을 어떻게 구별할 수 있을까?
  예 '감', '밤'은 어떤 차이가 있을까? 그 차이는 'ㄱ', 'ㅂ'의 차이다. 이로 인해 말의 뜻이 달라진다.
- **음절(syllable)** : 단어의 구성요소로서의 음의 단위가 종합되어 한 번에 낼 수 있는 소리이다.
  예 '공'은 3(ㄱ, ㅗ, ㅇ)개로 되어 있고 음절인 한 번에 낼 수 있는 소리이기 때문에 '공'은 한 개의 음절이 된다.
  '다리미'는 '다', '리', '미' 세 개의 음절이다.
- **음소(a phoneme)** : 더 이상 작게 나눌 수 없는 말소리의 가장 작은 단위이다. 하나 이상의 음소가 모여서 음절을 이룬다.
  예 '공'은 'ㄱ', 'ㅗ', 'ㅇ'의 음소로 되어 있다.
  '밥'은 'ㅂ', 'ㅏ', 'ㅂ'의 음소로 되어 있다.

영유아의 음운인식은 어떻게 발달할까?

영유아기의 음운인식 발달은 3세부터 소리를 탐지하기 시작하여 4세에는 음절인식이 시작되고 한 음절이 하나의 글자와 대응된다는 것과 함께 글자와 발음의 항상성 관계를 자각하기 시작한다(김선옥, 2005; 박향아, 2000; 윤혜경, 1997). 4세 유아는 음절의 하위 단위인 초성자음과 중성모음, 중성모음과 종성자음에 대한 인식을 가지고 있으며(김현자 · 조증열, 2001), 글자 읽기가 가능해진다(권오식 · 윤혜경, 1996). 5세가 되면 비로소 가장 작은 소리인 음소에 대한 인식이 나타나기 시작한다. 이러한 음운인식 능력은 후에 유아의 읽기발달에 영향을 미친다(이차숙, 1999). 다음의 그림은 음운인식의 발달순서를 보여주는 것이다.

■ 음운인식의 발달순서

단어	
↓	
음절 수준	예 사람 : 사과
↓	
초성 + 중성 수준	예 공 : 곰
↓	
중성 + 종성 수준	예 손 : 돈
↓	
음소 수준	예 기차 : 고래

음운인식 지도방법 및 활동은?

① 의성어, 의태어가 반복적으로 등장하는 그림책, 동시, 운율이 풍부하게 담긴 동요를 불러볼 수 있도록 주기적으로 제공한다.

예 『곰 사냥을 떠나자』 그림책에는 다양한 의성어, 의태어가 많이 등장한다. '사각 서걱', '덤벙 텀벙', '처벅 철벅' 등인데 풀밭을 헤치고 지나가는 느낌을 '사각 서걱'으로 표현하고 있다. '사각'과 '서걱'은 '사'의 'ㅏ'가 'ㅓ'로 대치된 것인데 느껴지는 어감이 달라진다.

② 음운인식을 할 수 있는 신체를 이용한 게임활동을 제공한다.

■ 음절인식 활동

예 '곰' 그림카드를 보고 박수 한 번 쳐보고 '사과' 그림카드를 보고 박수를 두 번 쳐보는 활동이다. 이와 같은 방식으로 게임활동을 진행하며 음절의 수는 점차 늘렸다가 다시 음절 수를 감소해 보는 방법으로 활용한다.

〈표 6-1〉 음절인식 활동의 예

활동명	박수, 박수, 너의 양손을 박수쳐
목표	• 단어가 몇 개의 음절로 구성되어 있는지 알 수 있다. • 박수 치는 횟수를 통해 음절을 인식할 수 있다.
자료	음절을 구분할 수 있는 글자 카드
방법	① "곰" 은 박수를 몇 번 칠 수 있을까?(한 음절–한 번 박수 침) – 우리 양손 모아 박수 한 번 치자. ② "사과"는 박수를 몇 번 칠 수 있을까?(두 음절–한 번 두 번 침) Tip) 박수 치는 활동에서 점프하는 활동으로 대체할 수 있다. * 수강하고 있는 학생들과 함께 해보세요! 〈후속활동〉 – 아침 출석을 부를 때 유아들의 대답을 대신해 자신의 이름의 음절 수만큼 박수 치는 활동을 할 수 있다. – 한 음절의 단어카드부터 다양한 음절의 단어카드를 한 장씩 준다(이때 단어의 그림이나 사진이 있는 카드). – 교사가 단어카드의 음절 수만큼 박수를 치면 박수소리를 듣고 자신이 가지고 있는 단어카드의 음절 수와 일치하면 대답한다.

■ 음소인식 활동

〈표 6-2〉 음소인식을 위한 활동의 실제

활동명	친구를 찾아라
목표	• 한 단어는 몇 개의 음소로 구성되어 있는지 알 수 있다. • 같은 소리가 들어 있는 단어카드를 찾아봄으로써 음소를 인식할 수 있다.
자료	 〈밥〉  〈불〉 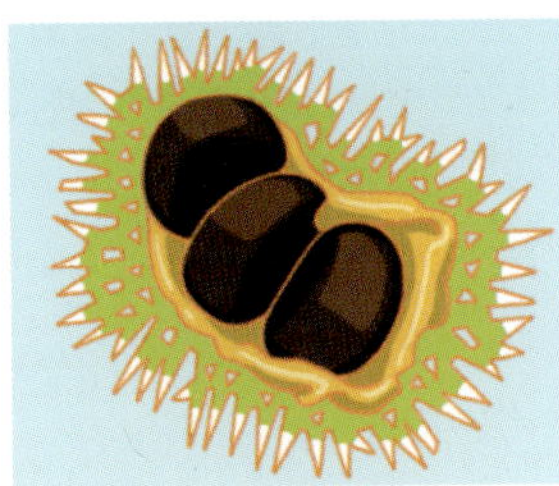 〈밤〉  〈곰〉
방법	① 유아들이 익숙한 그림카드를 한 장씩 나누어 준다. ② 각 카드와 같은 소리로 시작하는 소리가 있는 다른 카드를 찾아 짝지을 수 있다. 예 '밥' 의 'ㅂ'과 '불' 의 'ㅂ'은 첫소리가 같다. ③ 각 카드와 같은 소리로 끝나는 소리가 있는 다른 카드를 찾아 짝지을 수 있다. 예 '밤' 의 'ㅁ'과 '곰' 의 'ㅁ'은 끝소리가 같다.

〈표 6-3〉 그림책을 활용한 음운 관련 활동의 예

제목(출판사)	활동목표	활동내용
내 토끼 어딨어? (살림어린이)	• 음절을 인식한다.	• 주인공의 이름 음절 수 알아보기(레베카, 노아, 로비, 브라이언, 케이시)
곰 사냥을 떠나자 (시공주니어)	• 자음 대치, 모음 대치, 자음 첨가를 통해서 음소를 변별한다.	• 의성어, 의태어의 느낌을 알아보기 • '사각 서걱', '덤벙 텀벙', '처벅 철벅', '바스락 부시럭' 등의 글자를 보면서 읽기 • '사각'과 '서걱', '덤벙'과 '텀벙', '처벅'과 '철벅' 등의 철자와 소리의 차이를 알아보기
구리와 구라의 빵 만들기 (한림출판사)	• 자음 대치와 모음 대치를 통해 음소를 인식한다.	• '구리', '구라'를 읽으면서 사람 이름의 철자와 소리의 차이 알아보기 • '구리'의 /ㄱ/ 대신 다른 자음 넣기
빨간 암탉 (시공주니어)	• 모음 대치를 통해 음소를 인식한다.	• '살금'의 /ㅏ/ 대신 다른 모음 넣기 • '살금'과 '슬금'의 차이점 알아보기
손 큰 할머니의 만두 만들기 (재미마주)	• 각운을 인식한다.	• '말', '잘', '발', '칼'의 공통점과 차이점 알아보기 • '손', '논', '돈', '촌'의 공통점과 차이점을 알아보기

2 한글 자모음 지도

한글 자모음 지식이란?

한글을 구성하는 자음과 모음의 이름을 알고 쓸 수 있는 능력을 말한다. 자음과 모음의 이름에는 그것이 내는 소리의 단서가 포함되어 있기 때문에(예 '미음'이라는 이름에는 특정 단어 안의 'ㅁ'이 내는 소리가 포함되어 있음) 유아가 문자언어를 습득하는 데 있어서 매우 중요한 정보가 된다.

- **자음** : 모음이 없으면 소리를 낼 수 없음

  ㄱ ㄴ ㄷ ㄹ ㅁ ㅂ ㅅ ㅇ ㅈ ㅊ

  ㅋ ㅌ ㅍ ㅎ ㄲ ㄸ ㅃ ㅆ ㅉ

- **모음** : 자음이 없어도 소리를 낼 수 있음

  단모음 : ㅏ ㅐ ㅓ ㅔ ㅗ ㅚ ㅜ ㅟ ㅡ ㅣ

  이중모음 : ㅑ ㅒ ㅕ ㅖ ㅘ ㅙ ㅛ ㅝ ㅞ ㅠ ㅢ

영유아의 한글 자모음 지식은 어떻게 발달할까?

일반적으로 자음과 모음의 이름에 대한 지식이 자음과 모음 소리에 대한 지식보다 빨리 발달한다. 197명의 유아를 대상으로 한 자모음의 이름과 자모음 소리 획득에 대한 종단연구에서 자모음 이름 말하기가 자모음 소리 말하기보다 더 먼저 발달함을 밝혔다(Hecht et al., 2000). 또한 자모음 이름 말하기는 유치원 시기 유아의 읽기를 더 민감하게 예측하며, 자모음 소리 말하기는 초등학교 1학년 아동의 읽기를 보다 잘 예측하는 변인이다(Torgesen, Wagner, & Rashotte, 1997).

한글 자모음 지식 지도방법 및 활동은?

① 그림책, 동시책을 활용하여 한글 자모음에 대해 지도할 수 있다

예 그림책 『기차 ㄱㄴㄷ』은 영유아가 한글 자음을 인식하기에 적합하다. 예를 들면, 자음 'ㄱ'은 '기다란 기차가'와 같이 글이 있고 오른쪽 페이지에는 그림이 그려져 있는 방식으로 구성되어 있다.

② 자유놀이 시간에 놀이활동을 통해 한글 자모음에 대해 지도할 수 있다

■ 자모음 자석 놀이

〈표 6-4〉 자모음 자석 놀이 활동의 실제

활동명	자모음 자석 놀이
목표	• 자음과 모음 자석 놀이를 통해 자모음 이름과 지식을 형성할 수 있다. • 자음과 모음이 합쳐져 단어가 됨을 이해한다. • 자음과 모음을 조합하여 단어를 만들어 볼 수 있다.
자료	 〈자모음 낚시놀이〉
방법	① 낚시대를 자음과 모음 상자에 넣고 자음과 모음을 낚시한다. 예 'ㅂ' 자음 'ㄷ' 자음, 'ㅏ' 모음 낚시를 했다면 '바다'라는 단어를 만들어 본다. ② 두 번째 상자 안에서 '바다'라고 적힌 단어카드를 찾는다. ③ 찾은 단어카드의 단어를 소리 내어 읽어본다.

■ 자음책 만들기 활동

〈표 6-5〉 자음책 만들기 활동의 실제

활동명	자음책 만들기
목표	• 자음 놀이를 통해 자모음 이름과 지식을 형성할 수 있다. • 자음이 들어 있는 단어를 만들어 볼 수 있다.

<table>
<tr><td>자료</td><td>

〈자음책 만들기〉</td></tr>
<tr><td>방법</td><td>① 유아 스스로 자음이 들어 있는 단어를 써볼 수 있다.
* 이때 아직 글자를 쓸 수 없다면 주변 전단지나 과자봉지에 표시되어 있는 글자를 찾은 후 오려 붙일 수 있다.
② 'ㄱ' 자음이라면 기차, 감자와 같은 단어를 쓸 수 있다.</td></tr>
</table>

〈표 6-6〉 그림책, 동시책을 활용한 자모음 지식 활동의 예

제목(출판사)	활동목표	활동내용
기차 ㄱㄴㄷ (비룡소)	• 자음을 인식한다.	• 기차를 따라 가면서 즐겁게 ㄱㄴㄷ 여행하기
개구쟁이 ㄱㄴㄷ (사계절)	• 자음을 인식한다.	• 개구쟁이 아이의 일상 속에서 만나는 ㄱㄴㄷ 인식하기
생각하는 ㄱㄴㄷ (논장)	• 자음을 인식한다.	• ㄱ이 들어가는 단어로 구성된 문장을 읽고, ㄱ 모양 그림을 보면서 단어를 떠올리고, 다시 그 단어가 쓰인 상황을 ㄱ 모양에 맞추기
움직이는 ㄱㄴㄷ (천둥거인)	• 자음을 인식한다.	• 가두다, 녹다, 다치다 등 동사로 ㄱㄴㄷ을 인식하기
동물친구 ㄱㄴㄷ (웅진주니어)	• 자음을 인식한다.	• 동물의 이름으로 자음의 음가를, 재미있는 동물의 모양으로 자음의 형태를 인식하기
그림 속 그림 찾기 ㄱㄴㄷ(사계절)	• 자음을 인식한다.	• 'ㄱ' 부터 'ㅎ'까지 각각의 자음을 주제로 하는 동시와 그림을 감상하면서 그림 속에서 그 자음으로 시작하는 사물을 찾는 놀이하기
말놀이 동시집 (비룡소)	• 모음을 인식한다.	• 여섯 개의 모음(ㅏ, ㅓ, ㅗ, ㅜ, ㅡ, ㅣ)이 각 자음을 만났을 때 어떤 낱말이 만들어지고 어떤 느낌을 가지는지 알기

3 어휘 지도

어휘란?

인간이 의사소통을 하기 위해서는 발음, 음성, 어휘, 태도, 문법, 의미파악, 상황파악과 같은 요소들이 필요하다. 그중에서도 가장 기본적이고 핵심적인 요소는 어휘이다(이차숙, 2004). 스카트(Scott, 2005)는 의사소통을 건물에 비교하였을 때 어휘는 벽돌에 해당하는 만큼 중요한 역할을 차지한다고 하였다. 어휘란 일정한 범위에 쓰이는 단어의 총체이며(네이버 국어사전), 어휘력이란 다른 사람이 말한 내용을 이해하거나 자신이 말하고자 하는 내용을 이루는 기초가 되는 능력이다. 영유아가 어휘를 안다는 것은 단어를 아는 것만이 아니라 그 어휘를 이해하고 적절하게 구사하는 능력까지 포함한다. 어휘에는 수용 어휘력(receptive vocabulary)과 표현 어휘력(expressive vocabulary)이 포함된다.

- **수용 어휘력** : 글을 읽을 때나 이야기를 들으면서 주어진 단어에 대한 특정 의미를 연상해 낼 수 있는 능력
- **표현 어휘력** : 글을 읽을 때나 이야기를 들으면서 주어진 단어에 대한 특별한 의미를 표현하기 위해 유아가 가지고 있는 지식(관련 단어 또는 맥락에 의존한 정의, 반대 단어)을 산출하는 능력

영유아의 어휘는 어떻게 발달하는가?

영유아의 어휘발달은 출생과 동시에 시작된다. 영아가 첫 단어를 말한 이후부터 18개월 정도가 되면 약 50개 이상의 단어를 산출할 수 있게 되는데 이때까지 어휘의 증가는 원만하다. 그러나 50단어 이후부터 영아가 한 단어를 결합하면서

기본적인 문장형식으로 말하기 시작하면서 어휘가 폭발적으로 증가한다. 30개월이 되면 500개 이상의 어휘를 습득하게 되며 4~5세경에는 4,000~6,000여 개의 어휘를 말할 수 있다. 이러한 현상을 살펴보면, 실제로 생후 2년간 영유아가 이해하고 있는 어휘는 영유아가 산출하는 어휘보다 5~10배가 넘는 것으로 추정된다(Benedict, 1979). 영유아는 단어를 조합하는 방법, 형태소, 문장구조에 대한 규칙을 알고 표현하는 시기가 되었을 때 폭발적으로 어휘를 표현하게 된다.

어휘 지도방법 및 활동은?

① 풍부한 맥락 속에서 자연스럽게 어휘를 습득할 수 있도록 활동을 제공한다

- 이야기 나누기, 영역활동 그리고 프로젝트 활동과 같이 다양한 방법으로 어휘 제공하기
- 단어의 의미를 제공할 수 있는 적합한 그림책 선정하여 들려주기
- 다양한 상호작용을 하며 토론활동에 함께 참여시키기

② 단어의 의미를 의도적으로 가르칠 수 있는 직접적이고 분석적인 교수전략을 사용한다

- 그림책 읽기를 하는 동안 새로운 단어들의 의미를 생각하도록 유도할 수 있는 질문과 비유하기
- 유아에게 새로운 단어에 노출되었을 때 중요한 의미를 이해하도록 깊이 있는 정의를 제공하기
- 목표단어를 선정하여 그림책 속에서 어휘의 뜻을 이해할 수 있도록 하기

③ 유아에게 새롭게 학습된 어휘를 사용할 수 있는 다양한 기회를 제공한다

- 프로젝트 주제에 관련된 글과 그림을 조직화할 수 있는 활동하기

- 유아가 새롭게 학습한 어휘를 다시 말해볼 수 있도록 하거나, 둘이 짝이 되어 문장 안에 어휘를 포함하여 이야기해 보게 하거나, 교실에서 읽었던 본문의 내용 재현해 보기

■ 그림책을 활용한 직접적이고 분석적인 어휘 지도 방법

1. 그림책 속에서 알려주고자 하는 적합한 목표어휘를 선택할 수 있도록 한다.

※ 목표어휘 선정기준

- 각 단어에 나타난 개념은 유아들에게 이해할 만한 것인가
- 단어가 그 그림책에서 얼마나 이야기의 중요한 조건인가
- 유아들이 이 단어를 유용하게 다룰 수 있는가
- 다양한 범주에 걸쳐 자주 볼 수 있는가
- 유아들이 일반적인 개념을 이해하고 그 개념을 묘사하는 데 정확성, 전문성을 제공하는가

2. 목표어휘를 선정 후 교사가 책을 읽어줄 때 다음과 같은 부분을 전달하도록 한다.

- 처음에 목표어휘를 소개하고 읽을 수 있도록 한다.
- 어휘에 대한 의미를 정확하게 전달한다.
- 유아들이 어려운 단어는 유사어나 비슷한 말을 사용해서 설명한다.
- 그림책을 읽으면서 단어를 이해하는지 질문을 한다.

3. 학생들이 단어의 의미를 다룰 수 있도록 하는 활동을 창작한다.

- 관련된 단어 찾기 놀이
- 새로 습득한 단어를 자신이 경험한 문장과 행위와 연결시킬 수 있도록 도와준다.
- 새로운 단어로 문장을 만들 수 있도록 한다.

출처 : Beck, Mckeown & Kucan(2002).

〈표 6-7〉 그림책을 활용한 어휘 지도 방법의 실제

활동명	『선인장 호텔』을 활용한 어휘지도	
목표	• 그림책 내용에 있는 단어의 의미를 이해할 수 있다. • 단어의 음절, 음소를 인식할 수 있다.	
자료	 〈선인장 호텔〉	〈목표어휘의 사전적 정의〉 • 홀쭉하다 : 몸이 가늘고 길다, 끝이 뾰족하고 길다, 살이 빠지고 몸이 야위다. • 보금자리 : 새의 둥지, 살기에 편안하고 아늑한 곳을 말함
방법	① 책을 읽어주기 전에 단어에 대해 설명한다. 교사 : – '홀쭉해지다'는 무슨 말인지 아니? – '몸이 가늘고 길다'라는 뜻인데 살이 빠지거나 몸이 야위게 되는 것을 말하기도 해. – 만약에 우리 몸이 홀쭉해진다면 어떤 모습일까? – 우리 주변에 홀쭉한 것이 어떤 것이 있을까? ② 책을 읽으면서 앞에서 설명한 단어가 나오면 문장 내에서 어떻게 쓰였는지 설명한다. 교사 : – 선인장이 홀쭉해졌다는 말이 무슨 말일까? – 새들이 보금자리를 찾아왔다고 하는데 보금자리가 무슨 뜻일까? ③ 책을 읽고 난 후 목표어휘로 할 수 있는 활동을 한다. – 관련된 단어 찾기 놀이를 한다. – 홀쭉해진 선인장이나 새의 보금자리를 그림으로 그리고 설명하도록 한다. – 홀쭉한 것들과 보금자리에 대해 생각나는 것들을 그릴 수 있도록 한다. – 새로 습득한 단어를 가지고 짧은 글을 지어볼 수 있도록 한다.	

4 인쇄물 개념 지도

인쇄물 개념이란?

실생활의 기능을 담은 특정한 맥락을 담고 있는 간판, 교통표지판, 텔레비전, 과자상자 등과 같은 환경인쇄물(Adams, 1990)은 유아들이 책을 읽기 전에 만나는 첫 인쇄물로(Clay, 2002), 문자 언어에 대해 실질적이고 가치 있는 경험을 제공한다(Goodman, 1986). 영유아는 책을 읽고 무언가를 쓰는 경험을 할 때 책은 어디서부터 읽어야 하는지, 어느 위치에서 쓰기를 시작해야 할지, 그림과 글자의 차이는 무엇인지에 대한 의문점을 가질 수 있다. 영유아는 자신이 쓴 내용에서 단어를 구별하기 위해서 공간을 분리하기도 하고, 철자 비슷한 상징을 포함하기도 하며, 문장부호를 넣기도 한다.

굿맨(Goodman)은 인쇄물 개념을 '문해의 뿌리'로 표현하여 능숙한 읽기, 쓰기에 필수적인 기능이라고 언급하였다(Goodman, 1986, 신혜림, 2011 재인용). 반 크라예노르드(Van Kraayenoord)는 읽기에 어려움이 있는 아동은 또래들에 비해 인쇄물에 대한 개념을 인식하는 데 어려움이 있는 것으로 보고하였다(Van Kraayenoord, 1983). 또한 4세 아동의 인쇄물 개념은 창안적 글쓰기 능력과 관련이 있다(Crain-Thoreson & Dale, 1992).

영유아의 인쇄물 개념은 어떻게 발달할까?

유아가 인쇄물을 읽는 과정은 유아로 하여금 상징으로부터 의미를 형성하게 하며, 읽기와 실제 세계를 연결하도록 하여 언제 어디에서나 읽기를 할 수 있다는 것을 인식하도록 도와준다(Prior, 2009). 유아의 인쇄물 읽기능력은 관례적 읽기가 가능한 단계보다 메이슨(Mason, 1980)의 맥락의존(context dependency) 읽기 단계와 관련이 깊다. 이 읽기단계의 유아는 환경인쇄물 읽기에 있어 철자-발음의 분석기술이 부족하기 때문에 환경인쇄물을 읽을 때 문자의 의미와 형태를 연결시키기 위해 그림이나 색깔과 같은 인쇄물의 시각적 맥락단서에 의존한다.

김화수와 신혜림(2011)에 의하면, 만 3~5세 아동은 연령에 따라 인쇄물 개념을 발달시키고 있었으며, 3세에서 4세 사이에 인쇄물 개념의 하위 범주에서 많은 발달을 보이는 것으로 나타났다. 4세가 되면 80% 이상이 책에 대한 개념, 인쇄물 관례를 습득하였으며 5세가 되어서야 인쇄물의 내용을 획득하는 양상을 나타냈다. 특히 5세에 이르기까지 책에 대한 개념, 인쇄물 관례, 인쇄물의 내용을 획득하는 순서가 개별 아동마다 유사하게 나타났다고 보고하였다.

인쇄물 개념 지도방법 및 활동은?

영유아의 인쇄물 개념 습득을 위한 지도방법으로는 크게 프린트의 목적과 기능 인식, 그림 인식, 관례적 쓰기 방법이 있다. 구체적으로 살펴보면 다음과 같다.

■ 프린트의 목적과 기능(purpose and functions of print) 인식

영유아는 프린트에 의미가 있다는 것을 이해한다.

예 간판, 시리얼박스, 메뉴판에 있는 글자를 가리키며 "여기에 뭐라고 써 있어요?"라고 묻는다. 또한 프린트와 그림을 구분하기 시작(3세경)한다.

■ 그림 인식(graphic awareness)

영유아는 실생활에서 일찍부터 환경문자를 인식하기 시작한다. 연구들(Goodman, 1986; Lomax & McGee, 1987; Mason, 1980)에 의하면, 3, 4세 유아는 상품 이름(코카콜라, 새우깡 등), 식당 간판(맥도날드, 피자헛 등), 거리 표지판(멈춤 등)을 인식하고 의미를 이해한다. 또한 정확하게 읽지 못하더라도 프린트를 읽으려고 시도하며, 때로 비슷하게 읽을 수 있다.

예 펩시콜라 캔을 보고, 유아가 '코카콜라'라고 읽는 경우다. 유아의 이름이나 일상생활에서 자주 노출되는 환경문자는 글자를 학습하는 기초가 될 수 있다. 비록 펩시콜라 캔이지만 그림으로 글자를 인식했기 때문에 '코카콜라'라고 할 수 있다.

■ 관례적 쓰기(conventions of print)

문자언어와 관련된 사회적 규칙(왼쪽에서 오른쪽으로, 문장은 위에서 아래로, 낱말들 사이의 공간)과 용어(글자, 단어, 페이지)이다. 이러한 지식은 서서히 발달한다.

예 그림책의 표지를 통해 왼쪽에서 오른쪽으로, 문장은 위에서 아래로, 낱말들 사이의 공간을 인식한다.

5 구문 지도

구문이란?

구문은 글의 짜임을 말하며 구문론(syntax)이란 단어의 배열에 의하여 구, 절, 문장을 구성하는 규칙이다. 영유아가 단어를 조합하여 문장을 표현하기 시작하면 같은 단어로 이루어진 문장이라도 조합하는 방법에 따라 의미가 달라질 수 있다는 것을 이해하게 된다. 이와 같이 영유아가 단어를 조합하는 순서에 따라서 의미가 달라진다는 것을 이해하면 단어를 배열하여 의미를 구성하는 방법을 학습하게 되는데 이를 구문론이라고 한다(이지현 외, 2013). 예를 들어, '엄마 밥 주세요'라는 문장이 '밥 엄마 주세요'라든지 '주세요 밥 엄마'와 같이 틀린 어순으로 되는 경우에는 청자에게 정확한 의미를 전달하기 어렵다. '엄마 밥 주세요'와 같이 올바른 배열로 구성할 때에만 정확한 의미를 구성할 수 있다.

영유아의 구문지식은 어떻게 발달할까?

영유아가 문장을 구사할 때를 회상해 보면 알고 있는 몇 개의 단어를 아무렇게나 조합하여 틀린 문장으로 사용하지는 않는다. 이미 단어를 조합하여 문장을 구성하여 말을 할 때에 같은 단어로 구성된 문장이라도 조합하는 방식에 따라 의미가 달라진다는 것을 이해한다. 예를 들어, 언니들이 많은 여동생(영희)이 엄마와 같이 식사하는 상황에서, 언니가 "엄마, 나 계란 까주세요"라고 말하는 문장을 듣고 난 후 옆에 앉아계신 아빠에게 "아빠, 영희 계란 까줘"라는 문장을 사용한다. 이때 영희는 '엄마' 대신 '아빠'로 대치할 수 있으며 그랬을 때 같은 의미가 전달됨을 이미 인식하고 있기 때문에 이러한 문장의 구사가 가능하다.

영유아의 두 단어 문장 혹은 3~4단어 문장발달에 관한 연구들에 비해 구문론에 관해서는 충분한 연구들이 이루어지지 못했다. 어순을 포함한 문법에 관한 판단능력은 만 5세에서 7세 사이에 급격히 발달한다는 연구결과(신귀련, 2002)가 있으며, 24개월 된 영아들도 문법적인 단서를 활용하여 새로운 어휘의 의미를 추론할 수 있다는 연구들이 있다(Hall, Lee, & Belanger, 2001).

구문지식 지도방법 및 활동은?

① 구문이 반복적으로 나오는 그림책, 동요, 동시를 주기적으로 읽어준다

동요나 동시는 한 문장의 길이가 길지 않으며 같은 구문이 반복적으로 등장하는 경우가 많다. 내용도 쉬울 뿐만 아니라 운율적인 요소도 함께한다. 그러므로 동요, 동시를 들려주는 것을 영유아의 구문능력 향상뿐만 아니라 새로운 어휘 습득에도 도움이 된다.

■ 동시의 예

제목 : 봄

봄이 된 걸 어떻게 알았니?
파릇파릇 새싹이 돋으니까

봄이 된 걸 어떻게 알았니?
살랑살랑 봄바람이 불으니까

봄이 된 걸 어떻게 알았니?
팔랑팔랑 나비가 날으니까

똑같은 질문이 3회 반복되나 그에 대한 답의 내용은 각기 다르게 구성된 동시이다. 답은 의태어 – 주어 – 술어의 구문으로 구성된 것이 동일하다.

출처 : 새세대육영회 부속연구소(2005). 교육과정 교수자료 세트. 서울 : 새세대육영회.

② 동시를 감상한 후 동시의 일부를 재구성할 수 있는 기회를 제공한다

글자 쓰기가 가능한 유아에게 동시의 일정 부분을 다른 말로 대치하는 활동을 할 수 있다. 동시의 재구성, 노랫말 바꾸기 등은 유아들의 구문능력과 어휘력을 발달시키는 데 효과적이다.

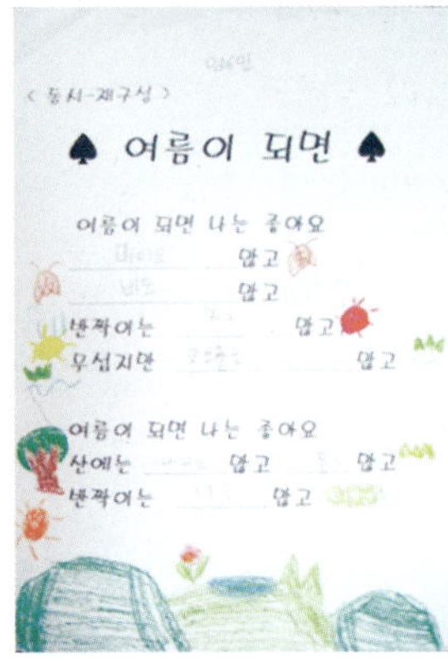

③ 동요의 일부를 재구성해서 불러보거나 원곡을 개사해 보는 활동을 제공한다

친숙한 멜로디에 가사를 만들어서 부른 노래는 멜로디 없이 들려준 가사보다 쉽게 그리고 오랫동안 기억된다(마송희 · 오채선, 2002). 우리나라 전래동요에는 동일한 구문의 짧은 문장이 반복되는 것이 있는데 영아들에게도 들려주어 함께 노래해 볼 수 있다.

제목 : 간다 간다

김성균 작사 · 곡

간다 간다 간다 간다 골목길로
간다 간다 간다 간다 넓은길로
간다 간다 간다 간다 뛰뛰빵빵
라라랄라 자동차

우리 모두 다 같이 달리자! 달려!
우리 모두 다 같이 달리자! 달려!
1. 달리기를 하면은 몸이 튼튼해져요
2. 달리기를 하면은 몸이 날씬해져요
우리 모두 다 같이 달리자! 달려!

〈개사하기〉
* '우리 모두 다 같이' 원곡을 개사하기

6 내러티브 지도

내러티브란?

유아가 일상생활에서 사용하는 언어는 대체로 구체적이고 '지금 여기'에서 벌어지는 상황에 국한된 말이다. 예를 들어, 밥을 먹을 때 "이거 맛있지", 놀이할 때 "재미있어. 또 하자" 등 유아들의 말은 대부분 그 상황에서 구체적으로 드러나는 것이다. 그러나 유아들도 현재의 맥락에서 벗어나 추상적인 상황에 대해 표현해야 하는 경우가 있다. 예를 들어, 지난 일을 기억해서 말하거나 그림책의 이야기를 말하는 경우이다. 이때 유아는 지금 여기서 벌어지는 상황에서 벗어나 기억이나 상상에 기초하여 표현해야 하므로(Gee, 1991, 이지현 외, 2013 재인용), 탈맥락적인 사고를 해야 하고, 설명하기, 가장하기 등과 같은 탈맥락적 언어를 사용해야 한다. 탈맥락적 언어 사용의 대표적인 예가 바로 내러티브(narrative)이다.

■ 탈맥락적 언어 사용의 예

지난번에 읽었던 그림책의 이야기를 말할 때나 지난 주말에 무엇을 하고 지냈는지 이야기를 할 경우에서는 대화에 필요한 서로 공통된 배경지식을 지니지 않는다.

상황 : 수진과 영희가 자유놀이 시간 수 · 조작 영역에서 게임활동을 하면서 하는 대화이다.

수진 : 영희야, 나 옛날 언제 스키장 가서 눈썰매 타봤다.
영희 : 나도 언제 가봤다.
수진 : 눈썰매 진짜 재밌었다.
영희 : 와, 나도 타고 싶다.

위 수진과 영희는 지금 퍼즐 맞추기를 하고 있고 지금의 상황에서 벗어난 스키장 갔던 경험 이야기를 나누고 있다. 이러한 상황에서 두 친구는 공통의 배경지식이 없기 때문에 탈맥락적 언어를 사용하고 있다.

■ 개인적 내러티브

특정 사건과 관련된 것으로 주로 개인적 경험과 관련한 단일 에피소드에 대해 자신의 생각과 느낌을 이야기하는 것을 말한다.

예 주말 지낸 이야기, 특정 주제에 대한 유아 자신의 경험을 이야기하는 것('추석'이라는 주제에서 송편을 만들어 본 경험을 이야기한다거나, 성묘를 갔다 온 경험 이야기하기)

■ 가상적 내러티브

유아 자신의 실제의 경험이 아닌 가상적인 사건을 꾸며 말하는 것이다.

예 동화를 만들어 본다거나, 특정 주제에 대해 이야기를 꾸며 말하기, 알고 있었던 동화나 옛이야기를 바탕으로 일부를 변형하여 꾸며 이야기하기

영유아의 내러티브 지식은 어떻게 발달할까?

실제적 및 가상적 상황에서 일어나는 사건에 대한 내러티브를 산출하는 능력은 약 2세경부터 출현하여 유아기 동안 급격한 발달을 이룬다(McCabe & Peterson, 1991, 이영자 · 이지현, 2005 재인용). 개인적 내러티브는 처음에는 스크립트와 유사한 형태로 시작되지만 2세에서 3세경이 되면 좀 더 특정한 기억으로 변화하고(Hudson, 1990), 4세경에는 행위들을 단순 나열하는 경향을 나타내며, 5세경에는 행동이나 사건을 시간적인 순서로 연결할 수 있고, 6세경에 대부분의 유아들이 내러티브의 전형적인 구성요소를 포함하게 된다(Peterson & McCabe, 1983). 가상적 내러티브는 우리나라 유아들의 경우, 3세에는 주로 단순 나열단계가 나타나고, 4세에는 연결적 이야기 형성과 논리적 이야기 형성이 주로 많이 나타난다고 하였다(이영자 · 이지현, 2005).

내러티브 지식 지도방법 및 활동은?

① 영유아가 자신이 경험한 이야기를 다른 사람들에게 이야기할 수 있는 기회를 자주 제공하는 것이 좋다

무엇보다도 영유아와 경험 나누기를 진행할 때 교사의 상호작용은 매우 중요하다. 영유아와 경험 나누기를 한 후에 교사와 영유아의 상호작용은 주로 내용을 확인하는 것에 그치고 있다. 이야기에 등장하는 사람이나 동물들의 입장과 상황을 추론하고 이해하도록 하는 데는 소홀히 하는 경향을 보인다.

- 주말 지낸 이야기 나누기
- 견학 다녀온 후 경험했던 내용, 느낌, 생각 이야기 나누기
- 특별한 사건이나 경험했던 내용, 느낌, 생각 이야기 나누기

유아교육현장에서는 개인적 내러티브 발달을 위해 주말 지낸 이야기 및 주제에 대한 경험 나누기를 하고 있는 상황이다. 유아의 개인적인 내러티브 발달수준을 향상시키기 위해 교사의 질문형태는 중요한 역할을 한다.

■ **주말 지낸 이야기**

교사 : 주말에 어떤 일을 하고 지냈는지 누가 이야기해 볼까?
영주 : 저는 주말에 엄마랑 이마트에 갔었어요.
교사 : 그랬구나. 그곳에서 무엇을 했니?
영주 : 엄마랑 이마트에서 고기도 사고 맛있는 음식도 먹었어요.
교사 : 그리고 또 어떤 일이 있었니?
영주 : 그런데 이마트에서 친구 철수를 만났어요. 철수도 엄마하고 왔어요.
교사 : 와, 친구를 만났구나. 그래서 어떻게 했어?
영주 : 철수 엄마하고 우리 엄마는 친해요. 철수하고 이마트 블록놀이에서 놀았구요. 아이스크림도 먹었어요.

교사 : 그래서 영주는 주말에 어떤 마음이 들었니?
영주 : 난 사실 이마트 가기 싫었는데 철수 만난 것은 재미있었어요.
교사 : 영주는 이마트 안 가고 하고 싶은 일이 있었나 보구나.

② 영유아들이 다양한 장르의 이야기를 들을 수 있도록 기회를 제공한다

- 사실, 환상, 패러디, 동화와 같이 다양한 장르의 그림책 제공
- 자유선택활동의 영역에 주제와 관련된 다양한 그림책 제공

③ 영유아들이 이야기를 꾸며 말할 수 있는 기회를 제공한다

- 이야기 꾸미기 활동을 격려할 수 있는 막대, 자석, 손 인형 등을 제공
- 교사가 들려준 동화, 듣기 코너에서 들었던 CD 동화의 내용을 다시 말해보기 활동
- 이야기를 듣고 동극활동으로 연계하기
- 글 없는 그림책 읽고 이야기 만들어 보기

생각해 보기

1. 음절, 음소가 동일한 단어들을 생각해 봅시다[예 감–공–김–금(음소 동일)].

2. 그룹별로 그림책 1권을 선택하여 목표어휘를 선정하고, 목표어휘로 할 수 있는 활동을 제시해 봅시다.

영 · 유 · 아 · 언 · 어 · 지 · 도

Chapter 07

교사-영유아 상호작용

1. 교사의 언어적 상호작용 | 2. 놀이에서의 상호작용
3. 교사의 발문방법 | 4. 그림책 읽기에서의 효과적인 상호작용 전략

학/습/목/표

1. 교사의 언어적 상호작용을 이해하고 발문방법을 설명할 수 있다.
2. 효과적인 상호작용 전략을 이해하여 언어활동의 실제에 적용할 수 있다.
3. 유아들의 놀이를 지원하는 상호작용 방법에 대해 이해하고 적용할 수 있다.

상호작용은 서로에게 영향을 미치고 관계를 맺는 과정을 말한다. 유아교육기관에서 가장 중추적인 상호작용은 영유아–교사, 영유아–영유아 간의 상호작용이라 할 수 있다. 교사는 영유아와 행위적 · 언어적 · 비언어적으로 상호작용을 하며, 유아들의 상호작용에 개입을 하기도 하고, 등원에서부터 하원까지 개별적으로나 그룹별, 집단적으로 상호작용을 하게 된다.

영유아–교사의 언어적 상호작용은 영유아의 신체, 인지, 사회, 정서 모든 측면의 발달에 도움이 되며, 특히 언어발달에 중요한 역할을 하게 된다. 교사가 영유아의 근접발달영역에서 적절한 언어적 상호작용을 하게 되면, 교사–영유아, 영유아–영유아 간에 상호작용이 이루어지며 이를 통해 영유아의 인지적 사고를 심화 · 확장시킬 수 있다(이지현 외, 2009). 또한 교사의 적절한 발문은 사물에 대한 호기심과 탐색을 하게 하며, 교사의 수용적 분위기 제공과 적절한 반응은 영유아 자신의 생각에 자신감을 가지고 표현하게 하여 영유아 언어발달의 성장과 더불어 교사에 대한 기본적 신뢰감을 갖게 된다. 이를 바탕으로 영유아들은 또래들과 긍정적인 인간관계를 형성하게 되어 이후의 다른 사람들과의 대인관계를 맺는 데 필요한 기술을 습득하게 된다. 반면 교사의 적절한 반응을 받지 못하거나 권위적인 분위기에서는 자신감을 잃게 되어 말하기를 꺼리고 소극적인 모습을 보이며, 상대방과의 관계에도 부정적인 영향을 미치게 된다. 이처럼 교사의 언어적 상호작용은 영유아의 전반적인 발달에 중요하므로 교사의 언어적 상호작용 형태와 발문을 살펴보는 것이 필요하다.

1 교사의 언어적 상호작용

1) 교사의 언어적 상호작용 형태

교사의 언어형태는 반응적인 언어형태와 지시적인 언어형태로 구분할 수 있다(이은화, 1985).

(1) 반응적인 언어형태

반응적인 언어형태란, 교사가 교실을 수용적으로 만들어 영유아들이 생각하고 느낀 것을 자유롭게 말할 수 있도록 하는 것을 말한다. 즉, 영유아의 의견을 수용하며, 협동적인 활동을 조장하는 표현이나 적절한 격려 등의 언어를 사용하는 것이다. 이러한 언어형태를 사용하는 학급의 유아는 자발적이며 다른 유아들과 협동적인 태도를 보이며 문제해결 과정에서 적극적이고 교사의존도가 낮다.

■ 반응적 언어형태의 예

- 유아들이 정리정돈을 잘했을 때
  – 너희들이 함께 정리를 잘 해주어서 교실이 정말 깨끗해졌구나. (협동활동 격려)
- 친구의 물건을 함께 찾아주었을 때
  – 와, 경란이가 함께 도와주어서 찾을 수 있었구나. 고마워. (격려)
- 유아가 불평할 때
  – 속상해 보이는데 선생님에게 말해줄 수 있겠니? (감정 수용)
- 교사가 원하는 대답이 아닐 때
  – 경란아, 왜 그렇게 생각했니? 그렇게 생각할 수도 있겠구나. (의견 수용)
  – '경란이하고 생각이 좀 달라요' 하는 친구 있니?

(2) 지시적인 언어형태

지시적인 언어형태는 교사의 말에 유아가 행동할 것을 기대하는 지시, 명령, 꾸짖기, 지휘 등의 표현을 사용하는 형태이다. 교사의 언어가 지시적일 때 유아는 수동적이고 활동에 흥미를 보이지 않으며 반항적이고 공격적인 행동을 나타내는 경향을 보이며 교사에게 지나치게 의존하는 순종적인 행동을 나타낸다.

■ 지시적 언어형태의 예

- **유아들이 정리정돈을 못했을 때**
  – 너희들 정리 안 하면 모래놀이 안 시켜줄 거야. (경고, 위협)
- **유아의 물건이 없어졌을 때**
  – 넌 맨날 잊어버리니? 어디에 놓았는지 생각해야지. (비판, 비난)
- **유아가 불평할 때**
  – 그만 불평하고 자리에 앉자. (명령)
  – 친구끼리 사이좋게 놀아야지 왜 싸우고 그러니? 자, 사과해. (훈계, 지시)
- **밥 먹기 전에 유아가 배 아프다고 할 때**
  – 너 괜히 밥 먹기 싫어서 그러는 거지? (해석하기, 분석하기)

2) 교사-영유아 간의 언어적 상호작용 방법

교사-영유아 간의 언어적 상호작용은 유아의 성장 · 발달에 있어 중요한 역할을 하므로 상호작용에 주의를 기울여야 한다. 이지현 외(2010)는 상호작용을 함에 있어서 다음의 다섯 가지를 유의해야 한다고 하였다.

(1) 교사는 상호작용의 모델임을 인식해야 한다

- 교사는 듣기 모델이다. 다른 사람들의 이야기를 듣는다는 것은 유아에게 있어서 어려운 일이다. 그러나 교사가 유아들이 하는 말을 주의 깊게 경청함으로써 고개를 끄덕여 주거나 유아의 말을 반응해 주는 듣기 모델이 되어준다면 유아들이 다른 사람의 이야기에 주의를 기울이게 된다.
- 교사는 말하기 모델이다. 유아는 자신의 생각을 말로 표현하기 어려워한다. 유아는 성인의 발음을 듣고, 그대로 발음하고자 노력하며, 성인이 사용하는 어휘, 문장 등을 사용한다. 따라서 교사는 발음, 억양, 새롭고 다양한 어휘, 바른 문장을 사용하도록 한다.
- 교사는 읽기 모델이다. 유아는 교사가 그림책을 읽는 모습을 보고 그림책 안의 글자가 어떤 의미를 담고 있는지 이해하게 되며 읽고자 하는 욕구가 생긴다. 그림책과 친숙해질 수 있도록 질 좋은 그림책을 선정하여 유아들이 그림책에 공감하며 집중할 수 있도록 상호작용하며 읽어주도록 한다.
- 교사는 쓰기 모델이다. 유아가 처음으로 글씨 쓰기에 대해 학습하는 과정에서 교사는 의도적으로 바른 글씨체로 쓰는 모습을 보여주어 유아들이 바른 글씨를 쓸 수 있도록 도움을 주어야 한다.

(2) 영유아의 말을 보다 완전한 문장으로 사용하여 상호작용한다

영유아는 언어를 학습하는 과정에 있기 때문에 성인과의 대화를 통해 문장구성의 원리를 이해하고 적용하게 된다. 영유아는 한 단어로 의사소통을 시작하여 점차 더 긴 문장을 사용한다. 이때 교사가 영유아의 말을 보다 완성된 문장으로 말을 하거나 좀 더 확장해서 상호작용하는 것을 듣게 되면 보다 정교하고 긴 문장을 구성하는 것을 학습하게 된다(Machado, 2003).

유아 : 수박이 됐어.
교사 : 수박씨가 수박이 되었구나.

유아 : 장난감이 때찌 했어요.
교사 : 장난감에 부딪혔구나.

(3) 영유아가 한 말의 의미를 확장시켜 상호작용한다

교사는 영유아의 활동이나 언어 사용을 주의 깊게 관찰하여 영유아가 한 말에 의미를 부여해 어휘력과 포함된 개념을 분명히 이해시킬 수 있도록 한다. 아래의 예를 보면, 구름을 보고 '자동차다'라고 하는 영유아나, 사과가 떨어지는 것을 보고 '쿵 했어'라고 표현한 것을 교사는 자동차라는 '모양'이라는 개념을 넣어서 의미를 부연하였으며, 쿵은 사과가 떨어지면서 나는 '소리'라는 개념을 넣어서 의미를 부연하였다. 의미부연은 영유아가 한 말에 기초하여 정보나 자료, 추가적인 의미를 추가하는 것을 말한다.

유아 : (구름을 가리키며) 자동차다.
교사 : 구름이 자동차 모양이구나.

유아 : (사과가 바닥에 떨어지는 것을 보고) 사과가 쿵 했어요.
교사 : 사과가 떨어져서 쿵 소리가 났구나.

(4) 영유아의 사고를 촉진시키는 상호작용을 한다

비고츠키(Vygotsky, 1979)는 영유아가 혼자서 해결할 수 없는 문제라도 근접발달영역에서 교사의 안내와 지원을 받으면 사고가 확장되어 결국에는 스스로 문제를 해결할 수 있는 중요한 역할을 한다고 하였다. 그러므로 교사는 근접발달

영역에서 영유아로 하여금 해결책을 스스로 찾을 수 있도록 유도하는 상호작용을 해야 한다.

교사 : 너희 4명이 탈 수 있는 자동차를 만들려면 무엇이 필요할까?
교사 : 어떻게 하면 높은 곳에 있는 블록을 꺼낼 수 있을까? 좋은 방법이 있을까?
교사 : 너희라면 이런 상황에서 어떻게 동물들을 구할 수 있을까?

(5) 영유아가 하고 있는 동작을 언어로 표현한다

영유아는 끊임없이 몸을 움직이며 학습을 한다. 그러나 동작을 몸으로 잘 표현하지만 동작을 언어로 표현하는 것은 어려워한다. 이때 영유아의 동작을 언어로 표현해 주면 동작을 하는 영유아와 그 동작을 보고 있는 영유아는 자신들의 동작에 대해 분명하게 인식하며 이렇게 표현된 언어는 보다 잘 인식할 수 있다.

(신체표현 시간에 새가 되어보는 활동을 하고 있다)
교사 : 경한아, 어떤 모습을 표현하고 있니?
경한 : 새가 날아요(몸을 움직이면서).
교사 : 두 팔을 양옆으로 들어올려 위아래로 흔드는 모습이구나.

(교사는 유아들에게 뱀을 표현해 보게 하였다)
교사 : 뱀이 무엇을 하고 있는 걸까?
영수 : 먹이를 찾아가고 있어요.
교사 : 두 팔을 위로 번쩍 올려서 기어가면서 흔드니까 뱀이 움직이는 것 같구나.

② 놀이에서의 상호작용

유아는 놀이하는 과정에서 유아-유아, 유아-교사, 환경과 능동적으로 상호작용을 하며, 이를 통해 문제를 해결하고, 사물, 현상, 관계에 대해 끊임없이 배워나간다. 교사는 이러한 상호작용이 활발히 일어날 수 있도록 놀이환경을 제공해주고, 주의 깊게 관찰하여 놀이를 확장할 수 있도록 지원해 주는 것이 좋다. 놀이를 지원해 주는 교사와 유아의 상호작용 방법은 비언어적 · 언어적인 소통방법이 모두 포함된다. 이번 장에서는 2019 개정 누리과정 놀이실행자료에서 제시한 유아들이 재미있게 놀이하도록 도울 수 있는 상호작용 방법을 제시하도록 하겠다(교육부 · 보건복지부, 2019).

1) 유아와 유아의 상호작용을 지원한다

교사는 유아-유아 간의 놀이 시 놀이의 흐름이 끊기거나 방해가 되지 않도록 개입 시기를 신중하게 관찰해야 한다. 교사는 유아의 성향, 사회적 능력, 대인관계 등을 고려하여 상호작용을 지원해 주어야 한다. 놀이에 참여하고 싶은데 표현하지 못하고 배회하는 유아가 있으면, 교사는 유아의 의견을 들어보고 놀이에 참여할 수 있도록 지원해 주어야 한다.

2) 놀이 지원을 위해 관찰한다

교사가 유아의 놀이를 지원하기 위해서 무조건 놀이 개입을 하며 언어적인 상호작용을 해야 하는 것은 아니다. 유아에게 즉각적인 개입을 하기보다는 유아들이 흥미 있어 하는 것이 어떤 것인지를 관찰하면서 놀이의 배움과 확장이 일어날 수 있는 상호작용의 방법을 선택해야 한다. 다음은 2019 개정 누리과정 놀이실행자료에서 제시한 관찰의 예시이다.

〈비 오는 날의 산책〉	
• 비가 오는 날, 우산을 쓰고 오솔길 산책을 나섰다. • 산책길에 유아들은 흙의 촉감이 평소와 다름을 발견하였다.	
교사의 놀이 지원 실제	**편성 및 교수학습**
교사는 유아들이 보인 흙에 대한 지속적인 흥미를 관찰하였다. 유아는 촉촉하게 젖은 흙을 만지고 밟으며 냄새, 촉감, 색 등을 탐색하고 그 느낌을 말로 표현하였다.	상호작용 (관찰하기)

출처 : 교육부 · 보건복지부(2019). 2019 개정 누리과정 놀이실행자료, p. 126.

3) 제안하며 놀이를 지원한다

교사는 유아의 놀이가 잘 지속될 수 있도록 제안할 수 있다. 그러나 교사의 제안은 유아의 흥미와 관심이 뒷받침되어야 하며, 관찰을 통해서 놀이가 확장될 수 있도록 공간, 자료 등에서 어떻게 지원을 해야 하는지 살펴보고 반영해야 한다. 또한 안전이나 교육적 가치에 기반을 두고 제안할 수도 있다. 예를 들어, 놀이하는 데 규칙의 필요성이 있어 유아들이 스스로 규칙을 만들어 보도록 지원할 수 있다. '도서관 놀이를 할 때 동생들에게 그림책을 보는 방법을 어떻게 알려줄 수 있을까?' 등이 그 예라 할 수 있다.

4) 유아의 놀이에 참여하여 지원한다

교사는 유아들과 함께 공동 놀이자로 참여하여 놀이의 속성과 즐거움을 공유할 수 있어야 한다. 유아와 교사의 이러한 놀이공유가 많아지면 공감과 소통이 발생하며 보다 효과적으로 놀이를 지원할 수 있다. 이러한 놀이 참여의 지원은 놀이를 더욱더 활발하게 하며 문제 상황에서도 도움이 된다.

5) 질문하며 놀이를 지원한다

유아는 놀이하는 과정 중에 끊임없이 탐색하면서 놀이에 몰입한다. 이때 교사는 답이 정해진 질문을 하는 것이 아니라 유아가 높은 수준으로 사고할 수 있도록 질문을 하면 유아의 사고가 확장되고 유아 스스로 문제를 해결해 나갈 수 있게 된다.

건물과 길을 만드는 놀이가 동시에 이루어지면서 공간이 부딪히는 문제가 유아들 간에 발생하였다. 교사는 두 놀이를 연결해 줄 수 있지 않을까 생각하여 "두 동네를 서로 왔다 갔다 할 수도 있지 않을까? 그래서 더 큰 동네를 만들려면 길을 어떻게 만들 수 있을까?", "어떤 블록이 필요할까?"라고 질문하였다. 교사와 상호작용하면서 더 많은 수의 유아들이 참여하여 도시를 함께 구성하는 놀이로 진행되었다.

출처 : 교육부 · 보건복지부(2019). 2019 개정 누리과정 놀이실행자료, p. 49.

6) 정서적으로 지원해 준다

교사는 유아가 놀이를 하고 있을 때 비언어적 · 언어적으로 긍정적으로 정서적 지원을 해주는 것이 좋다. 비언어적 지원으로는 끄덕임, 눈 맞춤, 공감, 미소 등이 해당되며 언어적 지원으로는 위안, 격려 등이 포함된다. 이러한 지원은 유아 스스로 존중받는 느낌을 받도록 한다.

〈흙물의 특성 탐색하기〉	
민지는 흙에 따라 색이 다름을 인식하고 그림을 그리듯 황토물을 땅 위에 흘려 보내며 오랜 시간 놀이 하였다.	
교사의 놀이 지원 실제	**편성 및 교수학습**
놀이를 하며 민지의 언어표현이 활발하게 이루어졌다. 색깔과 농도, 물의 흐름, 색깔이 변화하는 과정 등을 신나게 이야기하였다. 교사는 민지의 말을 잘 들어주고 놀라움과 즐거움을 표현하며 반응해 주었다.	상호작용 (정서적 지원하기)

출처 : 교육부 · 보건복지부(2019). 2019 개정 누리과정 놀이실행자료, p. 129.

3 교사의 발문방법

유아교육기관에서 교사는 영유아들과 하루일과 중 질문과 대답의 형태를 취하는 많은 언어적 상호작용을 한다. 이때 단순하게 묻고 답하는 형태의 질문은 진정한 상호작용이 일어나지 않으며 영유아의 사고를 확장시키기 어렵다. 그러므로 효과적인 발문을 통해 영유아의 사고를 자극해야 할 필요가 있다.

교사의 효과적인 발문은 영유아들로 하여금 학습과정에 적극적으로 참여하게 만들어 준다. 발문은 단어 자체에 의존하는 것이 아니라 억양, 단어 선택, 발문의 맥락, 효과성을 결정한다. 효과적인 발문을 경험한 영유아는 자신의 경험을 기초로 단순하게 생각할 수 있었던 것을 다양한 의미로, 새로운 이해로 재구성할 수 있는 능력을 갖추게 되며(Moran & Tegano, 2005), 창의성, 논리적 사고, 대인문제, 언어발달에 영향을 미친다. 그러므로 교사는 영유아의 흥미와 발달수준을 높일 수 있는 적절한 발문법을 사용하는 것이 중요하다.

1) 교사의 발문유형

교사의 발문형태는 폐쇄형 발문과 개방형 발문으로 구분할 수 있다.

폐쇄형 발문은 '예, 아니요' 또는 '개구리는 동물인가요? 곤충인가요?', '오늘 날씨가 좋아요? 안 좋아요?' 등으로 양자택일이나 단답형 대답을 요구하는 질문이다. 개방형 발문은 '왜, 언제, 무엇을' 등을 다양하게 활용한 발문으로 이런 유형의 발문은 논리적 · 창의적 사고를 할 수 있도록 돕는다.

〈표 7-1〉 발문유형

발문유형	정의	예
인지-기억적 발문	인식, 기억, 회상 등으로 사실, 공식과 같은 것을 단순하게 재생하도록 요구하는 발문	• 오늘 점심에 무엇을 먹었지? • 달은 어떤 모양이니? • 생일케이크를 만드는 데 무엇이 필요할까?
수렴적 발문	주어지거나 기억된 자료의 분석과 종합을 이루게 하며 설명, 결론, 도출 등과 같은 정신적인 활동을 자극하려는 발문	• 씨앗을 잘 자라게 하려면 무엇이 필요하니? • 요즘 같은 계절을 무엇이라고 하니?
확산적 발문	상상적이고 창의적인 대답을 불러일으키도록 하는 발문. 충분한 자료와 과제, 어떠한 규준화된 대답의 형태를 제공하지 않음	• 이 그림을 보면 어떤 생각이 드니? • 너희가 구름에 간다면 어떤 일이 생길까?
평가적 발문	개인적 의견, 판단, 느낌을 조사하도록 요구하는 발문	• 만약에 물이 없다면? • 이 그림을 함께 보려면 어떻게 해야 할까?
관찰적 발문	유아가 보고 들은 것을 지켜보도록 하는 발문	• 지난번에 심은 씨앗이 어떻게 되었니? • 바퀴를 굴리면 어떤 무늬가 찍히니?
설명	결과, 이유, 원인이 되는 상태를 기술하도록 요청하는 발문	• 너는 왜 이 차가 비행기보다 빨리 간다고 생각했니? • 너는 왜 번개가 무섭다고 생각했니?
행동하기	몸을 움직이거나 신체적인 과제를 수행하도록 요구하는 발문	• 구름처럼 날아보자. • 색종이의 끝을 맞추어서 접어보자.

출처 : 조부경 · 조성연 · 박수옥(1997). 교사의 질문유형에 따른 유아의 창의성에 관한 연구.

2) 효율적인 발문

교사는 대집단, 소집단으로 상호작용하는 과정에서 다음과 같이 효율적으로 발문을 하고 민감하게 반응하여 수용하여야 한다.

■ 구체적으로 발문하기

- 진술보다는 발문을 구체적으로 한다

진술은 말하고자 하는 것에 대해 자세하게 설명하는 것을 말한다. 영유아에게 일반적으로 잘 모르는 것을 전달하고자 할 때 교사는 진술을 많이 사용하게 된다. 교사는 너무 광범위하거나 단답형의 답이 있는 발문은 피하고, 생각을 하고 대답할 수 있는 발문을 사용한다.

- 다양한 발문을 고르게 사용한다

교사가 유아교육기관에서 확장형의 발문만을 할 수는 없다. 그러나 제한형의 질문만을 한다면 영유아의 사고가 제한되므로 영유아의 발달과 능력에 맞추어 확장형, 제한형의 발문을 적절히 사용하여 유의미한 학습이 이루어질 수 있도록 한다.

- 교사의 발문에 대한 영유아의 반응을 관찰하고 상호작용한다

교사는 분명한 목표와 명확한 의도를 가지고 발문을 해야 한다. 교사가 발문을 하였을 때 영유아가 의도하지 않은 반응을 하게 되면 일반적으로 교사는 그냥 넘어가거나 무시하거나 교사가 먼저 답을 말하는 경우가 있다. 그러나 교사는 의도하는 목표에 다다를 수 있도록 보조발문을 하거나 유아의 대답을 다양한 방향으로 탐색해 볼 수 있도록 해야 한다.

- 한 번에 한 가지 발문만 한다

영유아는 교사의 발문에 다양한 사고를 한다. 그렇기 때문에 여러 가지 발문을 하면 받아들이지 못하거나 받아들이는 것을 포기해 버리게 된다. 유아에게 발문을 할 때는 한 번에 한 가지 발문을 하되, 발문 후 3~5초 여유를 가지고 기다려 주어야 한다. 발문 후 기다려 주는 것은 응답내용의 확장과 상호작용의 빈도를 증가시킨다.

- 유아의 사고수준에 맞는 발문을 제시하며 서로 상호작용이 이루어지도록 한다

유아들의 상호작용 시간은 서로의 생각, 경험, 느낌, 지식을 나누고 모으는 사회적 · 창조적 과정이기 때문에 보다 능력 있는 협력자가 상대방의 과제수행 능력에 따라 도움을 조절해 가는 비계설정의 경험들이 이루어지는 시간이다. 그러므로 교사는 영유아의 언어발달 수준을 파악하고 다양한 사고를 촉진하는 발문을 하며, 영유아 상호 간에 상호작용이 이루어지도록 도움을 주어야 한다.

■ 민감하게 들어주기

- 유아가 말을 하고 있을 때 교사는 관심을 가지고 듣고 있다는 것을 언어적 · 비언어적으로 보여주어야 한다. '그렇게 생각했구나', '와 어떻게 그런 생각을 했니', '그래서 어떻게 되었니?' 등의 언어적인 상호작용과 눈 맞추기, 유아의 눈높이를 맞추어 듣기, 적절한 미소 짓기, 끄덕임 등 비언어적인 상호작용을 하여 수용적인 분위기를 만들어 주며 유아로 하여금 자신이 존중받고 있음을 느끼게 해야 한다.
- 유아가 손을 들거나, 자리에서 일어나기, 교사와 눈 마주치기, 중얼거림 등 유아가 말을 하려고 할 때 교사는 민감하게 반응하여 모든 유아들의 이야기에 귀 기울이고 있다는 것을 느끼게 하여 상호작용을 촉진해야 한다.

■ 질문 후 유아 반응에 대해 적절히 반응하기

- 교사의 질문 이후의 태도는 교사와 유아 간 상호작용을 결정짓기 때문에 중요하다. 정답이 나왔다고 하더라도 '맞아요', '딩동댕, 참 잘했어요'보다는 '잘 알고 있구나', '그렇게 생각하는구나', '어떻게 그런 생각을 했니?' 등으로 반응해 준다. 유아의 대답이 정답이 아니어도 수용하는 태도로 임해야 한다. "○○는 그렇게 생각하는구나. '나는 다르게 생각해요' 하는 사람 이야기해 보자"로 다양한 반응이 나올 수 있도록 해야 한다. 교사의 적절한 반응은 유아들의 반성적인 사고를 유도, 새로운 아이디어 유출, 어휘사용 확대, 언어 표현력 개선에 도움을 준다(Shaughnessy & Moore, 2006).
- 훌륭한 교사는 유아의 답을 이끌어 내는 과정의 불확실한 상황을 관리하고 조절할 수 있는 모델링이 되어야 한다. 주어진 수업에 대해 지식 전달에 급급하다 보면 유아들의 여러 상황의 질문과 태도를 무시하게 된다. 수업의 목표가 지식 전달이 아니라 더 넓게 유아들의 문제해결능력 및 고등사고 증진이라는 넓은 의미에서의 해석이 필요하다.

■ 영유아의 반응에 대한 교사의 언어적 상호작용

교사의 발문이 중요한 것처럼 영유아가 반응을 보일 때 교사의 언어적 상호작용 방법은 발문의 내용이나 방법만큼 중요하다. 영유아의 반응에 교사가 어떻게 상호작용하는가에 따라 영유아의 사고를 자극할 수 있기 때문이다. 다음은 유아의 질문이나 반응에 대한 교사의 효과적인 언어적 상호작용의 방법이다(전경원, 2000).

- **개방적인 발문을 한 후에 유아들이 즉각적으로 반응하지 않으면 어떻게 해야 하는가?**
  - 사고가 일어나기를 기다려 주며, 좀 더 다른 각도로 재질문을 한다.
- **교사의 발문에 대해 첫 번째 유아가 옳은 답을 했을 때 그 반응을 바로 받아들이는 것이 좋은가?**
  - 다른 유아의 반응을 들어본다.
  - 먼저 말한 답에 대해 다른 유아들은 어떻게 생각하는지 재질문한다.

- 그와 관련된 발문을 하여 다른 형태로 탐색하도록 유아들을 격려한다.

- **교사가 발문을 한 후에는 어떤 모습을 보여야 하는가?**
  - 칭찬하고 수용하며 격려한다.
  - 유아와 유아 간의 상호작용을 격려한다.
- **유아가 수업시간에 엉뚱한 질문과 반응을 한다면 어떻게 대처해야 하는가?**
  - 교사는 창의적인 사고를 유도할 수 있는 재발문을 통해 유아들의 창의적 사고를 자극한다.

4 그림책 읽기에서의 효과적인 상호작용 전략

그림책 읽기는 그림책이라는 매체를 통해 영유아와 교사가 상호작용을 이루는 활동이다. 영유아는 그림책의 그림만으로는 내용을 완전히 읽어내지 못하고, 그림과 누군가 읽어주는 이야기를 동시에 접하면서 내용을 이해하게 된다. 즉, 교사가 들려주는 이야기를 귀로 들으면서 그림을 보고 언어의 이미지화에 의존하여 언어의 세계로 들어가게 되는 것이다. 따라서 영유아에게 있어서 교사가 그림책을 어떻게 제시해 주며 읽어주느냐는 그림책을 이해하고 바라보는 관점에 있어서 중요하다고 할 수 있다.

교사와 영유아의 상호작용은 영유아의 현재 발달수준과 관련이 있으며 월령과 상황에 따라 다르게 나타난다. 즉, 월령이 낮을수록 설명(지시, 명명하기) → 영아 반응 → 피드백 형태를 띠며, 월령이 증가할수록 질문하기 → 영유아 반응 → 피드백의 형태로 나타난다. 스노우(Snow, 1983)는 성인들이 영유아와 상호작용을 할 때 영유아의 발달능력에 따라 상호작용 방법도 바뀌어야 한다고 주장하고 있다. 영유아의 언어구사에 부족함이 보인다고 해서 직접적으로 도와주는 것보다는 반응적이고, 긍정적으로 피드백을 하는 것이 중요하다. 또한 설명을 통해 정보를 주고, 영유아에게 선택권을 주는 적절한 질문은 영유아가 그림책과 긍정적인 상호작용을 할 수 있도록 도움을 준다.

1) 영아에게 그림책을 읽어줄 때 사용하는 상호작용 전략은?

① 주의환기 전략

영아의 연령이 낮을수록 한 가지에 집중하기 어렵기 때문에 성인은 주의환기 전략을 사용하여 그림책 읽기에 영아가 계속해서 집중할 수 있도록 도와주어야 한다. 주의환기 전략은 그림책이나 그림책의 특정 면에 관심을 갖게 하기 위하여 영아의 주의를 끌기 위해 사용하는 말과 행동으로 영아의 참여를 증대시키는 데 유용한 전략이며, 이러한 전략은 영아의 연령이 증가되면서 점차 감소된다(Ninio & Bruner, 1978; Senechal et al., 1995).

특성	예(『사과가 쿵』)
• 언어 환기 : 언어로 영아의 주의 끌기	• 와! 이것 좀 봐봐.
• 신체적 환기 : 신체적 표현으로 영아의 주의 끌기	• 사과가 쿵(손뼉을 치며) 하고 떨어졌대.
• 운율적 환기 : 노래, 리듬 같은 운율적 표현으로 영아의 주의 끌기	• 사각~ 사각~ 사각(운율을 포함하여 읽어준다)

출처 : 서정숙 · 남 규(2010). 유아문학교육, p. 239 재구성.

② 설명하기

설명하기는 그림책에 나와 있는 인물, 사물 등의 대상 명명하기, 사전 경험과의 연결하기, 추론하기, 예측하기 등을 포함한다. 그림책은 그림과 내용이 유기적으로 구성되어 있기 때문에 그림책을 들려줄 때 설명하기 방법을 사용하여 그림책에 관심을 가질 수 있도록 돕는다.

특성	예(『사과가 쿵』)
• 명명하기 : 책의 그림에 있는 사물이나 대상의 이름 지어 붙이기	• 이건 두더지야.
• 묘사하기 : 책의 그림에 대해 기술하기	• 두더지가 사과를 야금야금 먹고 있구나.
• 사전 경험과 연결 : 책의 내용을 영아 또는 교사의 사전 생활경험과 연결하기	• 우리도 그때 간식으로 사과를 먹어봤지?
• 추론, 예측 : 책 이야기에 나타나지 않은 동기, 원인, 관련성을 추론하여 예측하기	• 악어가 배가 고팠나봐, 이렇게 많이 먹었네.

출처 : 서정숙 · 남 규(2010). 유아문학교육, p. 239 재구성.

③ 발문하기

교사는 그림책 읽기 효과를 극대화하기 위하여 인지적으로 자극을 주는 개방적 질문이나 추론적 질문, 사전 경험과의 연결을 위한 질문 등과 같이 영유아로부터 반응을 요구하는 발문을 한다. 수준 높은 발문은 영유아의 대화를 즉각적으로 불러일으키는 촉진적인 역할을 하며, 영유아로부터 정교한 언어적 반응을 하도록 하여 긴 발화를 이끌어 낸다고 한다(Dickinson & Smith, 1994; Hoff-Ginsberg, 1991; Snow, 1983).

특성	예(『사과가 쿵』)
• '무엇' 질문 : 사물의 속성이나 이름을 묻기	• 이게 무슨 색이야?
• '어디' 질문 : 장소에 대해 묻기	• 동물들은 어디 있어?
• '누구' 질문 : 대상에 대해 묻기	• 여기 누가 있어?
• '왜' 질문 : 이유에 대해 묻기	• 토끼는 왜 이렇게 웃고 있을까?
• '어떻게' 질문 : 방법에 대해 묻기	• 여기로 어떻게 들어갔을까?
• '기능/ 행동' 질문 : 사물의 기능이나 사람의 행동에 대해 묻기	• 두더지가 지금 뭐하고 있는 걸까?

출처 : 서정숙 · 남 규(2010). 유아문학교육, p. 239 재구성.

④ 적절한 피드백

피드백은 영유아의 말이나 영아의 질문에 대한 성인의 반응이다. 다음과 같은 다양한 피드백은 영유아의 다양한 반응을 이끌어 낼 수 있다.

특성	예(『사과가 쿵』)
• 칭찬하기 : 영아의 언어와 행동 표현 칭찬	• 와, 토끼처럼 사과를 냠냠냠 소리를 내며 먹고 있구나.
• 확인하기 : 영아의 언어와 행동 표현 확인	• 다람쥐라고 했니?
• 따라 하기 : 영아의 언어와 행동 표현 따라 하기	• 아, 다람쥐라고 생각하는구나.
• 교정하기 : 영아의 언어와 행동 표현 교정	• 이것은 다람쥐가 아니라 두더지라고 불러.
• 확장하기 : 영아의 언어와 행동 표현 확장	• 두더지는 땅속에서 살아.

출처 : 서정숙 · 남 규(2010). 유아문학교육. p. 239 재구성.

2) 영유아에게 그림책을 읽어줄 때 상호작용하는 방식은?

또한 연구자들은 부모나 양육자(한유진, 2000; DeTemple, 2001; DeTemple & Tabors, 1994) 그리고 교사들(남 규 · 이지현, 2009; Dickinson & Smith, 1994)이 영유아에게 특정한 방식으로 상호작용하여 그림책을 읽어준다는 사실을 발견하고 이를 교수적 상호작용, 확산적 상호작용, 소극적 상호작용으로 구분하였다. 상호작용에서는 확산적 상호작용이 영유아의 언어발달을 촉진시킨다는 연구결과가 있는 것으로 보아 확산적 상호작용을 장려하는 것이 좋다.

① 교수적 상호작용

교사가 영유아에게 그림책을 읽어줄 때 본문에서의 삽화나 단어에 중점을 두고 지적하거나 설명하며, '예, 아니요' 질문이나 분류행위를 하는 상호작용이다.

특성	예(『비가 오는 날에』)
• 사물의 이름 명명하기와 단순질문하기 • 영아의 이해도를 자주 확인하기 • 예, 아니요의 대답이 나오는 질문이나 반복적으로 질문하기 • 그때그때의 장면과 관련된 질문과 설명하기 • 영아들의 관심이 그림에 가도록 그림을 지적하기 • 사물의 수세기, 분류, 색깔에 대한 질문과 설명하기 • 책을 읽어줄 때 나오는 단어, 삽화에 중점을 두며 이야기를 하기	• 호랑이는 무엇을 하고 있다고 했어? • 비가 많이 와? 조금 와? • 모두 몇 마리일까? • (그림을 지적하며) 어떤 색이야? • 이게 어떤 동물이지?

출처 : 남 규 · 이지현(2009). 교사의 그림책 읽기 상호작용 유형에 따른 영아의 언어발달 비교, p. 262 재구성.

② 확산적 상호작용

교사가 그림책을 읽어가는 과정 동안 본문이나 삽화를 통하여 영유아 개인의 경험, 예측, 설명, 추론을 이끌어 내거나 생각해 볼 수 있도록 하며, 영유아의 경험과 관심을 기초로 그림책 내용에 대한 반응을 확장하도록 자극하고 지원하는 상호작용이다.

특성	예(『비가 오는 날에』)
• 내용을 예측하는 질문 • 앞에 나온 내용 회상 • 행동의 이유에 대한 분석 • 본문을 바탕으로 개인의 이야기 끌어내기	• (앞표지를 보여주며) 어떤 이야기가 숨어 있을까? • 비가 이렇게 많이 오는데 아빠는 무얼 할까? • 왜 나비가 살살 걸어서 갔을까? • 이런 비 본 적 있니?, ○○는 이렇게 비가 많이 올 때 무엇을 했어?
• 영유아의 생활과 연결시켜 주는 질문 • 책의 단어에 대한 질문과 설명해 주기 • 영유아들의 반응에 적절한 피드백해 주기	• 이건 뭘까? 다리도 많고 이렇게 꿈틀꿈틀 기어 다니는 것. 이것은 애벌레라고 해. 애벌레 본 적 있니? • (영유아의 반응에 대한 피드백) ○○는 재미있는 생각을 했구나. • (영유아의 질문에 대한 피드백) 정말 왜 이렇게 되었을까?

출처 : 남 규 · 이지현(2009). 교사의 그림책 읽기 상호작용 유형에 따른 영아의 언어발달 비교, p. 262 재구성.

③ 소극적 상호작용

그림책을 읽어주는 과정에서 어떠한 추가적인 설명이나 질문을 하지 않고 곧장 읽어나가는 상호작용이다.

특성	예(『비가 오는 날에』)
• 본문에 있는 그대로 읽어주기 • 어떠한 추가적인 설명이나 질문을 하지 않고 곧장 읽어 나가기	• 제목은 ○○이야. 잘 들어보자.

출처 : 남 규 · 이지현(2009). 교사의 그림책 읽기 상호작용 유형에 따른 영아의 언어발달 비교, p. 262 재구성.

생각해 보기

1. 다음의 목표를 보고 다양한 상호작용 전략을 활용하여 발문을 4가지 이상 적어봅시다.

> 1. 주제 : 여름
> 2. 활동명 : 가을 날씨의 변화를 알아보아요.
> 3. 연령 : 만 5세
> 4. 목표
>   – 여름 날씨의 특징과 변화에 관심을 가진다.
>   – 여름에 대해 자신의 생각과 느낌을 바른 태도로 말한다.
> 5. 발문

2. 그림책 한 권을 정하여 상호작용 전략을 사용하여 발문 목록을 만들어 봅시다.

영 · 유 · 아 · 언 · 어 · 지 · 도

Chapter 08

언어교육·보육과정

학/습/목/표

1. 2024 개정 표준보육과정, 2019 개정 누리과정의 의사소통 영역의 목표와 내용에 대해 설명할 수 있다.
2. 2024 개정 표준보육과정, 2019 개정 누리과정의 의사소통 영역의 내용체계를 파악하여 계획안 구성에 적용할 수 있다.

우리나라 국가수준의 보육 · 교육과정은 표준보육과정과 2019 개정 누리과정으로 구성되어 있다. 표준보육과정은 다시 0~1세 표준보육과정, 2세 표준보육과정으로 구성된다. 이 장에서는 개정된 누리과정(2019년)과 표준보육과정(2020년)에서 의사소통 영역의 교육목표, 교육내용을 살펴보고자 한다.

1 2024 개정 표준보육과정(0~2세)(2024년 고시)

2024 개정 표준보육과정(0~2세) 개정안은 영아의 어린 학습자로서 자기주도성과 놀이를 통한 배움을 강조하고, 현장의 다양성과 자율성을 추구하는 누리과정과의 연계를 강화하여, 영아가 개인의 발달과 특성에 따라 맞춤형으로 교육 · 보육을 받을 수 있도록 구성되었다.[1] 2024 개정 표준보육과정(0~2세)의 의사소통 영역 목표 및 세부 내용을 살펴보면 다음과 같다.

1) 목표

일상생활에서 의사소통 능력을 기른다.

1) 일상생활에서 듣기와 말하기를 즐긴다.

1) 교육부(2025). 2024 개정 표준보육과정(0~2세) 해설서.

2) 읽기와 쓰기에 관심을 가진다.

3) 책과 이야기에 재미를 느낀다.

2) 내용

내용범주	내 용	
	0~1세	2세
듣기와 말하기	표정, 몸짓, 말과 주변의 소리에 주의를 기울인다.	표정, 몸짓, 말에 주의를 기울여 듣는다.
	상대방의 이야기를 들으면서 말소리를 낸다.	상대방의 이야기를 듣고 말한다.
	표정, 몸짓, 말소리로 의사를 표현한다.	자신의 요구와 느낌을 말한다.
읽기와 쓰기에 관심 가지기	주변의 그림과 상징에 관심을 가진다.	
	끼적이기에 관심을 가진다.	끼적이며 표현하기를 즐긴다.
책과 이야기 즐기기	책에 관심을 가진다.	책에 관심을 가지고 상상한다.
	말놀이와 이야기에 재미를 느낀다.	

2 2019 개정 누리과정(2019년 고시)

2019 개정 누리과정은 국정과제 '학생중심의 교육과정 개편' 정부혁신의 일환으로 '유아교육 혁신방안(2017. 12)'에서 제시한 '유아 · 놀이중심 교육과정 개편'으로 미래 핵심 역량을 반영한 교육과정(교육부 · 보건복지부 · 육아정책연구소 보도자료, 2019. 7. 19)[2)]이다. 개정 누리과정의 의사소통 영역 목표 및 세부 내용을 살펴보면 다음과 같다.

2) 교육부 · 보건복지부 · 육아정책연구소 보도자료(2019. 7. 19). 2019 개정 누리과정 확정 · 발표 – 유아가 중심이 되고 놀이가 살아나는 3~5세 공통 교육과정.

1) 목표

일상생활에 필요한 의사소통 능력과 상상력을 기른다.

① 일상생활에서 듣고 말하기를 즐긴다.

② 읽기와 쓰기에 관심을 가진다.

③ 책이나 이야기를 통해 상상하기를 즐긴다.

2) 내용

내용범주	내 용
듣기와 말하기	말이나 이야기를 관심 있게 듣는다.
	자신의 경험, 느낌, 생각을 말한다.
	상황에 적절한 단어를 사용하여 말한다.
	상대방이 하는 이야기를 듣고 관련해서 말한다.
	바른 태도로 듣고 말한다.
	고운 말을 사용한다.
읽기와 쓰기에 관심 가지기	말과 글의 관계에 관심을 가진다.
	주변의 상징, 글자 등의 읽기에 관심을 가진다.
	자신의 생각을 글자와 비슷한 형태로 표현한다.
책과 이야기 즐기기	책에 관심을 가지고 상상하기를 즐긴다.
	동화, 동시에서 말의 재미를 느낀다.
	말놀이와 이야기 짓기를 즐긴다.

생각해 보기

1. 3~5세 연령별 누리과정 '의사소통 영역'의 세부내용과 관련된 내용을 언어지도의 실제(유아편)에서 찾아 목록을 만들어 봅시다.

2. 0~1세 표준보육과정, 2세 표준보육과정 '의사소통 영역'의 내용을 보고 교사의 지원을 적어봅시다.

Chapter 09

언어발달을 지원하기 위한 환경

1. 가정의 언어환경 | 2. 영유아교육기관의 언어환경

학/습/목/표

1. 영유아 언어발달을 지원하기 위한 환경에 대해 설명할 수 있다.
2. 영유아 언어발달 지원을 위한 언어환경을 실제에 적용할 수 있다.

1 가정의 언어환경

영유아의 문해 관련 경험은 자연스러운 생활의 일부이기 때문에 일상생활 속에서 무의식적으로 이루어진다. 가정에서의 문해환경은 영유아의 문해 발달과 성장에 중요한 역할을 하며 문해의 의미와 사용 목적을 인식하게 해준다. 또한 부모의 모델링과 영유아와 함께 그림책 읽기의 상호작용 등은 문해습득에 중요한 역할을 한다. 가정에서의 영유아 문해습득에 중요한 역할을 할 수 있는 전략을 살펴보면 다음과 같다.

(1) 다양한 환경문자와 인쇄물 활용

문해능력을 학습하기 위해서 영유아는 인쇄된 글자들의 많은 양을 볼 수 있어야 하며, 쉽게 책을 접할 수 있어야 한다. 모든 영유아는 수많은 환경문자들에 둘러싸여 있다. 예를 들어, 상품 이름(코카콜라, 새우깡 등), 식당 간판(맥도날드, 피자헛 등)을 접할 수 있다. 그러므로 가정에서는 유아와 함께 환경문자를 통해 자연스럽게 문자를 익힐 수 있도록 도와야 한다.

(2) 문해행동에 대한 부모의 모델링

영유아는 일상생활에서 부모, 성인, 또래, 형제자매들이 환경문자들을 자연스럽게 사용하는 것을 볼 수 있다. 영유아의 가족구성원이 다양한 목적(쇼핑목록 쓰기, 텔레비전 프로그램 편성표 보기, 서로에게 메모 쓰기 등)으로 환경문자를 사용한다면 문자언어의 실제적인 쓰임에 관해 간접적으로 학습할 수 있다. 또한 부모들이 책 읽는 것을 즐기는 좋은 모델링을 보인다면 자녀들도 책 읽기를 좋아하게 될 것이다.

(3) 읽기를 격려하는 부모

읽기를 일찍 시작한 영유아에게는 문해활동을 지지하는 부모가 있다. 부모는 영유아에게 읽기, 쓰기를 직접적으로 가르치지 않고, 다음과 같이 지지함으로써 영유아의 문해능력이 발달하도록 지원할 수 있다.

- 환경 속에서 글자와 단어들을 가리키기
  예 과자 봉지를 보면서 "너의 이름에 있는 '오'자가 여기에도 들어 있네."
- 이야기책 자주 읽기
- 지역 도서관을 규칙적으로 방문하기
- 가게, 공원, 박물관 같은 곳에서 다양한 경험을 제공하기

(4) 놀이를 통한 자발적인 문해활동 조성

영유아에게는 초기 문해 읽기, 쓰기 활동에 참여할 수 있는 적합한 문해자료들과 기회가 필요하다. 문해에 대한 독립적인 참여는 놀이와 연계해서 일어나는데, 읽기를 흉내 내는 놀이는 영유아의 초기 문해 습득을 촉진시키는 가장 중요한 요소이다. 예를 들어, 병원놀이를 할 때 '처방전'이라고 쓰여진 글자를 보고 자연스럽게 스스로 읽어볼 수 있으며 처방전에 '주사 1대'와 같이 써보는 기회를 제공할 수 있다.

(5) 상호작용하면서 그림책 읽기

그림책을 읽는 동안 부모들은 영유아에게 숙련된 좋은 읽기 모델을 제공하기 때문에 책 읽기에 대한 긍정적인 태도를 형성할 수 있도록 도울 수 있다. 즉, 영유아는 부모가 책을 다루는 방법을 보게 되고, 소리 내서 읽을 때 구별되는 억양을 듣게 된다. 때로는 부모들은 그림책 읽는 도중에 영유아에게 그림에 관심을 집중하도록 하면서 사물의 이름을 말해볼 수 있도록 할 수 있다.

2 영유아교육기관의 언어환경

1) 교실의 물리적 환경

(1) 환경문자(EP : Environmental Print)

영유아는 가정과 이웃에서 과자 봉지, 음료수 캔, 거리 표지판, 식당의 메뉴판에 있는 이름들과 같이 실생활에서 기능을 하는 환경문자들에 둘러싸여 있다. 이러한 형태의 프린트를 환경문자라고 한다. 환경문자는 매우 의미 있고, 읽기 쉽기 때문에 모든 영유아교육기관의 교실에서 사용할 수 있다. 교실에서 활용할 수 있는 전략은 다음과 같다.

〈표 9-1〉 교실에서 활용할 수 있는 환경문자 전략

- 게시판
  "내가 읽을 수 있는 글자"라고 적힌 게시판이다. 예를 들어, '초코파이' 과자박스에 있는 '초코파이' 글자를 보고 영유아가 스스로 읽을 수 있는 글자를 오려서 게시판에 붙이는 활동이다. 나중에 영유아들은 게시판에 붙어 있는 문자들에 대해 설명도 가능하다.

• **자모음 도표**
교실에 자모음의 첫 글자로 시작하는 도표를 만들어 놓고, 매일 영유아가 읽을 수 있는 글자를 가져와 해당하는 페이지에 붙이는 것이다. 예를 들어, 새우깡이라는 이름은 'ㅅ'이 쓰여 있는 페이지에 붙이며, 도표가 모두 채워지면 책으로 만든다.

• **책 만들기**
영유아들이 피자책을 만들기 위해 피자광고의 로고, 쿠폰, 피자 배달박스에 있는 글자와 그림들을 붙인다. 뿐만 아니라 피자책 앞표지도 꾸밀 수 있다. 완성된 책은 도서영역에 놓아두고 다른 친구들이 볼 수 있도록 한다.

• **견학활동 중 환경문자 찾아보기**
유아교육기관 근처를 견학하면서 환경문자를 발견할 수 있다. 견학을 하기 전에 무엇을 볼 수 있을지 이야기를 나눈다. 만약 근처 마트를 견학한다면 '상품표지판', '특가상품', '1+1' 등의 환경문자를 발견하고 가리키는 활동을 해볼 수도 있다. 견학을 다녀온 후에는 산책을 하면서 읽을 수 있었던 글자들을 끼적거려 본다거나 써볼 수 있다. 그림들을 책으로 묶어서 영유아들과 같이 읽어본다.

• **역할놀이**
과자박스, 우유갑 등을 역할놀이 영역에서 사용할 수 있다. 교사는 놀이와 관련된 인쇄된 글자(프린트)에 주의를 기울일 수 있도록 그림으로 그려보도록 할 수도 있다.

(2) 기능적 문자(Functional Print)

교실 밖의 상황에서 발견되는 환경문자와 달리 기능적 문자는 매일의 교실 활동과 관련이 있으며, 인쇄된 글자의 기능과 구조에 대해 학습하게 된다. 교실에서 볼 수 있는 기능적 문자의 형태들은 다음과 같다.

〈표 9-2〉 교실에서 볼 수 있는 기능적 문자의 형태들

• **이름표 만들기** 도우미 목걸이와 같이 애완동물에 먹이주기, 줄 세우기 도우미 이름표를 만들 수 있다.	

- **출석카드**
  영유아의 이름표 주머니에 영유아의 사진을 넣을 수 있도록 출석카드를 만들 수 있다. 영유아가 출석하면서 게시판에 있는 자신의 이름카드를 찾는다.

- **규칙 및 약속 지키기**
  컴퓨터나 카세트와 같은 기기의 사용방법을 붙여놓을 수 있다. 또한 교실에서 영유아들이 지켜야 할 규칙들을 적어서 게시하거나 요리활동 순서표도 활용할 수 있다.

- **하루일과표**
  하루일과표는 영유아가 교실에서 다음 활동을 예상할 수 있도록 제시되는 것이다. 하루일과를 기억하도록 돕기 위해 그림을 함께 사용할 수 있다.

- **달력 만들기**
  영유아들의 생일파티, 특별한 행사 등이 표시된 달력을 게시할 수 있다. 교사는 행사일까지 며칠이 남았는지를 확인하고 영유아에게 중요한 일들을 기록할 수 있도록 격려한다.

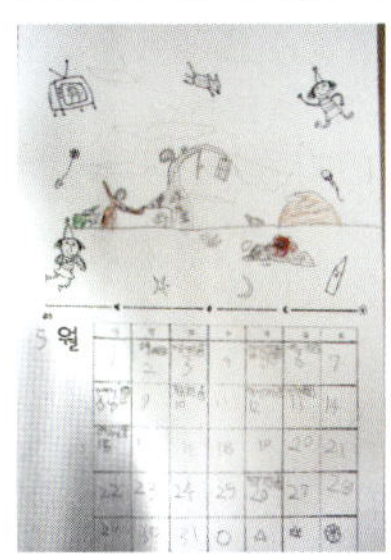

- **언어 전달하기**
  영유아교육현장에서 언어전달을 위한 활동을 할 수 있다. “갯지렁이는 오염된 물을 정화시켜요”라는 언어전달 내용을 게시한다.

2) 교실의 영역별 환경

(1) 0~2세 영아를 위한 환경

영아를 위한 교실환경에서 가장 우선적으로 고려해야 할 점은 편안하고 안정된 언어환경을 구성하는 것이다. 언어영역은 듣기, 말하기, 읽기, 쓰기 영역을 통합적으로 운영하는 것이 바람직하다. 언어영역은 햇빛이 잘 들고 조용한 곳에 위치해야 하며 바닥에 낮은 책상이나 소파를 놓아주고 카펫을 깔아주며 영아들이 편안한 자세로 활동을 할 수 있도록 한다. 또한 편안한 쿠션, 귀여운 캐릭터 인형들, 모빌 등을 비치해 주며, 감각운동기에 적합한 다양한 그림책, 즉 다양한 재질로 만든 헝겊책, 소리 나는 그림책을 비치해 두며, 기본생활습관 형성에 도움이 되는 책, 스토리가 있는 그림책 등을 구비해 준다. 영아를 대상으로 한 그림책을 정리할 책장도 준비해 주는 것이 좋다. 또한 다양한 감각을 자극하여 말하기를 유도할 수 있는 손인형을 준비해 주도록 한다.

(2) 유아를 위한 환경

유아의 언어발달을 위한 환경구성은 다양한 영역으로 구성하는 것이 좋다. 언어영역은 말하기, 듣기, 읽기, 쓰기 영역을 각각 통합적으로 구성하는 것이 바람직하다. 우선 언어영역 환경구성을 살펴보고 그 외 영역에 대해 살펴보도록 한다.

① 언어영역

■ 말하기영역

- 교실 전체에 걸쳐 교사-유아, 유아-유아 간의 말하기가 가능하다. 그러므로 교사는 자발적인 말하기가 일어날 수 있도록 언어영역에서 인형극 틀,

다양한 손인형, 융판 또는 TV 동화 자료를 준비해 주어 유아들의 자발적인 분위기를 수용하고 격려하며, 편안한 분위기에서 언어를 사용할 수 있도록 한다.

■ 듣기영역

- 유아가 직접 작동하여 듣기 활동을 할 수 있도록 녹음기, 헤드폰을 준비해 주며, 교사의 목소리가 녹음된 동시, 동화 CD나 주제에 따라 친구 목소리, 동물 소리, 자연의 소리 등을 비치해 주어 다양한 듣기 활동이 이루어지도록 한다.

■ 읽기영역

- 읽기영역은 유아 혼자 또는 친구들과 함께 그림책을 공유하며 읽을 수 있는 공간이다. 그러므로 유아들이 마음 놓고 편안하게 책을 읽을 수 있도록 영역을 꾸며주며, 주제와 관련된 다양한 책을 준비해 주도록 한다.

■ 쓰기영역

- 교실 전체가 쓰기영역의 공간이 될 수 있도록 다양한 쓰기도구(색연필, 연필, 사인펜, 다양한 종이)를 곳곳에 비치해 주는 것이 필요하다. 쓰기영역은 쓰기도구 외에 책상을 비치해 주어, 주제에 따라 사전 만들기, 책 만들기, 그림책을 읽고 주인공에게 편지 써보기, 뒷이야기 지어보기, 동시 지어보기 등을 할 수 있도록 환경을 구성해 주도록 한다. 또한 유아들이 쓰기활동을 한 결과물을 다른 친구들과 공유할 수 있도록 게시해 줄 수 있다.

■ **언어영역을 활성화시킬 수 있도록 하는 방법은?**

- **독립된 공간 마련** : 스크린, 커다란 식물(화분), 교실의 다른 영역과 구분될 수 있는 다양한 가리개들(교구장, 미술게시판 등)은 유아에게 책을 읽을 수 있도록 개인적인 공간을 제공한다.
- **충분한 공간 확보** : 도서영역에 한 번에 들어갈 수 있는 인원은 최소한 5~6명으로, 유아가 여유로운 분위기에서 책을 읽을 수 있는 공간으로 구성되어 있어야 한다.
- **편안하고 안락한 가구** : 부드러운 카펫, 의자, 오래된 소파 등 읽기에 편안하고 안락한 환경은 유아들에게 책을 더 흥미롭게 볼 수 있는 동기를 제공한다.
- **책장** : 책의 표지가 보일 수 있도록 진열할 수 있는 책장이 바람직하다.
- **책과 관련된 다양한 인형, 읽기를 촉진시킬 수 있는 다양한 활동물** : 포스터들, 손 인형, 이야기의 주인공들을 설명할 수 있도록 오려 붙일 수 있는 활동은 유아가 읽기에 몰입하도록 하고 재미있는 이야기를 만들 수 있도록 동기를 유발할 수 있다.

참고) 유아를 위한 교실 언어영역에 쓰기활동을 위해 비치해 둘 재료

- **다른 종류의 종이** : 줄이 그어진 테마 종이, 선이 없는 종이 뭉치, 특정한 주제에 관해 쓸 수 있도록 하는 다른 모양으로 잘라진 종이, 동물 주제 시 동물 모양 종이, 문방용품과 봉투들, 카드들, 포스트잇
- **다양한 쓰기도구** : 4B연필, 색연필, 사인펜, 크레용, 유아용 컴퓨터 등
- 개별 영유아의 쓰기결과물을 보관할 수 있는 바구니
- 영유아들의 쓰기결과물, 다른 형태의 쓰기활동 예시와 같은 목록들을 전시하기 위한 게시판, 쓰기와 관련된 메시지(우리 반 오늘 도우미 등)
- 친구들이 쓰기활동에 참여한 게시물
- 각종 편지 바구니들(개별 유아당, 원장, 교사, 다른 사람들에게 기록하고 편지 쓸 수 있는 바구니)
- 자모음의 형태와 소리에 대한 지식과 관련된 시도를 할 수 있도록 영유아가 즉석에서 이용 가능한 자모음 글자, 스티커
- 특별한 단어카드(주제와 관련된 단어 모음, 또래들 이름 모음, 일상적인 단어들…)

② 그 외 영역

교실의 모든 영역은 유아들이 문해를 배우기에 적절한 환경이어야 한다. 과학영역에서는 자라나고 있는 식물을 관찰하고 관찰한 내용을 그림으로 그려볼 수도 있고 써볼 수도 있다. 역할영역에서는 역할놀이를 할 때 필요한 소품을 만들

면서 무언가를 쓸 수 있다. 이 장에서는 대표적으로 역할영역에서의 문해활동, 교실 도서영역에서의 도서 대여에 대해 살펴보도록 하겠다.

■ 역할영역

역할놀이 영역은 교실에서 읽기, 쓰기와 관련된 상호작용이 일어나는 의미 있는 맥락을 제공할 수 있는 영역이다(Roskos & Christie, 2000, 2004; Yaden, Rowe, & MacGillivary, 2000). 역할놀이는 다양한 언어기술들과 개념들을 학습할 기회를 제공한다. 따라서 교사는 역할영역에 문해에 관련된 자료들을 폭넓게 제공해야 한다. 역할놀이 주제와 관련된 읽기와 쓰기 자료들을 준비해 준다. 만약 역할놀이 주제가 '미용실'이라면 다음과 같은 문해활동을 할 수 있다.

미용실 간판 만들기

안내판(계산대, 네일아트…)

가격표(파마, 염색, 매니큐어, 커트…)

헤어스타일 책(어떤 머리 모양 하실래요?)

쿠폰북(미용실에 몇 번 왔을까요?)

| 그림 9-1 | 역할놀이에서의 문해활동의 예(미용실 놀이)

〈표 9-3〉 주제에 따른 역할놀이 영역에 필요한 문해자료

부엌	동물병원
• 연필, 펜, 다양한 쓰기도구 • 공책 • 포스트잇 • 전화기록부 • 전화 메모판 • 유아용 책 • 잡지들, 신문 • 요리책 • 유아가 집에서 가져온 물건들을 담아둔 상자 • 광고성 전단지	• 연필, 펜, 다양한 쓰기도구 • 예약차트 • 접수하는 곳 표시 • 애완동물 이름이 부착된 라벨 • 환자 차트 • 처방전 • 대기실의 잡지
식당	**병원**
• 다양한 펜 • 주문서 • 메뉴 • 계산대 표시판 • 신용카드, 돈 • 메뉴판 • 원산지 표시	• 연필, 펜, 다양한 쓰기도구 • 처방전, 약봉지 • 대기실 표지판 • 고장난 컴퓨터, 노트북 • 다양한 가루약(분유), 알약(알 초코릿) • 줄 서는 곳 표시
탈것(지하철, 버스)	**도서관**
• 연필, 펜, 다양한 쓰기도구 • 버스카드 충전표시 • 버스카드, 전철표 • 수화물 표시 • 지하철 노선표, 버스 노선표 • 표시판("다음 정거장은") • 환승방법 안내도	• 도서 • 도서 분류 표시 • 안내표지판 • 도서 대여카드 • 도서 반납카드

■ 영유아교육기관에서의 도서 대여

교사는 모든 영유아가 교실에서 책을 대여할 수 있는 환경을 조성함으로써 가정에서 질 좋은 독서경험을 할 수 있다. 교실에 마련된 도서대여 영역은 매일 한

권 또는 그 이상의 책을 대여하도록 하는 것이 좋다. 이러한 활동은 가정에서도 부모들이 자녀들과 함께 책을 읽을 수 있도록 하는 계기가 된다.

최근 영유아교육현장에서 도서 대여 프로그램을 실시하고 있는 기관이 늘고 있다. 효율적인 도서 대여 프로그램이 되기 위해서는 사전 준비부터 사후 활동까지 철저한 계획이 필요하다. 사전 활동, 도서 대여 활동, 사후 활동에 대해 소개하면 다음과 같다.

〈사전 활동〉

도서 대여 활동을 전개하기 전에 반드시 해야 할 활동 중 한 가지는 인근 도서관을 방문해 보는 것이다. 지역사회에 위치한 도서관을 방문하여 다음의 사항들을 확인할 수 있다.

- 다양한 종류의 책들이 분류되어 있는 방식
- 다양한 종류의 책들의 목록
- 도서 대출 방법
- 도서 반납 방법
- 도서 대출 시 유의사항(기일 내 반납, 책 분실 및 파손 주의 등)
- 추천도서 목록 확인
- 교실 컴퓨터 영역에 도서관 사이트 개방하기(예 국립 어린이 청소년 도서관 – www.nlcy.go.kr)

이러한 사전 활동을 통해 각 교실에서 효율적인 도서 대여 프로그램 운영 방안에 대해 영유아들과 토론하는 시간을 가지는 것이 필요하다.

- 빌려갈 수 있는 책과 교실에서 볼 수 있는 책들은 어떻게 구분할 수 있을까?
- 우리 교실 어디에 도서 대여 영역을 마련할까?

- 도서 대여 시작시기는 언제가 적절할까?
- 우리가 지켜야 할 약속은 무엇일까?
- 도서 대여를 위해 준비해야 할 사항은 무엇일까?

〈도서 대여 활동〉

한 명의 영유아가 한 주에 한 권 또는 두세 권의 책을 빌려갈 수 있다. 이때 빌려갈 수 있는 책의 권수에 제한을 두지 않고 영유아들 개인 속도에 맞추어 책을 대여하고 반납할 수 있도록 한다. 유아교육기관에 비치되어 있는 전체 도서를 대여할 수도 있고 각 반별 도서 영역에 비치된 도서를 대여할 수도 있다.

구체적인 활동방법의 예는 다음과 같다.

- **준비물** : 책을 대여할 수 있는 가방, 도서대출증, 확인도장

- 영유아들이 아침에 등원하면 도서가방에서 대여한 그림책과 도서대출증 꺼내기
- 반납했다는 확인도장 찍기
- 영유아들은 책을 다시 책꽂이에 꽂고 읽고 싶은 책 선택하기
- 평가시간 가지기
- 빌려간 책 중에 영유아들이 뽑은 가장 재미있는 책들을 선정해 보기

〈사후 활동〉

영유아들이 책을 빌려가서 읽은 후에 다양한 사후 활동을 경험하는 것은 책에 대한 이해도를 더욱 높일 수 있다.

- **이야기 나누기** : 영유아들이 빌려간 책 중에 '가장 재미있는 책'으로 선정된 책을 교사와 함께 등장인물, 사건, 배경, 주제 등에 대해 이야기 나누기 활동을 한다. 그리고 가장 재미있었던 부분에 대한 내용을 공유하는 시간을 가진다.

- **내용에 관련된 장소 견학하기** : 내용과 관련된 장소를 견학해 보는 활동은 그림책을 읽으면서 알게 된 것을 다시 한번 체험해 볼 수 있는 좋은 기회이다 (예 『임금님의 집 창덕궁』 읽고 실제 창덕궁 견학해 보기).
- **그림 그리거나 만들기** : 등장인물, 배경, 사건들을 그림으로 그리거나 미술활동을 한다. 이러한 활동을 통해 책과 더욱 가까워지고 책 읽기에 흥미를 더할 수 있다.

『임금님의 집 창덕궁』 읽고 궁 만들기

가을 이야기

- **다양한 책 만들기 활동** : 다양한 책을 만들어 봄으로써 창의적인 표현능력을 향상시켜 줄 수 있다. 영유아들은 책 만들기 과정을 통해서 책에 대해 생각하기, 말하기, 쓰기, 만들기 능력을 향상시킬 수 있다.

다양한 북아트 활동

- **동시 짓기, 언어놀이** : 영유아가 읽은 책을 바탕으로 읽은 책에 대해 느낌 쓰기, 결말 또는 내용 바꿔서 보기, 뒷이야기 이어 만들어 보기 등의 활동을 통해 창의력을 높일 수 있다.

동시 짓기

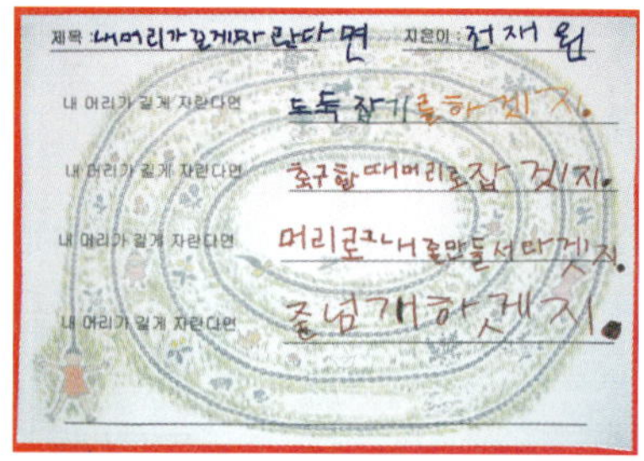

뒷이야기 만들어 보기

- **도서관 프로젝트 활동** : 영유아들이 읽은 책을 바탕으로 교실을 도서관으로 꾸며보고 도서관에서 지켜야 할 약속 등을 정해 도서관 사서의 역할을 하며 동생들을 초대해 도서관 놀이를 할 수 있다.

도서관 간판

책 브레인스토밍

도서관 사서

도서관 놀이

생각해 보기

1. 만 4세반 교실 생활주제는 '동물'입니다. 이에 적합한 언어영역을 위한 환경을 구성해 봅시다.

2. 영아를 위한 언어영역 배치도를 그려봅시다.

3. 영유아교육기관의 언어영역을 관찰하고, 관찰한 언어영역의 물리적 환경에 대해 토론해 봅시다.

영 · 유 · 아 · 언 · 어 · 지 · 도

Chapter 10

영유아 언어발달 평가

학/습/목/표

1. 영유아 언어발달 평가의 목적 및 특징을 설명할 수 있다.
2. 영유아 언어발달 평가방법을 말할 수 있다.

영유아의 언어발달 평가는 영유아의 활동에서 무엇을 알고 있는지, 어떻게 행동하는지에 관심을 가지고, 이들의 성취와 진보의 증거들을 수집하기 위하여 관찰하고 기록하는 것이다. 따라서 영유아의 요구, 성취, 태도 등을 파악하여 교수-학습 과정을 이해하는 데 도움이 되는 역동적 평가가 되어야 한다. 이를 위해서는 개인차, 학습 환경, 교사의 자질 등 여러 가지 변인들에 대한 이해가 포함되어야 한다.

역동적인 평가는 자연스러운 교실의 환경 속에서 영유아의 언어발달을 평가할 수 있는 비형식적인 평가방법과 표준화 검사와 같은 형식적인 평가방법이 있다. 또한 영유아의 언어발달을 지원해 줄 수 있는 인적자원도 중요하기 때문에 인적자원 평가도 요구된다. 이 장에서는 비형식적인 평가방법, 형식적인 평가방법, 언어발달을 지원하는 환경 평가방법에 대해 다루고자 한다.

1 영유아 언어발달 평가의 목적

영유아 언어발달 평가의 목적은 영유아의 언어발달 수준과 발달과정을 파악하여 영유아의 언어발달을 향상시키는 데 있다. 교사는 평가결과를 토대로 발달에 적합한 언어활동을 계획하고, 교수자료 선정, 효과적인 교수-학습 방법을 모색할 수 있으며, 부모상담 시에 활용할 수 있다. 따라서 교사는 영유아들의 언어발달 수준을 가장 객관적이고 효율적으로 평가할 수 있는 방법과 절차에 대한 지식을 갖추어야 한다. 영유아기 언어발달 평가의 목적은 다음과 같다.

첫째, 형식적 또는 비형식적인 방법을 활용하여 유아의 활동을 관찰, 기록함으로써 유아의 언어학습 정도를 이해하고 다음 교수활동 계획을 수립하기 위한 것이다.

둘째, 유아의 언어학습에서의 성취와 발달을 평가하고 보고하기 위한 것이다.

셋째, 실행한 유아 언어교육 프로그램을 평가하기 위한 것이다.

넷째, 언어교육 분야에서 교사의 전문성을 함양하기 위한 정보를 제공한다.

2 영유아 언어발달 평가방법

1) 관찰법

관찰법이란 자연스러운 상황과 환경에서 영유아의 행동을 자세히 관찰하여 기록한 후 분석하는 방법이다. 영유아의 언어발달에 대한 관찰은 유아교육기관의 하루일과 중에 자연스럽게 이루어질 수 있으며 언어활동에 대한 이해, 언어능력, 태도나 흥미 등을 평가할 수 있다. 따라서 영유아 언어와 관련된 상황을 관찰하는 목적은 다음과 같다.

- 관찰을 통해 유아의 언어에 대한 발달수준, 흥미도 및 강점을 파악할 수 있다.
- 관찰에 기초한 개별 유아의 언어발달 정도에 대한 이해는 교사가 그 유아에게 필요한 내용을 반영하여 언어교육과정을 계획하는 데 도움을 준다.

- 관찰은 교사 자신의 언어 교수 실제를 평가하여 적합한 교사발달 프로그램을 고안하는 데 도움을 줄 수 있으므로 교사의 전문성 개발에 기초가 된다.
- 개별 유아 언어에 관한 관찰 기록은 부모, 동료교사 간 의사소통에 유용하게 활용할 수 있다.

관찰은 언제, 어디서, 무엇을 관찰할 것인지를 계획하는 것부터 시작하여 관찰활동을 시작한다. 관찰한 내용을 기록하고 기록한 내용을 분석하며 분석한 내용을 활용할 수 있다. 관찰의 절차에 따른 구체적인 내용은 다음 표와 같다.

〈표 10-1〉 관찰의 절차와 내용

절차	① 관찰계획 →	② 관찰 →	③ 내용 분석 →	④ 관찰결과 활용
내용	• 언제, 어떤 상황, 시기, 기간을 계획함 • 관찰 내용과 장소 계획함 • 기록방법 결정하기(일화기록, 표본식 기록 등)	• 관찰 장면 주의 깊게 살펴봄 • 행동발생 즉시 기록함(객관적인 기록이 매우 중요함) • 관찰자의 개인적 의견이나 느낌, 추론을 기록에 포함하지 않아야 함	• 관찰한 내용을 토대로 원인을 분석함 • 유아발달 및 유아교육에 대한 전문적 지식을 토대로 정확한 추론을 해야 함 • 유아의 행동에 미치는 기관과 가정의 환경적인 영향까지도 살펴볼 필요가 있음	• 관찰결과에 기초해 상황 분석 • 분석한 내용을 토대로 정확한 평가가 될 수 있도록 함 • 분석 및 평가한 내용은 철저하게 비밀이 유지되어야 함

이와 같은 절차를 활용하여 할 수 있는 관찰방법은 일화기록, 체크리스트, 평정척도이다.

(1) 일화기록

일화기록은 일어난 사건을 관찰하여 있는 그대로 기록하는 방법으로 사건이 일어난 즉시 또는 바로 그 후에 기록할 수 있다. 자유놀이 시간이나 하루일과 활동 속에서 언어발달을 파악할 수 있는 의미 있는 사건들을 기록할 수 있다. 그러나 언어활동에 대한 사건들을 빨리 정확하게 기록하는 것은 그리 쉬운 일이 아니다. 만약 관찰 도중 기록할 만한 가치가 있는 언어활동을 보인다면 그 즉시 기록할 수 있다. 구체적인 일화기록 방법 및 유의점은 다음과 같다.

① 일화기록 방법

첫째, 영유아를 관찰한 날짜, 이름, 시간, 상황을 기록한다.
둘째, 사건이 일어난 순서대로 기록한다.
셋째, 영유아가 했던 행동이나 말을 있는 그대로 객관적으로 기록한다.

② 일화기록 시 유의점

첫째, 행동을 중심으로 사실 그대로 객관적으로 기록한다.
둘째, 유아에게 나타난 행동뿐만 아니라 몸짓, 기분, 비언어사용 등을 함께 기록한다.
셋째, 관찰대상 유아와 상호작용하고 있는 주변의 또래 유아의 반응도 함께 기록한다.
넷째, 유아가 한 말은 직접화법으로 기록한다.
다섯째, 관찰기록은 사건이 일어난 순서대로 즉각적으로 기록한다.

일화기록의 예 1

- 관찰아동 : 장유진(만 5세)
- 관찰일시 : ○○○○년 4월 15일
- 관찰자 : 교사
- 관찰활동 : 언어영역에서 쓰기활동

- 유아 관찰 상황 및 내용

  그림책『겁쟁이 빌리』의 주인공 빌리에게 편지쓰기 활동을 하는 상황이다. 주인공 빌리에게 편지를 쓴 내용과 다른 친구가 빌리에게 편지를 쓴 내용을 읽으며 글자를 읽고 쓰기활동을 촉진시켜 주는 활동이다.

  친구 가영이는 빌리에게 쓴 편지를 유진이에게 가지고 와서 "유진아, '나 빌리야 너무 많이 걱정하지마' 하고 썼는데 너는 뭐라고 썼어?" 그러자 유진이는 편지지에다 '빌리야'라고 썼다. 그리고 언어영역에 있는 가영이가 쓴 것을 보고 있다. 가영이가 유진아 "아직 못썼어?"라고 묻자 유진이는 "응" 하면서 고개를 끄덕인다. 가영이는 "빌리에게 뭐라고 쓰고 싶어? 내가 도와줄게" 하면서 다가간다. 유진이는 "'빌리야 사랑해'라고 써줘" 그러자 가영이는 편지지에 '빌리야 사랑해'라고 써주고 언어영역을 떠나 역할영역으로 갔다.

- 2019 개정 누리과정 의사소통 관련 내용 범주

  읽기와 쓰기에 관심 가지기 〉 주변의 상징, 글자 등의 읽기에 관심을 가진다.

  읽기와 쓰기에 관심 가지기 〉 자신의 생각을 글자와 비슷한 형태로 표현한다.

- 교사의 분석

  평소 유진이는 가영이와 친하게 지내고 있다. 유진이는 글자 쓰기에 관심은 있으나 아직 글자로 표현하는 능력이 다소 부족하다.

- 교사의 지원

  1. 유진이가 쓴 활동내용에 대해 격려해 주고 다른 친구들과 편지의 내용을 공유할 수 있는 기회를 제공해야겠다.
  2. 유진이가 글자쓰기에 흥미를 가질 수 있도록 다양한 방법을 활용해 볼 수 있도록 조성해 주어야겠다.

일화기록의 예 2

- 관찰아동 : ○은지, ○수연(만 3세)
- 관찰일시 : ○○○○년 7월 ○일
- 관찰자 : 교사
- 관찰활동 : 음률영역에서 이야기 짓기 놀이

• 유아 관찰 상황 및 내용

수연이는 먼저 와 있는 은지를 보더니 활짝 웃으면서 음률영역으로 달려간다.

음률영역에서 악기소리를 탐색하던 은지와 수연이가 코끼리 코 악기 두 개를 연결한다.
은지는 "여기가 바로 수영장이었대". 수연이는 "어푸어푸 수영을 한대". 바로 은지는 (코끼리 코 악기의 한쪽을 세우며) "그리고 여기는 미끄럼틀이래" 하며 이야기를 짓는다. 이때 수연이가 다시 (실로폰 채를 미끄럼틀 태우며) "하하하 재미있다. 나도 미끄럼틀 타야지" 하며 이야기 짓기를 한다.

• 2019 개정 누리과정 의사소통 관련 내용 범주

듣기와 말하기〉 상대방이 하는 이야기를 듣고 관련해서 말한다.
책과 이야기 즐기기〉 말놀이와 이야기 짓기를 즐긴다.

• 교사의 분석

유아는 놀이하는 또래의 이야기를 듣고 관련 지어 말하며 놀이를 이어 간다. 유아는 상상을 통해 수영장 상황을 지어내고, 지어낸 상황에 맞게 이야기를 짓는 것을 즐긴다.

• 교사의 지원

유아가 재미있게 놀이하고 있었기 때문에 중간에 개입하지 않고 주도적으로 놀이하도록 하였다.

출처 : 교육부 · 보건복지부(2019). 누리과정 놀이이해자료, p. 39.

■ 일화기록의 예 3

• 관찰아동 : ○진우, ○정훈(만 4세)
• 관찰일시 : ○○○○년 3월 셋째 주
• 관찰자 : 교사
• 관찰활동 : 팽이대결 상황

• 유아 관찰 상황 및 내용

3월 넷째 주 어느 날 반원 모양 책상 사이가 벌어져 있다. 그리고 그 사이에 얇은 골판지 두 줄이 붙어 있다. 진우는 팽이가 이 골판지 다리를 건너갈 수 있도록 팽이를 돌린다. 그러나 팽이가 자꾸 책상 밑으로 떨어진다. 그러자 이번엔 정훈이가 종이를 붙인다. 정훈이와 진우는 종이를 가운데에 두고 팽이 대결을 시작한다.

팽이 대결을 시작하자 종이가 찢어진다. 진우는 포기하지 않고 그리기 공간에서 로봇을 따라 그릴 때 쓰는 투명한 비닐을 가지고 와서 다리를 다시 만든다. 그 다음 날에도 정훈이와 진우는 친구들과 함께 커다란 전지로 '헐랭헐랭 다리'를 만든다. 여러 가지 다리가 만들어진다.

교사 : 얘들아 이게 뭐야? 이건 왜 붙였어?
진우 : 이건 헐랭헐랭 다리예요!

정훈 : 여기에서 시작해서 저기로 쭉 가는 거예요.
진우 : 야! 이거 진짜 어려워!

- **2019 개정 누리과정 의사소통 관련 내용 범주**
  듣기와 말하기〉 자신의 경험, 느낌, 생각을 말한다.
  듣기와 말하기〉 상황에 적절한 단어를 사용하여 말한다.

- **교사의 분석**
  유아는 팽이를 통한 여러 가지 가상 놀이 속에서 자신의 경험, 느낌, 생각을 말한다. 상황에 적절한 단어를 사용하여 말한다.

- **교사의 지원**
  교사는 유아들의 팽이 대결 놀이를 관심 있게 지켜봐주면서 자신의 생각과 느낌을 자연스럽게 표현하도록 상호작용 해주고 있다.

출처 : 교육부 · 보건복지부(2019). 누리과정 놀이이해자료, p. 192.

(2) 체크리스트(행동목록표)

체크리스트는 영유아의 언어행동에 대한 질문들로 언어행동이 나타나는지 아닌지를 표시하는 기록방법이다. 관찰 유아의 현재 상태를 파악하는 데, 즉 어떤 행동의 출현 여부, 유아, 교육환경 등의 현재 상태를 파악하는 데 사용할 수 있다. 체크리스트 방법은 영유아의 출현언어 행동을 빠르게 기록할 수 있다는 장점이 있다. 반면 단순하게 '그렇다', '아니다'의 형태를 기록하기 때문에 행동의 지속성, 언어행동의 질적인 수준뿐만 아니라 영유아의 다양한 언어행동을 기록하기는 어렵다.

■ 읽기행동 체크리스트의 예

자발적인 책 읽기 행동과 읽기에 대한 태도(날짜 :)			
내용	예	아니요	비고
• 자발적으로 책을 읽거나 보려고 한다.			
• 책을 읽어주는 동안 주의 깊게 듣는다.			
• 읽어주는 이야기의 내용에 대해 간단히 말하거나 질문을 한다.			
• 집으로 책을 빌려가기도 한다.			
• 집에서 자발적으로 읽는다.			

출처 : 이지현 · 마송희 · 김수영 · 정정희(2013). 영유아를 위한 언어교육, p. 276.

(3) 평정척도

평정척도는 영유아의 언어행동에서 질적인 특성이 구분될 수 있는 단계, 즉 3단계, 4단계 혹은 5단계로 구성할 수 있다. 판단의 준거는 일반적으로 보편적인 기준인 상, 중, 하로 구분하여 기록할 수 있다. 행동목록표와 마찬가지로 시간이 적게 걸리면서 다양한 발달영역을 한 번에 평가할 수 있다는 장점이 있다.

■ 평정척도의 예

이야기 회상능력 평정척도			
내용	상	중	하
1. 이야기에 포함된 직접적 정보를 제시한다.			
2. 이야기를 추론한다.			
3. 가장 중요한 내용이 무엇인지 안다.			
4. 이야기의 내용을 요약하고 일반화한다.			
5. 자신의 생활과 관련지어 생각한다.			
6. 책에 애착을 갖는다.			
7. 책을 읽는 동안 독자로서 자신을 인식한다.			
8. 질문을 한다.			

출처 : 강숙현(2001). 관찰과 기록화를 통한 유아평가, p. 45.

2) 포트폴리오

포트폴리오는 영유아를 둘러싼 모든 광범위한 맥락에서 유아를 관찰하고 정보를 수집하는 것이며, 수집된 많은 자료와 정보는 요약, 분석하여 종합적인 평가를 내리는 것에 사용된다. 영유아 언어에 대한 포트폴리오의 내용은 듣기와 말하기, 읽기와 쓰기 관심 가지기, 책과 이야기 즐기기 등의 항목에 대해 유아교육기관의 하루일과 안에서 영유아를 관찰하고 언어활동을 한 결과물이나 종합평가가 될 수 있는 자료를 포함시킬 수 있다.

진정한 의미에서의 포트폴리오 평가는 단순한 작품수집 차원을 넘어서 작품샘플 선정 및 평가과정에 교사뿐 아니라 영유아, 또래, 가족들을 참여시켜 작품에 대한 의견을 첨부하고 이를 심화학습의 자료로 활용하도록 해야 한다(이지현 외, 2008; Carl Wilcox, 1993 : 33).

① 또래들과 공유하기

또래들과 포트폴리오를 공유함으로써 다음과 같은 것들을 학습할 수 있다.

- 친구들이 성공적으로 사용한 활동에 필요한 전략들을 학습할 수 있다.
- 친구들이 어렵게 학습한 것이 무엇인지, 친구가 어려워할 때 도움을 제공하는 방법을 학습할 수 있다.
- 친구들의 특별한 재능에 관해서도 알 수 있다.
- 쓰기의 새로운 방식들에 대해서도 학습할 수 있다.
- 책을 읽는 방법들에 대해서도 학습이 가능하다.
- 자신을 위한 새로운 목표를 수립할 수 있다.

② 부모들과 공유하기

개별 유아의 삶에 있어 중요한 인적자원들은 포트폴리오를 위한 중요한 다른 자원이다. 부모참여 시간, 부모상담 시간, 다른 행사 때에 부모님들은 자녀들의 포트폴리오를 공유할 수 있다.

3) 검사법

검사법은 어느 누가 사용하더라도 검사 실시 및 채점, 결과를 해석하는 것이 모두 동일하도록 만든 방법이다. 검사법에는 표준화된 검사와 발달검사가 있다. 표준화 검사에는 지능검사, 학습준비도 검사, 언어 및 사고력 검사 등이 속하고, 발달검사는 읽기발달 검사, 쓰기발달 검사, 이야기 이해력 검사 등이 있다. 또한 언어의 내용이 다면적이므로 검사문항도 다양하게 측정되기도 한다. 대표적으로 음운인식, 어휘력, 구문을 평가할 수 있는 검사도구를 소개하고자 한다.

(1) 음운인식 평가

	1. 우리말 조음음운 평가학습(U-TAPU-WAP) • 대상 : 조음문제를 보이는 취학 전 혹은 취학 연령 아동 및 성인 • 조음장애 아동 및 성인의 조음음운 능력을 단어와 문장 수준에서 효과적으로 평가 가능 출처 : 김영태 · 신문자(2004).
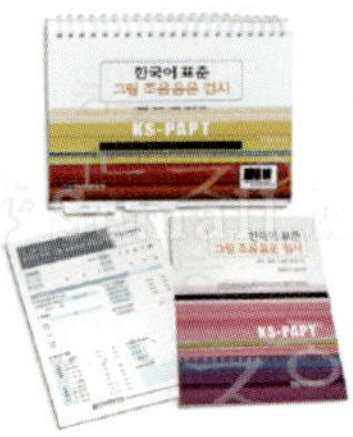	2. 한국어 표준 그림 조음음운 검사(KS-PAPT) • 대상 : 유아, 아동, 초등학생, 중학생, 고등학생, 대학생, 성인, 특수아동 • 조음음운장애가 의심되는 대상자를 선별하여, 음절의 수와 음운의 위치를 고려해 정밀진단을 함으로써 대상자의 조음음운 문제를 체계적으로 분석 출처 : 석동일 · 박상희 · 신혜정 · 박희정(2008).

(2) 어휘력 평가

어휘력 평가는 어휘에 대한 이해력, 즉 수용 어휘력과 그것을 표현하는 표현 어휘력 두 가지 측면을 모두 파악할 수 있다. 유아의 어휘력을 평가하기 위해서는 양적 측면뿐만 아니라 그 어휘를 얼마나 깊이 있게 이해하고 사용할 수 있는지에 대한 질적인 측면까지 고려해 보아야 한다. 어휘는 맥락에 따라 다양한 쓰임을 가지고 있기 때문에 유아가 어휘의 뜻을 충분히 알고 있어야 어휘의 다양한 활용에 대해 이해하고 적용할 수 있기 때문이다.

아동은 사물에 대한 이해나 개념이 있어야 말로 표현할 수 있다. 아동의 그림 어휘력 검사는 다음과 같이 한다. • "선생님이 '책'하고 말하면 손가락으로 짚으세요." • 아동은 다음 네 개의 그림 중에서 책을 짚거나 가리킨다. 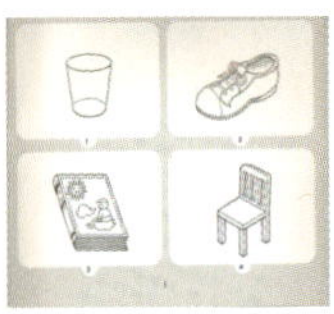 출처 : '그림 어휘력 검사'의 1번 문항임	1. 그림 어휘력 검사(PPVT-R) • 대상 : 2세부터 8세 11개월까지의 아동 • 대상범위가 넓고 다양하며 평가방법이 간단하여 빠른 시간 내에 실시 · 평가 가능 출처 : 김영태 · 장혜성 · 임선숙 · 백현정(1995).
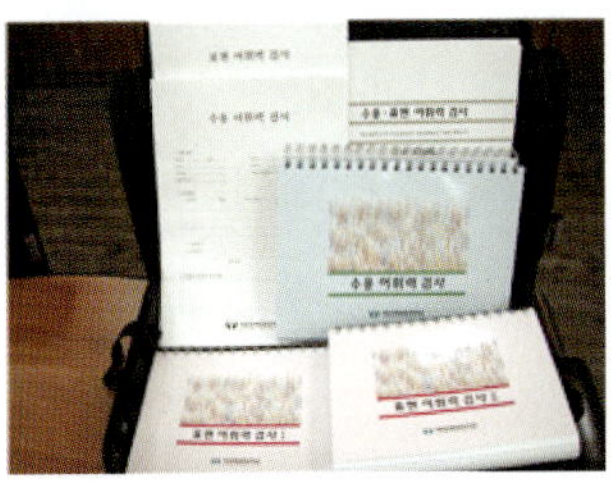	2. 수용 · 표현 어휘력 검사(REVT) • 대상 : 만 2세 6개월부터 만 16세 이상 성인의 수용 및 표현 어휘력 평가 • 검사대상자의 어휘능력에 대한 전반적인 정보를 제공하고, 검사대상자의 어휘발달 수준을 백분위 점수로 제공 출처 : 김영태 · 홍경훈 · 김경희 · 장혜성 · 이주연(2009).
	3. 취학 전 아동의 수용언어 및 표현언어 발달척도(PRES) • 대상 : 3세까지는 3개월 간격으로, 3세에서 6세까지는 6개월 간격으로 연령단계가 세분화 • 검사를 실시한 데이터를 기준으로 하여 검사대상 아동의 언어수준을 언어연령과 백분위 점수로 평가 출처 : 김영태 · 성태제 · 이윤경(2000).

(3) 구문 평가

유아의 구문인식 능력의 평가는 문법적으로나 의미적으로 틀린 문장을 들려주고 틀린 문장을 올바른 문장으로 고치라고 하는 과제를 통해서 가능하다.

- "선생님이 그림을 보여줄 거예요. 선생님의 이야기를 잘 듣고 그림 세 개 중에서 맞는 그림을 하나만 짚어 보세요. 선생님 이야기를 끝까지 잘 듣고 그림 세 개를 모두 잘 봐야 돼요."
- "언니가(누나가) 그림을 그린다"라고 말해 준 다음 아동은 세 그림을 다 본 후 하나를 지적하면 되는 것이다.

출처 : '구문 이해력 검사'의 예시 문항임

1. 구문 이해력 검사
- 대상 : 만 4세에서 9세(또는 초등학교 3학년)
- 이해언어에서의 언어발달장애를 판별하는 데 사용할 수 있으며, 단순언어장애(SLI) 아동의 하위 유형을 판별하거나 상대적인 강 · 약점을 파악하고자 할 때 사용할 수 있는 표준화 검사

출처 : 배소영 · 김선숙 · 이지희 · 장혜성(2004).

4) 영유아기 언어발달을 위한 언어 환경 검사

가정과 유아교육기관의 문해환경이 풍부할수록 영유아의 언어발달에 긍정적인 영향을 준다(김명순, 1999; Dickinson & Snow, 1987). 가정에서의 문해환경은 부모에 의해 구성되며, 유아교육기관 교실의 문해환경은 교사에 의해 구성되고 배치된다. 따라서 부모뿐만 아니라 교사들은 영유아의 언어발달을 촉진시켜 줄 수 있는 바람직한 문해환경 조성에 대한 필요성과 중요성을 알고 실행에 옮겨야 할 것이다. 스미스와 디킨슨(Smith & Dickinson, 2002)의 언어 및 문해환경 평가척도(ELLCO : Early Language & Literacy Classroom Observation)는 문해환경, 문해활동, 전반적인 교실환경으로 구성된다. 이를 구체적으로 살펴보면 다음과 같다.

〈표 10-2〉 언어 및 문해 환경 평가척도(ELLCO)의 범주 및 하위영역 내용

범주	하위 영역		문항내용
문해환경	도서환경	도서영역	도서영역의 구비, 책 비치 상태, 도서영역 소품
		도서 선택	책의 난이도 분류, 이용 가능한 책의 수, 정보전달책의 수, 활동주제와 관련된 책의 수
		도서 사용	도서영역을 제외한 영역에서 이용 가능한 책의 수, 녹음된 책을 들을 수 있는 장소 여부

<table>
<tr><td rowspan="2">문해환경</td><td rowspan="2">쓰기환경</td><td>쓰기자료</td><td>교실에서 볼 수 있는 글자, 단어카드, 글자 구성을 위한 모형, 교수, 사용 가능한 종이와 쓰기도구, 쓰기영역 유무</td></tr>
<tr><td>쓰기환경</td><td>교사가 받아쓴 것, 대집단 문해활동, 유아의 쓰기결과물 전시, 역할 및 쌓기 영역 내 쓰기도구와 보조도구의 유무, 유아가 사용 가능한 글자, 퍼즐</td></tr>
<tr><td rowspan="2">문해활동</td><td colspan="2">읽기활동</td><td>대그룹 책읽기 빈도, 총시간, 책의 수, 성인과의 책 읽기 여부, 책 읽기 시간 유무</td></tr>
<tr><td colspan="2">쓰기활동</td><td>놀이 시 쓰기 및 쓰기 시도를 하는 유아의 유무, 성인이 쓰기를 돕는 빈도, 성인의 쓰기모델 여부</td></tr>
<tr><td rowspan="2">전반적 교실환경</td><td colspan="2">교실환경</td><td>교실의 조직, 교실의 내용, 교수매체의 구비상태와 사용, 유아가 선택하고 시작할 수 있는 기회, 교실운영 전략, 교실 분위기</td></tr>
<tr><td colspan="2">구어, 문해 교육과정</td><td>구어 촉진, 도서 비치, 책 읽기에 대한 접근, 유아의 쓰기에 대한 접근, 교육과정 통합에 대한 접근, 교실에서 인식할 수 있는 다양성, 문해를 위한 가정지원 촉진하기, 평가에 대한 접근</td></tr>
</table>

출처 : 김길숙(2009). 가정문해환경과 교실문해환경이 유아의 이야기 이해력에 미치는 영향, p. 37.

생각해 보기

1. 관찰을 통해 객관적으로 기록해 봅시다.

   1) 아래 사진에 제시된 관찰대상을 관찰 기록해 봅시다.

관찰대상	객관적 사실에 근거해 관찰한 내용 모두 기록하기
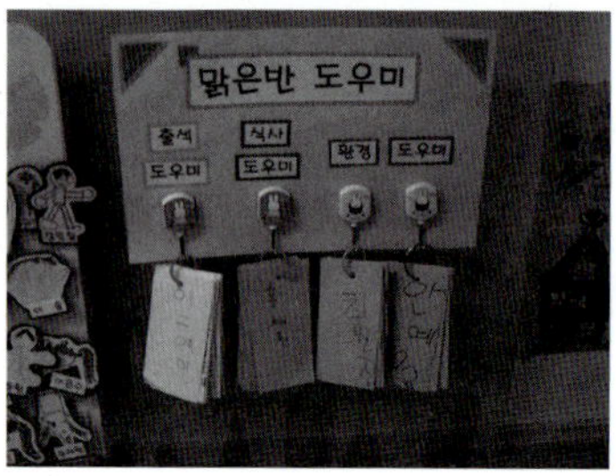	예 직사각형 분홍색 도화지 위에 "맑은반 도우미" 글자가 있다.

   2) 영상에 등장하는 유아들을 관찰하고 기록해 봅시다.

관찰대상	객관적 사실에 근거해 관찰한 내용 모두 기록하기
 https://www.youtube.com/watch?v=C1U1vB-YVws&feature=youtu.be ('슈퍼맨이 돌아왔다' 방송 중 일부)	예 아이가 웃고 있다.

2. 언어 및 문해 환경을 평가해 봅시다.

   〈표 10-2〉에 제시된 언어 및 문해 환경 평가척도를 가지고 집, 학교 내 부속유치원 및 어린이집 등의 언어 및 문해 환경을 평가(환경 재조직)해 보세요.

Chapter 11

유치원, 어린이집에서의 언어지도의 실제

1. 2019 개정 누리과정을 반영한 실제
2. 영아 언어지도의 실제
3. 유아 언어지도의 실제

학/습/목/표

1. 놀이중심 교육과정에 의거하여 교육과정을 편성, 활동계획안을 작성할 수 있다.
2. 언어활동을 위한 교수-학습 방법을 실행할 수 있다.
3. 언어활동 진행을 위한 교수매체를 활용할 수 있다.

❶ 2019 개정 누리과정을 반영한 실제

사례 1

1. 상황 분석
2. 해결 방안

사례 2

1. 상황 분석
2. 해결 방안

다음은 유치원에서 일어날 수 있는 상황에 대한 사례이다. 사례를 보고 교사의 고민을 함께 분석해 보며 예비교사로서 유아에게 언어적 지원을 할 수 있는 다양한 방법을 고민해 보도록 한다.

사례 1

김 교사는 유치원 교사 경력 1년 차 만 4세반 교사이다. 특문유치원은 만 4세반이 두 반이며 김 교사의 반은 22명의 유아들이 있다. 김 교사는 자유놀이를 하는 가운데 유아–유아, 유아–환경과의 상호작용이 잘 일어날 수 있도록 언어적–비언어적으로 상호작용을 돕는 방법에 대해 고민하고 있다. 또한 놀이를 통해 언어 활동으로 '연결', '확장'하는 방법에 대해 고민하고 있다.

■ (상황 1)

2020년 10월 둘째주, 유아들과 함께 날씨 좋은 어느 가을날 산책하는 도중에 '낙엽'에 대해 관심을 가지고 낙엽에 대해 더 알고 싶어서 가을 동산을 보러 ○○숲에 왔다. 이곳에서 유아들은 각종 낙엽을 발견하고 만져보고 밟아보고 던져보면서 낙엽의 움직임을 바라본다.

범수 : (낙엽을 던지며) 와~ 눈이 오는 것 같다.
김 교사 : 와 정말 그렇구나.
재용 : 낙엽을 던지니까 낙엽이 뒹굴뒹굴 굴러.
사랑 : (낙엽이 모여 있는 곳을 밟으면서) 소리도 재밌어. 아름다워. 낙엽이 여러 색깔이다.
범수 : 낙엽을 타고 다니면 재미있겠다.
김 교사 : 와~ 정말 재미있는 생각이네.
재용 : (낙엽을 손으로 던지면서) 낙엽을 타고 여행 간다면 나는 하늘 높이 올라갈 거야.
범수 : 나는 우리 유치원, 집에도, 또 우주까지 갈 거야. 우주에 가서 외계인을 만날 거야.
재용 : (낙엽을 손으로 부채질을 하면서) 그렇게 멀리 가려면 바람이 세게 불어야 돼.
사랑 : 그럼 내가 낙엽이 되어볼까? 재용이가 여기 잡아(사랑이 허리를 가리킨다).
재용 : 하하 재밌겠다. 단풍잎아, 나는 우주로 날아가 줘.
사랑 : 바람아 불어라. 우주로 날아가자(사랑이는 재용이를 태우고 뛰어간다).
사랑 : 도착했습니다.
재용 : 여기는 우주정거장. 와, 외계인이다. 외계인은 신호를 내지~

■ (상황 2)

견학을 다녀온 후 김 교사는 선임교사와 이야기를 나누었다.

선임교사 : 선생님, 견학 잘 다녀오셨어요?

김 교사 : 네, 그런데 아이들이 낙엽을 너무 좋아해서 던져보면서 아름다운 말을 많이 했는데 그것을 어떻게 언어적으로 상호작용을 해줘야 할지 잘 모르겠더라고요. 또한 상상의 이야기를 만들었는데 다양한 언어활동을 할 수 있도록 환경을 어떻게 조성해 주며 어떤 언어활동을 준비해 주어야 할지 걱정입니다.

선임교사 : 아이들이 주체가 될 수 있도록 하되 가장 관심 있는 것을 토대로 언어교육 방법을 연구해 보세요~

김 교사 : 감사합니다.

---

1. 김 교사는 어떤 고민을 하고 있나요?
2. 김 교사의 고민에 대한 해결방안을 제시해 보세요.

1. 상황 분석

위의 예시를 보고 상황을 분석해 보고 김 교사의 고민을 살펴보며, 김 교사의 고민에 대한 해결방안을 제시해 보면 다음과 같다.

■ 〈상황 분석〉

- 김 교사는 경력 1년 차 교사이다.
- 만 4세반 담임이자, 2개의 반이 있다.
  → 연령과 발달수준에 맞는 활동을 구성할 수 있으며 동료 교사와 협력을 할 수 있다.
- 22명의 유아를 상대로 자유놀이를 한다.
  → 대집단 및 소집단으로 놀이 활동을 지원할 수 있다.
- 아이들이 낙엽에 흥미가 있다.
  → 흥미 있는 주제 '낙엽'으로 활동을 구성할 수 있다.

- 주제는 '낙엽'이며, 숲에서 낙엽 활동을 하며 감각을 느꼈다.
  → 주제와 관련한 실물을 접하고 오감각으로 낙엽 활동을 즐겼기 때문에 낙엽과 관련된 언어활동으로 경험을 연결시킬 수 있다.

■ 〈김 교사의 고민〉

(1) 유아를 언어적-비언어적으로 상호작용을 돕는 방법
(2) 놀이를 언어놀이 활동으로 '연결', '확장'하는 방법
(3) 유아의 흥미를 연결시킬 수 있는 언어적인 환경구성 및 대 · 소집단 활동

■ 〈김 교사의 고민에 대한 해결방안〉

(1) 교사는 유아의 놀이를 관찰하고 유아의 놀이 경험을 이해한다.
(2) 교사가 이해한 유아의 경험을 바탕으로 어떠한 지원을 해야 할지 결정한다.
  - 언어적-비언어적으로 교사-유아 상호작용을 도울 수 있는 방법을 제시한다.
  - 유아의 흥미를 연결시킬 수 있는 낙엽과 관련하여 언어적인 환경을 통합적으로 구성한다.
  - 언어활동으로 연결시킬 수 있는 대 · 소집단 활동을 지원한다.

2. 해결 방안

(1) 교사는 유아의 놀이를 관찰하고 유아의 놀이 경험을 이해한다

유아의 경험은 유아가 생활하며 직접 겪는 모든 일을 말하며, 넓고 풍부한 의미를 가진다. 또한 유아의 경험은 개정 누리과정 5개 영역의 내용을 포함하여 유의미한 내용을 담고 있는 점에서 배움이다. 따라서 유아의 놀이 경험에서 개정 누리과정 5개 영역의 내용을 연계해 봄으로써 놀이에 대한 유아의 배움으로서의 가치를 알 수 있다(2019 개정 누리과정 놀이이해자료, pp. 18-19 재인용) 이러한 의미에서 앞에서 제시한 유아의 놀이 상황을 개정 누리과정 5개 영역의 내용을 통합적으로 연계해 보았다.

■ 유아의 놀이 상황

유아들은 각종 낙엽을 발견하고 만져보고 밟아보고 던져보면서 낙엽의 움직임을 바라본다.

범수 : (낙엽을 던지며) 와~ 눈이 오는 것 같다.
김 교사 : 와 정말 그렇구나.
재용 : 낙엽을 던지니까 낙엽이 뒹굴뒹굴 굴러.
사랑 : (낙엽이 모여 있는 곳을 밟으면서) 소리도 재밌어. 아름다워. 낙엽이 여러 색깔이다.
범수 : 낙엽을 타고 다니면 재미있겠다.
김 교사 : 와~ 정말 재미있는 생각이네.
재용 : (낙엽을 손으로 던지면서) 낙엽을 타고 여행 간다면 나는 하늘 높이 올라갈 거야.
범수 : 나는 우리 유치원, 집에도, 또 우주까지 갈 거야. 우주에 가서 외계인을 만날 거야.
재용 : (낙엽을 손으로 부채질을 하면서) 그렇게 멀리 가려면 바람이 세게 불어야 돼.
사랑 : 그럼 내가 낙엽이 되어볼까? 재용이가 여기 잡아(사랑이 허리를 가리킨다).
재용 : 하하 재밌겠다. 단풍잎아, 나는 우주로 날아가 줘.
사랑 : 바람아 불어라. 우주로 날아가자(사랑이는 재용이를 태우고 뛰어간다).
사랑 : 도착했습니다.
재용 : 여기는 우주정거장. 와, 외계인이다. 외계인은 신호를 내지~

■ 유아의 놀이 경험 이해

범수와 재용, 사랑이는 가을 동산에 견학을 가서 낙엽을 만져보고, 밟아보며 오감각을 통해 자유롭게 낙엽을 탐색한다. 탐색을 하면서 자신이 느낀 것을 언어로 다양하게 표현한다. 그러고 나서 낙엽을 던져보며 낙엽이 날아가는 모습을 보며 '낙엽을 타고 여행을 간다면'이라는 상상을 통한 이야기를 만들어 간다. 그리고 유치원, 집, 우주까지 다양한 상상의 이야기가 펼쳐지며 이야기들은 끊임없이 연결된다.

이러한 이야기 짓기 놀이를 몸으로 자유롭게 표현할 수 있도록 사랑이가 등장하여 유아들은 자신들이 만든 이야기를 몸으로 표현하면서 놀이를 즐겁게 참여한다.

■ 5개 영역 내용 연계

의사소통

책과 이야기 즐기기 → 말놀이와 이야기 짓기를 즐긴다.
듣기와 말하기 → 상대방이 하는 이야기를 듣고 관련해서 말한다.

- 유아들은 낙엽으로 놀이를 하면서 상대방의 이야기를 듣고 관련지어 말하면서 놀이를 이어간다. 유아들은 상상을 통해 '낙엽을 타고 여행한다면'이라는 상황

을 지어내고, 지어낸 이야기를 짓는 것을 즐긴다.
- 유아들은 낙엽을 만져보고, 밟아보고, 던져보는 등 탐색하면서 오감각으로 느낀 것을 언어로 표현한다.

예술경험	아름다움 찾아보기 → 자연과 생활에서 아름다움을 느끼고 즐긴다. • 유아는 주변에서 만난 자연의 아름다움을 느끼고 즐긴다.
자연탐구	탐구과정 즐기기 → 주변세계와 자연에 대해 지속적으로 호기심을 가진다. 생활 속에서 탐구하기 → 물체의 특성과 변화를 여러 가지 방법으로 탐색한다. • 유아들은 낙엽에 호기심을 가지며, 낙엽의 색깔, 낙엽이 떨어지는 모습, 낙엽을 밟을 때 나는 소리 등 낙엽의 특성을 관찰한다.
신체운동 건강	신체활동 즐기기 → 신체 움직임을 조절한다. • 유아는 낙엽에 대해 관심을 가지며 낙엽이 떨어지는 것을 관찰하여 신체를 활용하여 움직임을 자유롭게 표현한다.

(2) 교사가 이해한 유아의 경험을 바탕으로 어떠한 지원을 해야 할지 결정한다

■ 언어적–비언어적으로 교사–유아 상호작용을 도울 수 있는 방법을 제시한다

교사의 반응적인 언어 형태와 상호작용 방법을 알아보며, 2019 개정 누리과정 해설서(2019)에 제시된 놀이 지원에서의 상호작용을 알아본다.

■ 교사의 발문 유형과 방법

- 반응적인 언어 형태를 사용한다.
  - 영유아의 의견을 수용하거나 협동적인 활동을 촉진하는 표현, 적절한 격려 등의 언어를 사용한다.
  - 교사가 교실을 수용적으로 만들어 영유아들이 생각하고 느낀 것을 자유롭게 말할 수 있도록 한다.

- 교사-영유아 간의 언어적 상호작용 방법은 다음과 같다.
  - 교사는 듣기, 말하기, 읽기, 쓰기의 모델임을 인식해야 한다.
  - 영유아의 말을 보다 완전한 문장으로 사용하여 상호작용 한다.
  - 영유아가 한 말의 의미를 확장시켜 상호작용 한다.
  - 영유아의 사고를 촉진시키는 상호작용을 한다.
    - 예) 유아가 교사에게 "낙엽은 바람을 타고 다니네요"라고 할 때 교사는 그렇구나라는 말 보다는 "왜 그렇게 생각했니?", "바람을 타고 어디까지 갈까?", "왜 바람이 부는데 낙엽이 떨어질까?" 등으로 사고를 촉진시키는 발문을 한다.
  - 영유아가 하고 있는 동작을 기술하거나 이야기한다.

■ 놀이 지원에서의 상호작용

교사는 유아- 유아, 유아-교사, 환경과 능동적으로 상호작용이 활발히 일어날 수 있도록 놀이 환경을 제공해 주며, 주의 깊게 관찰을 하여 놀이를 확장할 수 있도록 지원해 주어야 한다.

- 유아와 유아의 상호작용을 지원한다.
  교사는 유아의 성향, 사회적 능력, 대인관계 등을 고려하여 상호작용을 지원해 준다.
- 놀이 지원을 위해 관찰한다.
  유아의 놀이를 지원하기 위해서는 즉각적인 개입을 하기보다는 유아들의 흥미를 두는 것이 어떤 것인지를 관찰하면서 놀이의 배움과 확장이 일어날 수 있는 상호작용의 방법을 선택해야 한다.
- 제안하며 놀이를 지원한다.
  놀이가 잘 지속될 수 있도록 제안하는 것은 유아의 흥미와 관심에 기반이 되어야 하며, 놀이가 확장될 수 있도록 공간, 자료 등에서 어떻게 지원을 해야 하는지 살펴보고 반영한다. 또한 안전이나 교육적 가치에 기반을 두고 제안한다.
- 유아의 놀이에 참여하여 지원한다.
  교사는 유아들과 함께 공동 놀이자로 참여하여 놀이의 속성과 즐거움을 공유하여 보다 효과적으로 놀이를 지원할 수 있다. 이러한 놀이 참여의 지원은 놀이를 더욱더 활발하게 되며 문제 상황에서도 도움이 된다.
- 질문하며 놀이를 지원한다.
  유아는 놀이하는 과정 중에 끊임없이 탐색하면서 놀이에 몰입한다. 교사는 유아의 사고가 확장되고 높은 수준으로 사고할 수 있도록 발문을 하여, 문제를 해결해 가는 원동력이 되어야 한다.
- 정서적으로 지원해 준다.
  교사는 유아가 놀이를 하고 있을 때 비언어적으로 언어적으로 정서적 지원을 해주면 유아 스스로 존중받는 느낌을 받게 된다. 비언어적으로는 끄덕거림, 눈 맞춤, 공감, 미소 등이 해당되며 언어적으로는 위안, 격려 등이 포함된다.

■ 유아의 흥미를 연결시킬 수 있는 '낙엽'과 관련된 언어적인 환경을 통합적으로 구성한다

환경의 통합적인 구성은 2019년 개정 누리과정 놀이실행자료(2019)에 제시된 환경구성과 놀이자료를 토대로 '예상 놀이 교육계획안'을 제시해 본다.

■ **환경구성**

- 영역을 고정해 두지 않고 가을 동산과 낙엽에 대해 공간을 자유롭게 사용하여 놀이할 수 있도록 놀이공간을 융통성 있게 배치한다.
- '가을 동산 캠핑 놀이', '낙엽을 타고 여행을 간다면', '낙엽의 움직임 관찰하여 동작으로 표현하기', '낙엽으로 할 수 있는 다양한 미술활동' 등이 놀이가 될 수 있도록 놀이공간을 충분히 마련해 주도록 한다.
- 유아에게 놀이공간의 주도권을 주고 다른 놀이공간도 찾아볼 수 있도록 한다.
- 벽면에 나뭇잎, 솔방울 등을 가지고 놀이했던 장면을 붙이기
- 숲에 가서 주워온 다양한 자연물인 낙엽, 솔방울 등 전시
- 낙엽 관련 그림책 전시 「페르디의 가을 나무」, 「낙엽 스낵」, 「낙엽 속으로 풍덩」, 「나뭇잎이 달아나요」
- '나뭇잎 가면, 바스락 장난' 동시 녹음한 자료(녹음 파일, 헤드폰 준비)
- 다양한 나뭇잎 인형
- 쓰기 활동이 일어날 수 있도록 색연필, 크레파스, 다양한 모양의 종이, 책

■ **놀이자료**

- 놀이자료를 제시해 주지만 유아가 결정한 자료 활용 방법을 격려한다.
- 낙엽에 흥미를 보였기 때문에 자연물과 자연현상에 관심을 보일 수 있도록 주변의 자연을 관찰할 수 있도록 한다.
- 정형화된 놀잇감 이외에 다양한 열린 자료를 지원하도록 한다.

♠ 예상 놀이 교육계획안

주 제
낙 엽

〈사회관계〉
- 가을 동산 캠핑 놀이
- 규칙 지켜 놀이하기
- 다른 친구를 응원해요

〈신체운동 · 건강〉
- 가을 동산 돌아보기
- 나뭇잎이 되어보아요

〈자연탐구〉
- 나뭇잎을 관찰해요
- 나뭇잎 숫자놀이
- 가을 동산 그래프

〈예술경험〉
- 낙엽타고 여행놀이하기
- 낙엽이 되어보아요
- 낙엽 모양 바느질하기
- 낙엽으로 다양한 모양 만들기

〈의사소통〉
- (이야기 나누기) 나뭇잎을 관찰해요
- (동화) 낙엽스낵
- (동시) 나도 시인이 되어보아요
- 낙엽을 타고 여행을 간다면~
- 낙엽, 도토리, 솔방울 사용하여 글자놀이해요

■ 언어활동으로 연결시킬 수 있는 대 · 소집단 활동을 지원한다

■ 나뭇잎을 관찰해요

〈활동배경〉

유아와 함께 가을동산을 경험하면서 낙엽의 생김새와 크기 등을 관찰하고 여러 가지 낙엽을 주워서 교실로 가져왔다. 교사는 유아들이 가을 동산에서 경험한 것을 바탕으로 자유놀이 시간에 놀이를 확장할 수 있도록 유아들과 함께 언어로 표현하는 것을 돕고자 이야기 나누기를 제안한다.

- **활동유형** : 이야기 나누기
- **활동목표** : 다양한 나뭇잎의 종류와 특징에 대해 관심을 갖는다.

다른 사람의 이야기를 관심 있게 듣고 그와 관련해서 말할 수 있다.

- **누리과정 관련내용**
  - 의사소통 〉 듣기와 말하기 〉 말이나 이야기를 관심 있게 듣는다.
    상대방이 하는 이야기를 듣고 관련해서 말한다.
  - 자연탐구 〉 탐구과정 즐기기 〉 주변 세계와 자연에 대해 지속적으로 호기심을 가진다.
- **활동자료** : 나뭇잎 카드, 가을 동산에서 찍은 유아들의 사진, 편지지
- **활동방법**

① 교사는 가을동산에서 경험한 낙엽에게 온 편지를 들려준다.
  - (낙엽 편지지를 보여주며)
    가을 동산에서 너희가 좋아하는 낙엽에게 편지가 왔어. 어떤 내용인지 들어보자.
    ○○반 친구들~나는 너희와 함께 놀았던 낙엽이야. 나는 가을이면 바닥에 떨어져 사라져 버리는데 친구들이 나와 함께 아름다운 놀이를 할 수 있어서 행복했어.
    나를 소중하게 유치원으로 가지고 와서 변신을 시켜줘서 고마워. 안녕~
  - (가을동산에서 낙엽으로 놀이했던 사진을 보여주며)
    가을동산에서 낙엽과 했던 놀이 중에서 어떤 것이 가장 기억에 남니?

② 교실 곳곳에 숨겨놓은 나뭇잎 카드 찾기 놀이를 한다.
  - 너희가 여러 가지 나뭇잎을 관찰하였는데 교실 곳곳에 나뭇잎 카드가 숨겨져 있단다.
  - 찾아와서 나뭇잎 맞추기 놀이를 해보자.

③ 찾아온 나뭇잎 카드를 소개하며 수수께끼를 낸다.
  - 누가 먼저 나와서 나뭇잎을 소개하는 퀴즈를 내볼까?
  - ○○나뭇잎에 대해서 더 이야기하고 싶은 것이 있니?
  - 다른 나뭇잎과 어떤 것이 다르니?
  - 이 나뭇잎에 대해서 더 알고 싶은 것이 있니?

④ 나뭇잎으로 할 수 있는 놀이를 이야기해 본다.
  - 너희가 주워온 나뭇잎으로 어떤 놀이를 해보고 싶니?

■ **낙엽 스낵**

〈활동배경〉
유아들은 가을 숲에서 주워온 낙엽으로 실외놀이에서 음식을 만들어 먹는 놀이를 하였다. 교사는 이 놀이를 좀 더 재미있게 확장시켜 보기 위하여 『낙엽 스낵』 그림책 듣기를 제안한다.

- **활동유형** : 동화
- **활동목표** : 그림책을 이해하고 감상한다.
  자연의 변화에 대해 언어로 표현할 수 있다.
- **누리과정 관련내용**
  - 의사소통 〉 책과 이야기 즐기기 〉 동화, 동시에서 말의 재미를 느낀다.
    듣기와 말하기 〉 상대방이 하는 이야기를 듣고 관련해서 말한다.
  - 자연탐구 〉 탐구과정 즐기기 〉 주변 세계와 자연에 대해 지속적으로 호기심을 가진다.
- **활동자료** : 『낙엽 스낵』 그림책, 아기 고라니 인쇄물, 가을 실물자료
- **활동방법**

① 그림책을 읽어주기 전 등장인물 고라니를 소개한다.
- 나는 그림책 주인공인데, 낙엽을 무척 좋아해.
- 너희는 낙엽으로 무엇을 하고 놀았니? 내가 낙엽으로 놀이한 그림책을 소개할까?

② 그림책 겉표지를 탐색하며 이야기를 나눈다.
- 책에 아기 고라니가 있네. 아기 고라니 말고 무엇이 보이니?
- 동물 친구들은 무엇을 하고 있는 걸까?
- 다른 그림책과 다른 신기한 점이 있는데 찾아보자.

③ 그림책을 읽어준다.
- 어떤 일을 하는 것 같아?
- 낙엽으로 무엇을 만드는 걸까?
- 그림책을 보면서 어떤 마음이 들었어?

④ 그림책을 읽어준 후 이야기를 나눈다.
- 다른 그림책과 다른 신기한 부분이 있었니? (숨겨져 있는 동물 등을 찾는다)
- 어떤 장면이 가장 기억에 남니? 왜 그렇게 생각해?
- 동물 친구들이 만든 과자는 어떤 맛이 날까?
- 너희가 등장인물이라면 어떤 스낵을 만들어 보고 싶니?

⑤ 그림책을 읽고 하고 싶은 놀이를 이야기 나눈다.
- 그림책을 읽고 어떤 놀이를 해보고 싶니?

■ 낙엽 스낵 동극하기

〈활동배경〉

그림책을 읽고, 『낙엽 스낵』에서 나오는 등장인물이 되어 낙엽 스낵을 만들어 보는 활동을 하는 유아들이 2~3명이 되었다. 교사는 유아들이 『낙엽 스낵』의 등장인물이 되어서 대화하는 내용을 좀 더 확장시켜서 동극으로 할 수 있도록 유아와 함께 적어보았다. 유아들과 함께 지은 그림책의 내용을 『낙엽 스낵』의 그림책에 더 첨가하여 유아 전체가 참여할 수 있는 동극을 제안하기 위하여 유아들과 함께 머리띠, 배경, 소품을 제작하였다.

- **활동유형** : 동극
- **활동목표** : 동화의 내용을 이해한다.
  동화의 내용을 극놀이로 표현할 수 있다.
- **누리과정 관련내용**
  - 의사소통 〉 책과 이야기 즐기기 〉 책에 관심을 가지고 상상하기를 즐긴다.
  - 사회관계 〉 더불어 생활하기 〉 서로 다른 감정, 생각, 행동을 존중한다.
    약속과 규칙의 필요성을 알고 지킨다.
  - 예술경험 〉 창의적으로 표현하기 〉 극놀이로 경험이나 이야기를 표현한다.
- **활동자료** : 그림책, 동극에 필요한 소품, 머리띠
- **활동방법**

① 교사는 유아들과 함께 지은 낙엽 스낵 그림책을 들려준다.
- 지난번에 너희와 함께 지은 이야기를 그림책에 넣어보았어. 그림책을 다시 들어볼까?

② 그림책을 회상하며 이야기를 나눈다.
- 그림책에 어떤 등장인물이 나왔니?
- 동물 친구들이 어떤 이야기를 했니?
- 너희가 지은 이야기를 함께 들으니 어떤 느낌이 드니?

③ 동극을 하기 위해 필요한 것들에 대해 이야기를 나눈다.
- 동극을 하려면 무엇이 필요할까?
- 등장인물은 어떻게 표시하면 좋을까?
- 나무와 숲, 소품들은 어떤 것으로 하면 좋을까?

④ 동극을 전개하기 위한 준비를 한다.
- 동극을 하기 위해 필요한 것을 준비해 보자.
- 등장인물이 등장하는 곳과 퇴장하는 곳은 어디로 할까?
- 동극에 필요한 물품은 어디에 놓을까?

⑤ 역할 분담(배역)을 한다.
⑥ 동극을 할 때 지켜야 할 약속에 대해 이야기를 나눈다.
- 등장인물은 무대 위에서 어떻게 해야 할까?
- 관람하는 사람은 어떻게 해야 할까?
⑦ 유아와 함께 준비한 소품을 무대에 꾸민다.
⑧ 동극용 머리띠를 쓰고 연기자들은 대기 장소로 간다.
⑨ 동극의 시작을 알리고 동극을 진행한다.
⑩ 평가를 하고 무대를 정리한다.
- 동극을 하면서 좋았던 부분, 아쉬웠던 부분이 있었니?
- 공연을 하면서 지켜야 할 약속은 어떻게 되었니?
- 다음 공연은 어떻게 하면 좋을까?

■ 나도 시인이 되어보아요

〈활동배경〉
유아들이 가을 동산을 보러 숲에 나가서 낙엽을 관찰하였다. 유아들이 나뭇잎을 서로 비교해 보며 관찰을 하다가 다른 나무에서 떨어지는 낙엽을 보며 떨어지는 모습에 흥미를 갖게 되었다. 한 유아가 나뭇잎을 위로 던져보자 다른 유아들이 나뭇잎을 던지는 놀이를 하였다. 또한 낙엽이 모여 있는 곳을 밟아보며 마른 낙엽을 밟을 때와 많이 모여 있는 낙엽을 밟을 때를 비교하며 상호작용을 하였다. 교사는 유아들이 낙엽과 놀이하면서 말하는 것을 녹음하였다. 녹음한 것을 유아들에게 들려주며 동시 활동을 제안한다.

- **활동유형** : 동시 짓기
- **활동목표** : 동시를 이해하고 감상하며 자신의 언어로 표현할 수 있다.
  낙엽에 대해 느낀 것을 아름다운 말로 표현할 수 있다.
- **누리과정 관련내용**
  의사소통 〉 책과 이야기 즐기기 〉 동화, 동시에서 말의 재미를 느낀다.
  말놀이와 이야기 짓기를 즐긴다.
- **활동자료** : 가을 동산에서 찍은 유아들의 동영상, 음악, 종이, 유성매직

- **활동방법**

① 유아와 낙엽을 탐색해 보았던 경험에 대해 이야기를 나눈다.

- 지난 시간에 가을 동산에서 너희가 놀았던 모습을 동영상으로 준비했어. (동영상을 틀어 준다)
- 동영상을 보면서 어떤 느낌이 들었니?

② 교사는 음악을 들려주면서 낙엽과 함께 놀면서 유아들이 말했던 내용을 들려준다.

- 낙엽놀이를 하면서 했던 말이 생각나니?
- 너희가 말했던 내용을 선생님이 적어보았는데 눈을 감고 한번 들어볼까?
- 말을 들으니까 어떤 느낌이 드니?
- 재미있었던 말이 있었니?

③ 유아들과 함께 동시를 지어본다.

(교사는 유아들이 한 말을 기록할 종이와 펜을 준비한다)

- 너희가 했던 아름다운 말로 동시를 지어보면 어떨까?
- 제목은 어떤 것으로 하면 좋을까?

④ 동시를 지은 것을 낭송해 본다.

- 우리가 지은 동시를 한번 낭송해 볼까?

⑤ 동시 활동에 대해 느낌을 이야기해 본다.

- 어떤 느낌이 드니?
- 바꾸고 싶은 부분이 있니?

⑥ 동시를 전시한다.

- 우리가 지은 동시를 모두가 볼 수 있게 하려면 어떻게 하면 좋을까?
  (우리 반 친구들이 지은 동시에 그림으로 꾸며서 전시할 수 있도록 한다)

사례 2

윤 교사는 경력 2년 차 만 5세반 25명의 하늘반 교사이다. 5월 셋째 주 주제는 그림책이며, 유아들은 자신들이 좋아하는 그림책을 유치원으로 가지고 와서 친구들에게 소개해 주고 있다. 윤 교사는 유아들이 그림책을 통해 자연스럽게 글씨에 대해 호기심을 가지고 언어활동에 참여하기를 기대하고 있다.

■ (상황 1)

영수가 그림책을 소개하려고 한다. 윤 교사는 이 그림책을 통해서 유아들이 언어에 관심을 가졌으면 하는 마음으로 그림책을 읽어주며 상호작용 한다.

영수 : (그림책을 보여주면서) 내가 좋아하는 그림책은 『씹지 않고 꿀꺽 벌레는 정말 안 씹어』야. 궁금한 것 있으면 물어봐.

시온 : 그 책을 왜 좋아해?

영수 : (책의 장면을 보여주면서) 이 책은 벌레들이 게임하는 것처럼 나와. 벌레 이름도 정말 재미있어.

시온 : 어떤 이름이 재미있는데?

영수 : 아낀다고 야금벌레... 무엇이든지 아껴서 야금야금 먹는대.

유아들 : 와, 웃기다. 선생님 영수가 가져온 그림책을 듣고 싶어요.

교사 : 그래, 정말 겉표지부터 재미있어 보이는구나. 잘 들어보자.
(교사는 그림책을 읽어준다)

교사 : (그림책을 다 읽은 후) 그림책에 어떤 글자가 나왔니?

시온 : 사탕이요, 사이다요.

교사 : 꿀꺽 벌레에게 어떤 일이 있었니?

영진 : 꿀꺽 벌레가 글자를 삼켰어요.

교사 : 꿀꺽 벌레가 삼킨 글씨에 대해 관심이 있는 친구는 언어놀이로 오기를 바래.

■ (상황 2)

자유놀이 시간에 지은과 영수는 꿀꺽 벌레 그림책에서 보았던 게임기처럼 생긴 장면을 보며 블록놀이에서 글자 따먹는 게임을 만들고 있다.

지은 : (블록놀이에서 꿀꺽 벌레 그림책을 보면서 블록으로 글자를 만드는 놀이를 하고 있다) 이거 꿀꺽 벌레가 먹은 글씨야. 알아맞혀 봐.

영수 : '사'탕의 '사'자야. 이 글씨를 게임기에 넣어볼까?

지은 : 오, 재밌겠다. 게임기는 어떻게 만들어?

영수 : (나무 블록과 꽃 블록을 가지고 와서 바닥에 깔면서) 이렇게 봐봐~ 여기를 지나가면 벌레가 먹은 글씨가 나오는 거야.

지은 : 오? 그럼 글씨를 써서 놓아두면 더 좋겠다.

윤 교사는 자유놀이 시간에 유아들이 그림책을 읽은 후 후속활동으로 언어놀이에 꿀꺽 벌레가 먹었던 글씨에 관심을 갖고 써보고 읽어볼 수 있는 활동을 준비했다. 그러나 유아들은 블록에서 그림책에 그려진 그림에 관심을 가지고 게임기 만드는 놀이에 열중해 있는 것을 관찰하면서 유아들을 어떻게 지원해야 할지 고민하게 되었다.

---

1. 윤 교사는 어떤 고민을 하고 있나요?
2. 윤 교사의 고민에 대한 해결방안을 제시해 보세요.

1. 상황 분석

위의 예시를 보고 윤 교사의 고민을 살펴보며, 윤 교사의 고민에 대한 해결방안을 제시해 보면 다음과 같다.

■ 〈상황 분석〉

- 윤 교사는 만 5세반 담임이며, 경력 2년 차 교사이다.
- 유아들의 놀이 주제는 '그림책'이다.
- 유아들은 자신들이 좋아하는 그림책을 유치원으로 가져와 친구들에게 소개해 주고 있다.
- 영수가 『씹지 않고 꿀꺽 벌레는 정말 안 씹어』라는 그림책을 친구들에게 소개해 준다.
  → 그림책을 친구들에게 소개해 주는 과정에서 유아들은 그림책에 흥미를 갖게 됨
- 유아들은 그림책에서 보았던 그림에(게임기처럼 생긴) 흥미를 갖고, 자유놀이 시간에 블록으로 글자를 먹는 게임을 만든다.
  → 교사는 유아의 흥미와 관심의 방향에 대해 관찰하고 지원해 줄 수 있다.
- 교사는 유아들이 그림책을 통해 언어발달이 이루어지기를 기대하고 있다.
- 교사는 그림책을 읽어주고 후속활동으로 언어놀이 영역에서 유아들이 읽고 쓰는 활동을 할 수 있도록 계획해 놓았다.

■ 〈윤 교사의 고민〉

(1) 교사는 유아들이 그림책을 통해 자연스럽게 글씨에 대해 호기심을 가지고 언어활동에 참여하기를 기대하고 있다.
(2) 교사는 유아들이 블록에서 그림책에 그려진 그림에 관심을 가지고 게임기 만드는 놀이에 열중해 있는 것을 관찰하면서 유아들을 어떻게 지원해야 할지 고민하고 있다.
(3) 교사가 준비한 언어활동에 유아들이 관심이 없는 것에 대해 고민하고 있다.

■ 〈윤 교사의 고민에 대한 해결방안〉

(1) 교사는 유아들이 그림책에 대해 흥미를 가지고 그림책 후속활동을 참여할 수 있도록 언어활동을 지원한다.
  – 그림책 들려줄 때 교사의 역할과 교사의 상호작용
(2) 교사는 유아들의 놀이를 관찰하고 유아의 놀이 경험을 이해하며 지원한다.
  – 교사가 미리 계획한 주제가 아니라도 유아의 놀이를 우선적으로 존중하고 관찰한다.
  – 놀이와 연계한 활동을 통해 놀이가 배움으로 이어질 수 있는 교육적 지원을 제공한다.
  – 유아의 흥미를 연결시킬 수 있는 언어적인 환경을 통합적으로 구성한다.
  – 언어활동을 연결시킬 수 있는 대 · 소집단 활동을 지원한다.

2. 해결 방안

(1) 교사는 유아들이 그림책에 대해 흥미와 관심을 가지고 그림책 후속활동에 참여할 수 있도록 상호작용을 한다

① 그림책 들려줄 때 교사의 역할과 교사의 상호작용

유아들이 그림책에 흥미를 가지고 참여할 수 있도록 하려면 교사는 적절한 지원 및 제안을 하며, 유아의 반응을 자유롭고 적극적으로 구성할 수 있도록 도와야 한다. 그러므로 그림책을 읽어줄 때 교사의 역할과 그림책을 읽어줄 때 상호작용에 대해 알아본다.

■ 그림책 들려줄 때 교사의 역할(서정숙 외, 2020)

- 그림책의 서지정보나 그림책의 앞표지, 면지 등에 대해 알려주는 안내자의 역할을 한다.

  "꿀꺽 벌레 앞표지를 보니 어떤 이야기일 것 같아? 면지에 그림이 있네?"
- 순서를 기다려서 반응을 하도록 하거나 친구가 그림책에 관련된 이야기를 할 때 귀 기울일 수 있도록 진행자의 역할을 한다.

  "지금 ○○이가 이야기하고 있으니 잘 들어보자."
- 유아들이 그림책을 보면서 이야기하는 것을 수용하고 격려해 준다.

  "와, 로봇 같아요"라는 유아의 반응에 "○○이는 꿀꺽 벌레가 로봇처럼 생겼다고 생각했구나", "○○는 아주 멋진 생각을 했구나."
- 다음 페이지에서 일어날 일에 대해 의문을 갖고 추측해 볼 수 있도록 한다.

  "갑자기 꿀꺽 벌레가 글자를 먹지 못하게 되었는데 왜 그런 걸까?"
- 유아들이 말한 것을 더 명확하게 설명하거나 유아의 생각을 구체적으로 표현할 수 있도록 한다.

■ 그림책을 읽는 방법

유아들에게 그림책을 소개하고 읽어줄 때 읽어주는 목표에 따라 읽어주는 방법이 달라질 수 있다. 앞에서 제시한 예시는 그림책이 주제이며, 그림책을 가져온 유아가 친구들에게 그림책을 소개해 주는 과정을 통해 다른 유아들이 그림책에 대해 흥미를 갖게 된 상황이었다. 그러므로 교사는 유아에게 그림책을 이해하고 감상할 수 있도록 하는 것을 목표로 하여, 다양한 상호작용이 일어날 수 있도록 다음과 같은 상호작용 방법과 전략을 사용할 수 있다.

<그림책 읽기 전, 그림책 읽는 동안, 그림책 읽은 후>

▶ 그림책 읽기 전

- 교사는 그림책을 읽어주기 전에 미리 그림책의 내용과 특징에 대해 숙지하고 어떻게 읽어주어야 하는지 생각한 후 읽어주는 것이 좋다.
- 그림책의 표지와 제목 등을 보면서 어떤 이야기가 나올지 미리 예측해 볼 수 있도록 상호작용을 한다.
  "씹지 않고 꿀꺽벌레는 어떤 내용일까?", "앞 표지를 보니까 어떤 느낌이 드니?"
- 그림책에 대한 배경지식이 있으면(작가, 등장인물, 주제, 그림의 특징 등) 유아들에게 유추해 보거나 알려줄 수 있도록 한다.
  "여기에는 글자벌레들이 많이 나온대. 어떤 벌레들이 있는지 한번 볼까?", "작가 선생님이 지은 그림책은 벌레 시리즈가 있어", "그림을 보니까 어떤 느낌이 들어?"

▶ 그림책 읽는 동안

- 그림책을 읽어줄 때는 일방적으로 처음부터 끝까지 읽어주는 것보다 그림책에 대한 유아의 생각이나 느낌, 질문 등에 대해 허용하고 유아의 반응에 대해 격려하며 적절한 피드백을 한다.
- 장면을 예측할 수 있는 발문을 하거나 그림의 독특성, 인물의 마음, 표정 등에 대해 주의를 기울일 수 있도록 한다.

▶ 그림책 읽은 후

- 그림책을 읽고 가장 생각나는 장면, 그림, 등장인물 등에 대해 이야기를 나눈다.
  "그림책을 읽고 어떤 마음이 드니?", "왜 그런 마음이 들었니?", "꿀꺽벌레는 왜 머릿속이 뒤엉켜서 힘들어 했었니?"
- 그림책을 읽으면서 해보고 싶었던 활동에 대해 유아들과 이야기를 나눈다.
- 그림책을 읽으면서 유아들이 흥미 있어 하는 것을 파악하여 후속활동과 연계할 수 있다.

〈그림책 읽기 상호작용 전략〉

유아들이 그림책에 대해 흥미를 느끼고 효과적으로 상호작용을 할 수 있도록 하려면 교사는 확산적인 상호작용 전략을 사용하는 것이 좋다. 확산적인 상호작용은 영유아의 경험과 관심을 기초로 그림책의 내용에 대한 반응을 확장하도록 자극하고 지원하는 상호작용이다(pp. 171-172 참고). 내용을 예측하는 질문, 앞에 나온 내용을 회상하는 질문, 본문을 바탕으로 개인의 이야기를 끌어내는 질문, 영유아의 생활과 연결시키는 질문, 영유아의 반응에 적절한 피드백 해주기 등이 포함된다.

위와 같은 그림책 읽어주는 방법과 교사의 역할을 토대로 그림책을 읽어주는 상호작용의 예를 제시하면 다음과 같다.

■ 씹지 않고 꿀꺽 벌레 그림책 읽기

- **활동유형** : 동화
- **활동목표** : 그림책을 이해하고 감상한다.
  그림책에 나오는 단어에 관심을 갖고 의미를 이해할 수 있다.
- **누리과정 관련내용**
  - 의사소통 〉 책과 이야기 즐기기 〉 동화, 동시에서 말의 재미를 느낀다.
    책에 관심을 가지고 상상하기를 즐긴다.
- **활동자료** : 『씹지 않고 꿀꺽 벌레는 정말 안 씹어』 그림책
- **활동방법**
  ① 유아들에게 그림책을 읽어주기 전에 꿀꺽 벌레를 소개한다.
  - 얘들아, 안녕? 나는 그림책에서 나오는 주인공이야.
  - 내가 어떻게 생겼니? 나는 이름이 꿀꺽 벌레인데, 꿀꺽꿀꺽 삼켜서 지어진 이름이야. 나를 그림책에서 만나보자.

  ② 그림책 겉표지를 탐색하며 상호작용을 한다.
  - 겉표지에 어떤 그림이 보이니?
  - 꿀꺽 벌레는 어떤 것을 꿀꺽 삼킬까?
  - 이 그림책은 어떤 이야기가 숨겨져 있을까?

- 이 책은 다른 그림책과 조금 다른 부분이 있어. 들으면서 잘 찾아보자.

③ 그림책을 읽어주며 상호작용을 한다.
- (그림책 면지를 보여주며) 여기에 어떤 그림들이 보이니?
  어떻게 이런 이름들이 지어졌을까?
- (그림책 내용을 읽어주며) 꿀꺽 벌레가 삼킨 것은 어떤 단어였을까?
- 꿀꺽 벌레는 왜 머릿속이 엉켜버렸을까?
- 꿀꺽 벌레는 어떻게 되었을까?
- 요리책에는 어떤 것들이 있을까?

④ 그림책을 읽어준 후 이야기를 나눈다.
- 어떤 장면이 가장 생각이 나니? 왜 그렇게 생각하니?
- 꿀꺽 벌레는 어떤 글자를 꿀꺽 삼켰을까?
- 다른 그림책과 다른 신기한 부분이 있었니?

⑤ 그림책을 읽고 하고 싶은 놀이에 대해 이야기를 나눈다.
- 꿀꺽 벌레가 또 어떤 글자를 삼켜보면 좋겠니?
- 그림책을 읽고 어떤 놀이를 해보고 싶니?

〈그림책 읽어주는 장면〉

(2) 교사는 유아들의 놀이를 관찰하고 유아의 놀이 경험을 이해하며 지원한다

■ 교사가 미리 계획한 주제가 아니더라도 유아의 놀이를 우선적으로 존중하고 관찰한다

유아는 자신이 놀이하는 자료를 통해 자신만의 방식으로 재창조하는 과정을 통해 사물에 대한 탐색, 심미적인 경험, 또래와 상호작용, 성취감을 얻을 수 있

다(2019 개정 누리과정 놀이실행자료, p. 38 재인용). 유아가 주도하는 놀이를 관찰하다 보면 내재된 의미와 가치를 발견하게 되기 때문에 교사는 유아의 놀이가 미리 계획한 생활주제에 맞지 않더라도 유아의 관심과 생각을 우선적으로 존중하고 지원할 수 있어야 한다. 그러므로 유아가 결정한 자료 활용방법을 격려하며, 정형화된 놀잇감 이외에 다양한 열린 자료도 지원하도록 하며, 기존의 자료를 새롭게 활용해 보는 것을 격려한다.

■ 놀이와 연계한 활동을 통해 놀이가 배움으로 이어질 수 있는 교육적 지원을 제공한다

유아가 놀이를 통해 배움의 과정이 일어날 수 있도록 교사는 유아의 놀이를 관찰하면서 교육적으로 지원할 수 있어야 한다(pp. 159-162 참고). 이러한 제안에 근거하여 앞에서 제시한 놀이상황을 통해 유아의 놀이경험을 이해하며 개정 누리과정 5개 영역의 내용을 통합적으로 연계해 보았다.

■ 유아의 놀이 상황

자유놀이 시간에 지은과 영수는 『씹지 않고 꿀꺽 벌레는 정말 안 씹어』 그림책에서 보았던 게임기처럼 생긴 장면을 보며 블록놀이에서 글자 따먹는 게임을 만들고 있다.

지은 : (블록놀이에서 꿀꺽 벌레 그림책을 보면서 블록으로 글자를 만드는 놀이를 하고 있다) 이거 꿀꺽 벌레가 먹은 글씨야. 알아맞혀 봐.
영수 : '사'탕의 '사'자야. 이 글씨를 게임기에 넣어볼까?
지은 : 오, 재밌겠다. 게임기는 어떻게 만들어?
영수 : (나무 블록과 꽃 블록을 가지고 와서 바닥에 깔면서) 이렇게 봐봐~ 여기를 지나가면 벌레가 먹은 글씨기 나오는 기야.
지은 : 오? 그럼 글씨를 써서 놓아두면 더 좋겠다.

■ 유아 놀이 경험 이해

- 지은이는 블록놀이 영역에서 그림책에서 꿀꺽 벌레가 먹었던 단어를 블록으로 만든다.
- 영수는 지은이가 블록으로 만든 단어를 보면서 그림책에서 흥미롭게 보았던 게임기를 다양한 블록으로 만들며 상호작용을 한다.
- 영수와 지은이는 게임기를 통해 꿀꺽 벌레가 먹은 글씨가 나오는 게임 방법을 만들고, 글씨카드를 쓰는 게임 방법까지 생각해 내며 서로 놀이를 즐겁게 참여하고 있다.

■ 5개 영역 내용 연계

의사소통

책과 이야기 즐기기 → 책에 관심을 가지고 상상하기를 즐긴다.
읽기와 쓰기에 관심을 가지기 → 주변의 상징, 글자 등의 읽기에 관심을 가진다.

- 유아들은 그림책의 이야기를 즐기면서 관련된 내용에 관심을 가지고 블록으로 그림책에서 나왔던 글씨를 만들어 보는 놀이를 즐긴다.
- 유아들은 서로 이야기를 들으면서 놀이를 확장시킨다.

사회관계

더불어 생활하기 → 친구와 서로 도우며 사이좋게 지낸다.
서로 다른 감정, 생각, 행동을 존중한다.

- 유아들은 서로 놀이를 이끄는 친구의 생각을 존중하며 도우면서 사이좋게 지낸다.

예술경험

창의적으로 표현하기 → 다양한 미술재료와 도구로 자신의 생각과 느낌을 표현한다.

- 유아들은 그림책에서 보았던 장면을 블록에 있는 다양한 도구를 사용하여 자신의 생각을 창의적으로 표현하는 과정을 즐기고 있다.

■ 교사지원

- 자료 : 유아들이 흥미 있어 하는 그림책과 연계된 게임을 만들어볼 수 있도록 다양한 블록을 제시해 준다. 언어영역과 연계될 수 있도록 자료에 제한을 두지 않는다.
- 공간 : 유아들이 블록과 미술, 언어 영역들을 함께 사용할 수 있도록 공간을 넓고 자유롭게 구성해 준다.
- 놀이지원 : 유아들이 민든 꿀꺽 벌레 게임으로 약속을 정하고 놀이를 해볼 수 있도록 지원한다.
- 상호작용 : 유아들이 놀이의 확장이 일어날 수 있도록 언어적, 정서적으로 지원해 준다.

■ 유아의 흥미를 연결시킬 수 있는 언어적인 환경을 통합적으로 구성한다

유아는 환경과의 상호작용을 통하여 자신과 함께하는 환경을 통하여 의미를 발견해 나가므로 환경구성은 중요하다. 교실의 환경구성의 흥미영역은 교사가 구성해놓은 영역에서만 유아들이 놀이하도록 구성하는 것이 아니라 유아들이 관심 있어 하는 놀이를 중심으로 구성하는 것이 좋다. 놀이에 따라서 유아들이 관심을 보이지 않은 영역은 다른 영역과 통합하여 재구성할 수 있도록 하거나 또한 유아의 흥미에 따라 새로운 영역이 구성될 수 있도록 열린 공간을 구성할 수 있도록 한다.

♠ 예상 놀이 교육계획안

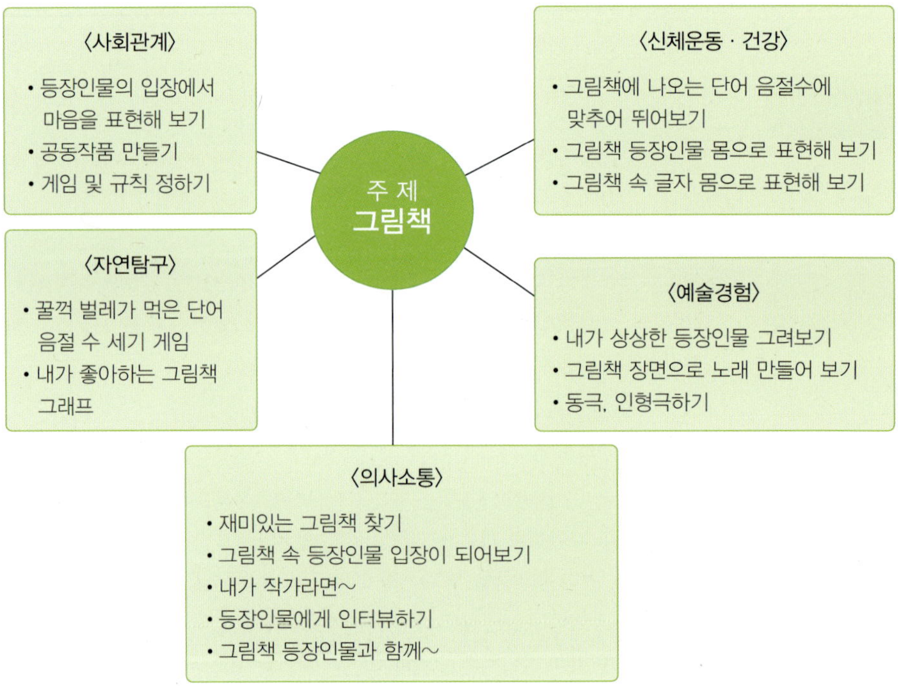

■ 언어활동을 연결시킬 수 있는 대 · 소집단 활동을 지원한다.

■ 그림책 속 등장인물을 만난다면

〈활동배경〉
유아가 글 없는 그림책 『눈사람 아저씨』를 가져왔다. 친구들에게 소개해 주는 과정에서 유아들의 요구사항이 있었다. 그림책이 너무 작아서 크게 보고 싶고, 음악과 함께 들어보면 좋겠다는 의견이 나왔다. 교사는 눈사람 아저씨 그림책을 PPT로 준비하여 음악과 함께 들어볼 수 있도록 제안한다.

- **활동유형** : 이야기 나누기(대집단 활동)
- **활동목표** : 그림책을 이해하고 감상한다.
  그림책 등장인물의 입장을 이해할 수 있다.
- **누리과정 관련내용**
  의사소통 〉 듣기와 말하기 〉 말이나 이야기를 관심 있게 듣는다.
  자신의 경험, 느낌, 생각을 말한다.
  책과 이야기 즐기기 〉 동화, 동시에서 말의 재미를 느낀다.
  말놀이와 이야기 짓기를 즐긴다.
- **활동자료** : 『눈사람 아저씨』 그림책, PPT, 음원, 사인펜
- **활동방법**
  ① 유아들에게 눈사람 아저씨 그림책을 보여준다.
  (그림책을 PPT로 만들어서 음악과 함께 천천히 보여준다)
  – 그림책을 PPT 동화로 만들고 음악을 넣어보았는데 지난번 그림책과 어떻게 다른지 한번 들어보자.
  ② 동화를 듣고 매체가 다른 그림책의 느낌에 대해 이야기를 나눈다.
  – 그림책을 보면서 어떤 느낌이 들었니?
  – 그림책과 PPT와 음악을 함께 들으니까 어떻게 달랐니?
  ③ 그림책 등장인물에 대해 이야기를 나눈다.
  – 눈사람 아저씨는 어떤 분인 것 같니?
  – 그림책 속 아이는 눈사람 아저씨와 함께 있으면서 어떤 마음이 들었을까?
  ④ 눈사람 아저씨와 하고 싶은 것에 대해 이야기를 나눈다.
  – 만약에 눈사람 아저씨가 우리 반 교실에 온다면 무엇을 해보고 싶니?
  (유아들이 한 말을 종이에 기록한다)
  ⑤ 눈사람 아저씨와 하고 싶은 것을 적어보거나 그림으로 그려본다.

■ 그림책 속 장면으로 교구 만들어 놀이하기

〈활동배경〉

유아들은 『씹지 않고 꿀꺽 벌레는 정말 안 씹어』 그림책을 듣고 그림책 장면을 활용하여 게임을 만들어 보고 싶어 했다. 교사는 게임을 만들 수 있도록 지원한다.

- **활동유형** : 언어놀이(소집단 활동)
- **활동목표** : 그림책의 특징에 대해 관심을 가진다.
  게임을 통해 단어와 음절을 알 수 있다.
  게임의 방법을 유아들과 함께 정할 수 있다.
- **누리과정 관련내용**
  의사소통 〉 듣기와 말하기 〉 자신의 경험, 느낌, 생각을 말한다.
  책과 이야기 즐기기 〉 책에 관심을 가지고 상상하기를 즐긴다.
  사회관계 〉 더불어 생활하기 〉 약속과 규칙의 필요성을 알고 지킨다.
- **활동자료** : 그림책, 그림책 장면, 주사위, 게임 말
- **활동방법**

① 유아들과 그림책의 장면을 회상한다.
- (그림책 장면을 보여주며) 그림책에 있는 장면으로 게임을 만들어 보고 싶다고 했는데 어떤 장면으로 게임을 만들어 보면 좋을지 이야기해 보자.
- 어떤 장면을 선택하고 싶니?

② 그림책 장면으로 어떤 게임을 만들면 좋을지 게임 방법에 대해 이야기 나눈다.
- 이 장면으로 어떤 게임을 만들면 좋을까?
- 꿀꺽 벌레는 어떤 글자를 삼켰니?
- 꿀꺽 벌레가 삼킨 글자를 게임을 하면서 알려주려면 어떤 방법으로 하면 좋을까?

③ 유아들과 함께 정한 게임 활동방법을 소개한다.
- 그림(그림책 속에 있는)을 양편 하나씩 나누어 가진다.
- 시작 부분에 꿀꺽 벌레를 세워놓는다.
- 순서를 정해 주사위(꿀꺽 벌레가 삼킨 단어 그림을 붙여놓음)를 던져 나온 단어의 음절 수만큼 칸을 이동한다.
- 중간중간에 *표시에 도착하면 꿀꺽 벌레가 삼킨 단어카드를 가져간다.
- 끝까지 돌아왔을 때 단어카드가 많은 사람이 승리한다.

④ 게임을 할 때 지켜야 할 약속을 정한다.
- 너희가 정한 게임을 할 때 지켜야 할 약속은 무엇일까?

⑤ 활동 후 평가한다.

- 너희가 만든 게임을 해보니 어떠니?
- 이 교구로 어떤 놀이를 더 해볼 수 있을까?

〈그림책 장면으로 게임을 만들어 놀이하는 모습〉

② 영아 언어지도의 실제

1. 나는요

놀이 주제 01

나는요

1) 놀이 상황

역할영역에서 몇 명의 만 2세 영아들이 자신의 몸에 있는 신체 부위에 관심을 보인다.
만 2세 영아들이 역할놀이 영역에서 '닮은 곳이 있대요'라는 노래를 흥얼거리며 엄마, 아빠 놀이를 하고 있다.

예나 : (교사에게) 엄마와 나는 눈이 똑같아요.
유리 : 선생님 나도요! 난 여기 점 있는데 우리 엄마도 어디에 점 있어요.
교사 : 오~ 그렇구나! 예나는 눈이 엄마랑 닮았고 유리는 몸에 점이 있구나.
선생님도 선생님 엄마랑 손이 닮았어요.

2) 놀이 상황 분석 및 교사의 지원

영아들은 자신의 신체 부위에 대해 엄마와 닮은 점들을 이야기하면서 신체 부분(명칭)에 대해 관심을 보이는 것을 보고 교사는 신체 부분의 명칭에 대해 정확히 인지할 수 있도록 하였다. 또한 영아들이 관심을 보인 신체 부분이 하는 역할과 내 몸이 매우 소중하다는 것을 인지하도록 관련된 놀이를 지원한다.

3) 보육과정 영역별 놀이 활동

나는요

〈의사소통〉
- '함께 모여 내 얼굴'*
- 난 촉감글자*
- '난 네가 좋아' 동극활동*
- NIE활동 : 내가 좋아하는 사진 찾아 '내가 좋아하는~' 사전 만들기

〈기본생활〉
- 나는 혼자 화장실 갈 수 있어요
- 나는 스스로 단추를 끼울 수 있어요

〈예술경험〉
- 나의 몸을 사용해서 소리를 만들어 봐요
- 손바닥, 손가락, 입술 찍기

〈신체활동〉
- 손바닥 발바닥 징검다리를 건너요
- 손과 발을 사용해서 풍선을 날려보아요

〈자연탐구〉
- 신체 움직임 그림자 놀이
- 내 얼굴 거울로 탐색해 보기

〈사회관계〉
- '사랑해' 스티커 붙이기
- 나는 누구일까요?

4) 관련 그림책

책 제목	킁킁 무슨 냄새지?
서지정보	글, 그림 : 박정선, 홍선주 출판사 : 시공주니어 출판연도 : 2007년
교육적 적용	"흐음, 무슨 냄새지?"라는 질문과 함께 "흐음~ 향긋한 냄새"라는 답이 반복해서 이어지며 리듬감 있게 표현된 그림책이다. 달콤한 냄새, 맛있는 냄새, 구린 냄새, 매운 냄새에 대해 알려준다.

책 제목	보들보들 무엇일까?
서지정보	글, 그림 : 박정선, 남은미 출판사 : 시공주니어 출판연도 : 2007년
교육적 적용	그림책의 처음 장을 넘기면 감각을 느낄 수 있는 질문이 나오며, 그다음 장을 넘기면 그에 해당이 되는 사물의 그림이 그려져 있으며 리듬감 있는 답이 반복해서 이어진다. 따갑고, 미끄럽고, 우둘투둘하고, 물렁물렁한 감각에 대해 알려준다.

책 제목	쏴아쏴아 무슨 소리지?
서지정보	글, 그림 : 박정선, 조은희 출판사 : 시공주니어 출판연도 : 2007년
교육적 적용	“쏴아쏴아 무슨 소리일까요?” 책장을 넘기면 “소나기가 쏴아쏴아, 샤워기가 쏴아쏴아” 하는 대답과 함께 비를 맞는 우산들이 보이고, 샤워기에서 시원한 물줄기가 뿜어 나온다. 또한 파도 치는 소리, 나뭇잎이 가을바람에 흔들리는 소리 등 많은 소리들을 담은 그림책이다.

5) 언어발달 측면의 교육적 놀이 지원

활동 1 함께 모여 내 얼굴

활동유형 대소집단

활동연령 만 2세

영 역 동화

목 표
- 동화를 듣고 내용을 이해한다.
- 동화를 통해 눈, 코, 입, 귀가 하는 역할과 필요성을 안다.

2024 개정 표준 보육과정 관련요소

- 의사소통 〉 듣기와 말하기 〉 표정, 몸짓, 말에 주의를 기울여 듣는다.
- 의사소통 〉 책과 이야기 즐기기 〉 말놀이와 이야기에 재미를 느낀다.

가. 활동자료

그림책『함께 모여 내 얼굴』 테이블 동화

나. 활동방법

1) '사과 같은 내 얼굴' 노래를 함께 부르며, 눈, 코, 입을 영아와 함께 찾아 본다.

2) 테이블 동화를 들려주면서 영아들과 상호작용을 한다.
   - 선생님이 '함께 모여 내 얼굴'이라는 동화를 가져왔어.

함께 모여 내 얼굴

코 : 이야~ 맛있는 음식이다. 쩝쩝쩝쩝 .
귀 : 야호~ 맛있다. 정말 맛있었지?
입 : 흐흠~ 이건 나 덕분에 먹을 수 있었던 거야.
모두 : 뭐라구?
입 : 음식을 씹을 수 있는 튼튼한 내 이와 입이 없었다면 너희가 먹을 수 있었겠어?
코 : 호호호호~ 음식을 보기만 하면 뭘 해? 내 코로 음식이 상했는지 안 상했는지 확인했으니 우리가 아프지 않은 거라구.
귀 : 허어이~~ 우리 모두 내 귀를 한 번 볼까?
입 : 귀? 에계~ 귀하고 음식하고 무슨 상관이야?
귀 : 엄마가 '이리 와서 음식 먹어라~'라고 말하시는 걸 내가 듣지 않았으면 우리는 음식을 먹으러 오지도 않았을걸?
눈 : 잠깐잠깐! 결국 우리 모두가 모여서 이 음식을 먹게 된 거잖아?
코 : 그래. 그럼, 모두한테 고마워~
입 : 그래, 나도 고마워.
모두 : 고마워~~

3) 동화의 내용을 회상하면서 영아들과 상호작용을 한다.
- 얼굴에 있는 친구들이 함께 모여 어떤 일이 있었니?
- 코는 어떤 일을 했니?
- 입, 귀, 눈은 어떤 일을 했니?
- 만약에 코가 없다면 어떻게 될까?
- 입, 귀, 눈이 없다면 어떤 일이 생길까?
- 우리 얼굴에 있는 친구들은 모두 소중한 친구들이구나.

다. 확장활동

1) 얼굴 맞추기 퍼즐
2) 친구끼리 소중한 신체를 맞대어 보기

활동 2 난 촉감 글자

활동유형 자유놀이

활동연령 만 2세

영 역 언어

목 표
- 시각과 촉감을 통해 색깔과 다양한 질감을 경험할 수 있다.
- 다양한 촉감으로 글을 쓰는 놀이를 통해 쓰기에 흥미를 유발시킬 수 있다.

2024 개정 표준 보육과정 관련요소
- 의사소통 〉 읽기와 쓰기에 관심 가지기 〉 주변의 그림과 상징, 글자에 관심을 가진다.

가. 활동자료

촉감 글자판

촉감 글자책

과일 바구니

나. 활동방법

1) 도입에서 들려준 『찾아줘 나의 색』 동화책을 다시 한번 회상하며 이야기 나눈다.

2) 촉감 글자판을 보며 이야기를 나눈다.
   – 책의 모양이 무슨 모양이니?

- 과일바구니 안에 무엇이 들어 있니?

3) 활동방법을 소개하고 활동을 해본다.
- 촉감 글자책을 꺼내어서 책표지에 있는 단면과일을 맞춰본다.
- 과일바구니에서 쓰여진 글자에 맞는 과일을 꺼내어서 접시 위에 붙여 본다.

4) 활동 후 평가한다.
- 과일 이름을 손으로 써보니 느낌이 어땠니?
- 과일을 찾아서 책에 잘 붙여볼 수 있었니?

다. 활동의 유의점

1) 활동하기 전에 과일의 이름을 익히도록 한다.
2) 촉감 글자책 겉표지에 있는 과일 단면과 그 안에 쓰여진 과일의 이름과 맞는 과일을 찾을 수 있도록 한다.

라. 확장활동

1) 과일 맛 분류해 보기
2) 다양한 냄새 찾아보기

활동 3 난 네가 좋아

활동유형 대소집단

활동연령 만 2세

영역 동극

목표
- 동화를 듣고 내용을 이해한다.
- 그림책의 등장인물이 되어본다.

2024 개정 표준 보육과정 관련요소
- 의사소통 〉 듣기와 말하기 〉 상대방의 이야기를 듣고 말한다.
- 의사소통 〉 듣기와 말하기 〉 자신의 요구와 느낌을 말한다.

가. 활동자료

『난 네가 좋아』 그림책에 나오는 등장인물 자료, 잔잔한 음악

나. 활동방법

1) 영아들과 그림책의 이야기를 회상하며 이야기를 나눈다.
   - 그림책에 누가 나왔니?
   - 해님은 누구를 좋아한다고 했니?

2) 영아들과 활동을 소개하며 이야기를 나눈다.
   - 너희가 이 그림책에 나오는 강아지(외 등장인물)가 되어보면 어떨까?
   - 그림책에 나오는 것처럼 좋아하는 것을 표현해 볼 수 있을까?

3) 영아들과 동극을 시작한다.
   - 그림책에 나오는 등장인물 그림자료를 영아들의 가슴에 붙이고 한 명씩 무대로 나온다.
   - 교사는 음악과 함께 천천히 그림책의 글을 읽어준다.

- 영아들은 들려주는 그림책의 이야기를 듣고 몸으로 표현해 본다(교사는 영아들이 자신이 맡은 역할을 이해하고 동작으로 표현할 수 있도록 도와준다).

4) 영아들과 동극을 한 후 느낀 점에 대해 이야기를 나눈다.
   - 그림책의 이야기를 직접 몸으로 표현해 보니 어떠니?
   - 무엇이 제일 재미있었니?
   - 속상한 점은 없었니?

다. 활동의 유의점

1) 활동하기 전에 그림책의 내용을 이해할 수 있도록 한다.
2) 교사는 영아들이 맡은 역할을 이해하고 동작으로 표현할 수 있도록 도움을 준다.

라. 확장활동

1) 내가 좋아하는 물건 소개하기
2) 내가 좋아하는 친구 수수께끼 하기

3 유아 언어지도의 실제

1. 교통기관
2. 세계 여러 나라

놀이 주제 01

교통기관

1) 놀이 상황

만 5세 유아들이 교통 박물관에 다녀오고 난 다음 날, 유치원의 쌓기영역에 있는 다양한 블록들을 사용해 여러 교통기관을 만들고 있다.

예나 : (우레탄 블록을 세우며) 블록을 이렇게 세우면... 짜잔! 트럭 완성~
유리 : 우와~ 예나야! 너 뭐 만든 거야?
예나 : 응~ 어제 박물관에서 봤던 트럭을 만들었어! 너도 여기 와서 하나 만들어 봐.
유리 : 그럴까? 그런데 나는 자동차에는 도로가 필요하니까 도로 만들래.
예나 : 아, 그래? 와 마침 도로가 필요했는데!! 그럼 내 트럭이 네가 만든 도로 위를 달리면 되겠다!
유리 : 그래~! 아 그럼 나는 버스 만들어야 되겠다!
예나 : 어! 버스 나 타본 적 있는데! 버스 탈 때는 네모난 카드를 이렇게(카드를 대는 시늉을 하며) 삑! 찍는 거래~
유리 : 맞아. 나도 타봤어!! 너 전철 타봤어?
예나 : 응! 맞아. 엄~청 길고 빨라! 우리 그럼 전철도 하나 만들까?
유리 : 그래!

교사 : 예나랑 유리는 뭐 만들고 있어요?
유리 : 버스랑 택시랑 뭐 이런 거요.
예나 : 그럴까? 좋아!! 그럼 일단 자동차는 도로 위를 씽씽 달리니까 바퀴를 만들어야지! 일단 둥근 나무 조각으로 바퀴를 만들고...

2) 놀이 상황 분석 및 교사의 지원

유아들은 버스, 택시를 타본 경험을 서로 이야기하면서 블록들을 사용해 교통기관을 만들고 있다. 교사는 유아들이 다양한 교통기관의 종류와 기능에 대해 관심을 갖도록 환경을 준비하기로 한다. 또한 일상생활에서 가장 쉽게 이용할 수 있는 유치원 버스를 비롯한 전철, 택시와 같은 대중교통수단의 종류, 방법 등에 대해 이야기를 나누어 볼 수 있도록 지원한다.

3) 누리과정 영역별 놀이 활동

교통기관

〈의사소통〉

- 교통기관 수수께끼 놀이
- 대중교통수단이란?*
- 만약 교통기관이 없다면?
- 교통기관 동화 만들어 보기
- 교통기관 골든벨
- 빙글빙글 글자놀이*
- 집게 글자놀이*
- 유치원에 갑니다*
- 지하철을 타요*
- 교통수단 암호를 풀어라*
- 교통기관 뉴스 앵커놀이

〈신체운동 · 건강〉

- 교통기관 하면 생각나는 것 몸으로 표현하기
- 교통기관 활주로 만들기

〈사회관계〉

- 공항놀이
- 기차놀이
- 운전기사 되어보아요

〈예술경험〉

- 나만의 교통기관 만들어 보기
- 도구와 재료를 사용해 교통기관 만들어 보기
- 교통기관이 사용하는 나만의 도로 및 활주로 만들어 보기

〈자연탐구〉

- 교통기관이 움직이는 법 알아보기
- 교통기관의 바퀴 수 세어보기
- 교통기관 반쪽 찾아보기 (반쪽 그림 거울 비추기)
- 교통기관 퍼즐 맞추기
- 교통기관 숨은 그림 찾기

4) 관련 그림책

혼자서 비행기를 탔어요

■ 서지정보

- 글, 그림 : 올리비에 멜라노
- 출판사 : 파랑새어린이
- 출판연도 : 2001년

■ 내 용

레아와 테오는 방학이 되어 할머니 댁에 가려고 엄마, 아빠도 없이 비행기를 타기로 한다. 물론 엄마, 아빠가 공항까지 배웅을 해주셨고, 할머니께서 도착할 공항에 마중 나와 계신다. 승무원의 도움을 받아 비행기를 타고, 안전벨트를 매고, 기내 식사도 했다. 조종실도 구경하고 비행기에 내려 보니 할머니께서 마중 나와 계셨다.

■ 특징 및 교육적 적용

- 이 그림책은 공항에서 일어나는 일들과 비행기를 타서 내리고 짐을 가지고 가는 모든 과정을 만화의 형식을 빌려 알 수 있게 제시되었다. 유아들과 공항에서 비행기를 타고 내릴 때까지 과정에 대해 유아들과 이야기해 보며 그림책에 제시된 것처럼 공항놀이를 할 수 있다.

지하철을 타요

■ 서지정보

- 글, 그림 : 아나스타샤 수엔, 캐론 카츠
- 출판사 : 와이즈아이
- 출판연도 : 2007년

■ 내 용

아이는 엄마와 함께 바깥 구경을 마치고 지하철을 타고 집으로 돌아간다. 지하철을 타러 아래로 내려가고 타박타박 개찰구를 지나 사뿐사뿐 지하철에 올라탄다. 이리저리 흔들리는 지하철은 사람들이 북적북적 많고 재미있기만 하다.

■ 특징 및 교육적 적용

- 이 책은 지하철을 타는 모든 과정을 아이의 눈에서 재미있게 표현하였으며, 지하철에서 나는 소리, 걷는 소리 등을 의성어와 의태어를 반복하여 리듬감 있게 표현하였다. 유아들과 지하철을 탔을 때의 경험을 나누고 의성어, 의태어의 의미를 느껴보고 새롭게 구성할 수 있다.

작은 기차

■ 서지정보

- 글, 그림 : 마거릿 와이즈 브라운, 레오 딜론 · 다이앤 딜론
- 출판사 : 웅진주니어
- 출판연도 : 2001년

■ 내 용

아이는 장난감 기차를 선물로 받는다. 기차 장난감은 기차 장난감을 싣고 왔던 진짜 기차처럼 서쪽을 향해 달려간다. 진짜 기차는 새 기차, 장난감 기차는 옛날 기차이다. 새 기차가 기다란 철길을 달리면 장난감 기차도 양탄자 가장자리 술 위를 철길 삼아 달린다. 기차가 언덕을 향해 가면 언덕이라는 큰 책 속으로 장난감 기차도 들어가며 종착역에 도착한다.

■ 특징 및 교육적 적용

- 이 그림책은 운율이 느껴지는 시적인 글과 그 글을 탁월하게 표현한 그림으로 구성되어 있다. 그림책 왼쪽은 아이가 세상에서 기차를 타보고 경험해 보거나 아빠에게 들었던 여행길의 기차를 표현했으며, 다른 한쪽은 아이가 그 이야기를 듣고 떠나는 상상의 세계, 방안을 돌아다니지만 결코 방 안이 아닌, 깜찍한 상상의 여행길을 묘사했다.
- 아들과 블록 방에서 그림책과 같이 상상의 기차놀이를 할 수 있으며 역할놀이로 기차놀이를 해볼 수 있다.

꼬마 트랙터 맥스

■ 서지정보

- 글, 그림 : 로랑 브르쥐농, 도미니끄 마에
- 출판사 : 한스북
- 출판연도 : 2003년

■ 내 용

빨간 꼬마 트랙터 맥스는 농부 아저씨에 의해 농장일을 했다. 그러나 농장생활은 생각했던 것과 달랐다. 때로는 진흙 밭에서, 빗속에서 아주 힘든 일을 해야 했다. 또한 바람이 들어오는 낡은 헛간에서 잠을 자야 했다. 그럼에도 불구하고 맥스는 정성을 다해 열심히 일을 했다. 그러다 결국 병이 나고 말았다. 맥스는 농부 아저씨가 고장 난 맥스를 버리고 새 트랙터로 바꿀까봐 걱정했지만 농부 아저씨는 맥스를 잘 고쳐서 사용하셨다.

■ 특징 및 교육적 적용

- 맥스가 열심히 일을 하는 모습을 통해 유아들은 일하는 자동차에 대해 알 수 있으며 농부 아저씨가 맥스를 버리지 않는 모습에 유아들은 도구가 사람들에게 속해 있지만 소중히 다루어야 함을 느낄 수 있다. 그림책을 읽고 트랙터 맥스에게 편지쓰기, 농부 아저씨께 하고 싶은 말을 해볼 수 있다.

작은 배

■ 서지정보
- 글, 그림 : 캐시 헨더슨, 패트릭 벤슨
- 출판사 : 보림
- 출판연도 : 1996년

■ 내 용

사내아이는 스티로폼으로 작은 배를 만든다. 그러나 작은 배는 바람에 실려 떠내려 간다. 작은 배는 게잡이 배와 등대, 바닷새, 유조선을 지나 풍랑에 시달리고 물고기에 잡혀 바닷속까지 구경한다. 지구를 반 바퀴나 돌아온 작은 배는 바닷가에서 한 여자아이를 만난다.

■ 특징 및 교육적 적용
- 배가 지나는 바다 곳곳의 풍경이 수채화로 그려져 있으며, 이야기가 시적인 어휘로 표현되어 있어서 상상력과 행복감을 주는 그림책이다. 유아들과 작은 배가 어떻게 되었을까? 중간 이야기를 지어보거나 배를 만들어 강물에 띄워보고 상상해 보는 활동을 할 수 있다.

5) 언어발달 측면의 교육적 놀이 지원

활동 1 '대중교통 수단'에 대해서

활동유형 이야기나누기

활동연령 만 5세

목 표
- 대중교통의 의미를 안다.
- 여러 가지 대중교통에 관심을 가진다.

2019 개정 누리과정 관련요소
- 의사소통 〉 듣기와 말하기 〉 자신의 경험, 느낌, 생각을 말한다.
- 자연탐구 〉 생활 속에서 탐구하기 〉 도구와 기계에 대해 관심을 가진다.

가. 활동자료

다양한 대중교통수단의 사진(버스, 기차, 전철, 마을버스 등)

나. 활동방법

1) 어디에 가거나 장소를 이동할 때 우리는 어떻게 갈 수 있을까요?
   - 버스요! 자동차요!
   - 걸어서요!
   - 택시요!
2) 대중교통이란 무엇일까요?
3) 대중교통수단에는 무엇이 있을까요?
   - 버스, 마을버스, 전철, 택시, 유치원 버스....
4) 대중교통을 타본 경험이 있니? 언제 이용해 보았어요?
5) 대중교통은 왜 생겼을까요?
   - 우리 모두 다 같이 이동하기 위해서요!
   - 친구랑 같이 놀러 가려고요!
6) 너희들이 미래에 이용할 교통수단을 만든다면 어떤 걸 만들고 싶어요?
   - 날아다니는 자동차요!
   - 바닷속을 다니는 전철이요!
   - 혼자서 움직이는 유치원 버스요!

다. 활동의 유의점

1) 다양한 대중교통의 실제 사진을 준비한다.
2) 유아들이 대중교통을 사용한 자신의 경험을 자유롭게 이야기할 수 있도록 한다.

라. 활동평가

1) 대중교통의 의미를 아는가?
2) 여러 가지 대중교통에 관심을 가지는가?

활동 2 빙글빙글 글자놀이

활동유형 자유놀이

활동연령 만 4세

영 역 언어

목 표
- 놀이를 통해 자연스럽게 교통기관 단어를 익힌다.
- 음소를 인식할 수 있다.

2019 개정 누리과정 관련요소
- 의사소통 〉 읽기와 쓰기에 관심 가지기 〉 주변의 상징, 글자 등의 읽기에 관심을 가진다.

가. 활동자료

빙고판, 음소가 적혀 있는 돌림판, 글자카드

나. 활동방법

1) 교통기관에 대한 수수께끼를 낸다.
   - 나는 물건을 운반해 주는 열차예요. 내 이름은 무엇일까요?
   - 화물열차예요. 화물열차를 본 적이 있나요?

2) 게임자료를 보며 이야기 나눈다.
   - 돌림판에 무엇이 보이니?
   - 비행기는 어떻게 사용하는 걸까?
   - 이 돌림판으로 어떤 놀이를 할 수 있을까?

3) 활동방법을 소개한 후 활동을 한다.

활동방법

① 돌림판에 있는 자음을 순서대로 읽어본다.
② 돌림판을 돌린다.
③ 돌림판에 있는 비행기가 가리키는 자음을 읽어본다.
④ 돌림판으로 돌려 나온 자음으로 시작되는 교통기관을 생각한다.
⑤ 순서를 정해 돌림판을 돌려, 비행기가 가리키는 자음으로 시작되는 교통기관을 큰 소리로 이야기한다(예 ㄱ–기차, ㅂ–비행기).
⑥ 자음과 맞는 교통기관을 말했을 경우 그 교통기관의 그림이 그려진 그림카드를 획득한다.
⑦ 획득한 그림카드를 4개 그림판에 먼저 다 채우는 사람이 승리한다.

4) 활동 후 평가한다.
   – 그림과 글씨를 잘 찾을 수 있었니?
   – 게임을 어떤 방법으로 바꾸어 보면 좋겠니?

다. 활동의 유의점

1) 활동하기 전에 그림책에 있는 도구의 이름을 함께 알아보도록 한다.
2) 게임이 어느 정도 진행이 되면 카드를 뒤집어 놓고 게임을 할 수 있다.

라. 활동평가

1) 음소와 단어를 서로 연결하여 찾을 수 있는가?

활동 3 집게 글자 놀이

활동유형 자유놀이

활동연령 만 4세

영 역 언어

목 표
- 놀이를 통해 자연스럽게 교통기관 단어를 익힌다.
- 단어에 있는 음절 수를 구별해 볼 수 있다.

2019 개정 누리과정 관련요소
- 의사소통 〉 읽기와 쓰기에 관심 가지기 〉 말과 글의 관계에 관심을 가진다.
- 의사소통 〉 듣기와 말하기 〉 말이나 이야기를 관심 있게 듣는다.

가. 활동자료

교통단어 그림판, 숫자 주사위, 색깔 주사위, 교통단어 집게, 교통단어 집게 상자

나. 활동방법

1) 게임자료를 보며 이야기 나눈다.
   - 그림판에 무엇이 보이니?
   - 이 도구로 어떤 놀이를 할 수 있을까?

2) 활동방법을 소개한 후 활동을 한다.

활동방법

① 색깔 주사위와 숫자 주사위를 던진다.
② 색깔 주사위를 던져 나온 색깔에 맞는 판에 있는 그림을 본다.
③ 숫자 주사위를 던져 나온 음절 개수만큼 집게를 집어 교통단어 그림판에 집게를 꽂는다.
④ 먼저 집게를 다 꽂은 팀이 승리한다.

3) 활동 후 평가한다.
   - 그림과 글씨를 잘 찾을 수 있었니?
   - 게임을 어떤 방법으로 바꾸어 보면 좋겠니?

다. 활동의 유의점

1) 집게를 바르게 사용하도록 한다.

라. 활동평가

1) 그림과 단어를 서로 연결하여 찾을 수 있는가?

활동 4 유치원에 갑니다

활동유형 자유놀이

활동연령 만 4세

영역 언어

목표
- 게임을 통해 음절과 교통기관 단어를 인식할 수 있다.
- 게임을 통해 표지판의 생김새와 의미를 안다.

2019 개정 누리과정 관련요소
- 의사소통 〉 읽기와 쓰기에 관심 가지기 〉 말과 글의 관계에 관심을 가진다.

가. 활동자료

활동 교구함

돌림판

게임 도로판

나. 활동방법

1) 교통기관에 대한 수수께끼를 낸다.
   - 나는 하늘 위를 날아다녀요. 나는 먼 곳까지 사람을 태워요. 나는 무엇일까요?
   - 나는 비행기예요. 그런데 나는 몇 글자일까요?

2) 게임자료를 보며 이야기 나눈다.
   - 돌림판에 무엇이 보이니?
   - 도로에 무엇이 보이니?
   - 이것의 이름이 무엇인지 알고 있니?
   - 어떤 놀이를 할 수 있을까?

3) 활동방법을 소개한 후 활동을 한다.

활동방법

① 유아 2명이 도로판 위에 표지판을 배치한다.
② 교통기관 돌림판을 돌린다.
③ 교통기관 돌림판에서 화살표에 걸린 교통기관을 읽고 음절 수를 센다.
④ 음절 수대로 도로 위에 게임말인 유치원 버스로 칸에 맞게 전진하고, 표지판 규칙을 지켜가며 옮겨간다.
⑤ 먼저 도착한 유치원 버스가 승리한다.

4) 활동 후 평가한다.
   - 게임을 하면서 어떤 어려운 점이 있었니?
   - 표지판의 규칙을 잘 지키면서 해보았니?

다. 활동의 유의점

1) 활동하기 전에 표지판의 규칙에 대해 알아보도록 한다.
2) 규칙을 어기지 않고 게임을 해보도록 한다.

라. 활동평가

1) 음절의 수에 맞게 칸을 이동하였는가?
2) 표지판의 규칙을 잘 지키면서 하였는가?

활동 5 지하철을 타요

활동유형 대소집단 활동

활동연령 만 4세

영역 의성어 · 의태어 재구성하기

목표
- 그림책의 내용을 이해하고 감상한다.
- 다양한 의성어, 의태어를 이해하고 새롭게 만들어 볼 수 있다.

2019 개정 누리과정 관련요소
- 의사소통 〉 듣기와 말하기 〉 말이나 이야기를 관심 있게 듣는다.
- 의사소통 〉 듣기와 말하기 〉 자신의 경험, 느낌, 생각을 말한다.
- 의사소통 〉 듣기와 말하기 〉 상황에 적절한 단어를 사용하여 말한다.

가. 활동자료

『지하철을 타요』 그림책, 의성어, 의태어 바꾸기 판, 사후 활동지, 지하철 그림

나. 활동방법

1) 유아들과 지하철을 타본 경험에 대하여 이야기를 나눈다.
   - 선생님이 보여주는 사진이 어떤 교통기관이니?
   - 지하철을 타본 적이 있니?

- 어떤 역이 기억에 나니?
- 지하철을 타면서 어떤 것을 보았니?
- 어떤 소리들이 들렸니?

2) 『지하철을 타요』 그림책을 들려주며 이야기 나눈다.
- 지하철을 타면서 어떤 일들이 있었니?
- 그림책을 보면서 다른 그림책과 어떻게 달랐니?
- 다양한 소리가 나왔는데 어떤 것이 기억에 남니?

3) 그림책 일부분인 그림판을 보여주며 유아들과 함께 의성어, 의태어를 바꾸어 본다.
- 손잡이를 잡았는데 '덜컹덜컹'이라고 표현했는데 왜 이런 소리가 났을까?
- 너희가 작가 선생님이라면 '덜컹덜컹'을 어떤 말로 바꾸어 보면 좋을까?
- ㅇㅇ는 ㅇㅇㅇ라고 표현했구나. 왜 그런 소리가 났을까?

4) 유아들과 의성어, 의태어를 바꾸어 본 후 동화를 다시 한번 읽어본다.
- 우리들이 바꾼 말로 다시 한번 들어보자.

5) 평가하고 마무리한다.
- 그림책에 쓰여져 있는 소리를 바꾸어 보았는데 어떤 마음이 들었니?
- 어려운 것이 있었니?
- 또 다른 말로 해보고 싶은 사람은 언어영역에서 놀이해 보도록 하자.

다. 활동의 유의점

1) 의성어, 의태어가 어떤 동삭, 어떤 소리의 의미인지 유아들과 이야기를 나누고 소리 바꾸기를 하도록 한다.

라. 활동평가

1) 유아들이 의성어, 의태어로 표현된 말의 의미를 잘 이해하는가?
2) 유아들이 다양한 언어로 표현할 수 있는가?

마. 확장활동

1) 의성어, 의태어를 몸으로 표현해 본다.

활동 6 교통수단 암호를 풀어라

활동유형 대소집단 활동

활동연령 만 5세

영　　역 언어

목　　표
- 교통수단의 이름을 말할 수 있다.
- 암호를 풀어봄으로써 교통수단의 단어를 익힌다.

2019 개정 누리과정 관련요소
- 의사소통 〉 읽기와 쓰기에 관심 가지기 〉 말과 글의 관계에 관심을 가진다.

가. 활동자료

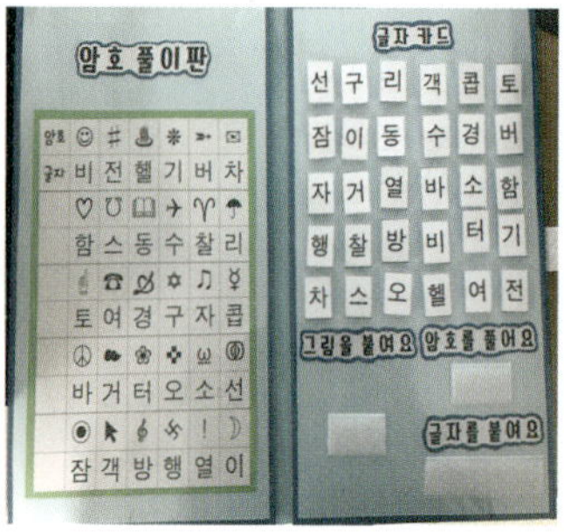

나. 활동방법

1) 지난 이야기 나누기 시간에 했던 다양한 교통수단에 대해 회상한다.

2) 놀이자료를 보고 이야기를 나눈다.
   - 암호풀이를 어떻게 하는지 설명한다.
   - 각 글자 단어를 보고 말해본다.
   - 교통수단에 대한 그림 카드를 보고 교통수단 이름을 말한다.

– 정답 카드에 대해 설명한다.

3) 활동방법을 소개 후 활동한다.

활동방법

① '암호를 풀어라'에 단어카드를 붙인다.
② 암호 단어 카드를 보고 암호 풀이판에서 알맞은 글자 카드를 찾아 붙인다.
③ 찾아 붙인 단어에 맞는 교통수단 사진을 붙인다.
④ 정답 카드를 보고 확인한다.
⑤ 완성된 단어를 읽어본다.

4) 놀이활동 후 평가한다.
– 놀이를 하면서 어려운 점은 없었니?
– 암호를 잘 풀어보았니?

다. 활동의 유의점

1) 암호를 잘 풀 수 있도록 한다.
2) 단어 글자 카드를 분실하지 않도록 한다.

라. 활동평가

1) 암호를 푼 교통수단 이름을 말할 수 있는가?

놀이 주제 02

세계 여러 나라

1) 놀이 상황

만 5세 유아들이 역할영역에서 승무원 놀이를 하면서 각자 여행했던 경험 이야기를 하고 있었다.

예나 : 나 엄마랑 아빠랑 비행기 타고 어디 갔다 왔다~
유리 : 우와~ 예나야! 너 어디 가서 뭐 보고 왔어?
승훈 : 나도 언제 할머니 할아버지가 제주도 살아서 비행기 타고 갔다 왔다.
예나 : 어, 그런데 비행기 안에 예쁜 언니가 예쁜 옷 입고 손님들한테 주스도 주시고 나한테 초콜릿도 주셨다?
유리 : 와! 나도 그 옷 입고 싶다.
승훈 : 난 언제 또 언니들 말고 멋진 아저씨가 손님들 가방 올려주는 것도 봤다. 나도 그 놀이 해야지~
유리 : 그럼 우리 비행기 조종사, 비행기 안에 언니, 아저씨 놀이 하자.
교사 : 비행기 안에서 우리들을 도와주는 언니, 오빠들을 승무원이라고 부른단다.
유리 : 아하!

만 5세 다른 유아들은 언어영역에서 그림책 『할머니의 선물』을 같이 보면서 여행할 때 필요한 물건 등에 대해 이야기를 하고 있었다.

수진 : 너 여권 알아? 나 여권 있다. 너는 있니?
민우 : 나도 있다. 너만 있는 거 아니야. 비행기 타려면 모두 있어야 해.
수진 : 맞아, 나도 알아. 여권 가지고 여행한 적 있다. 여행하면서 어디도 가고 내가 좋아하는 맛있는 것도 먹고 그랬다.
민우 : 나 언제 가족들하고 여행할 때 친구들 줄 선물 사본 적 있다.
수진 : 나도 있어. 우리 엄마가 엽서, 좋은 냄새나는 그런 거 선물 준다고 산 거 본 적 있어.

2) 놀이 상황 분석 및 교사의 지원

유아들은 역할놀이와 언어영역에서 '여행'에 대한 경험 이야기들을 하고 있었다. 주로 누구와 갔는지, 무슨 음식을 먹었는지, 다른 나라에서 무엇을 하고 보았는지에 대해 이야기를 하고 있었다. 이에 교사는 여행을 해본 경험을 토대로 여행이 무엇인지에 대한 이야기를 나누도록 하였다. 또한 여행하면서 경험할 수 있는 '다른 나라 음식', '다른 나라 친구들'에 대해 관심을 가지고 놀이가 확장되도록 놀이 활동을 하였다.

3) 누리과정 영역별 놀이 활동

세계 여러 나라

〈의사소통〉

- 세계 여러 나라 인사 해보기
- 여행이란?*
- 다른 나라의 의사소통 방법에 대해 알아보기
- 우리는 하나!!
- 만약 내가 다른 나라(이집트, 네덜란드 등)에 간다면?
- 할머니와 함께 여행가요*
- 음식 카드를 맞춰요*
- 책 속의 친구에게(편지쓰기)*
- 세계 여러 나라의 대표 건물에 대한 암호 풀기
- 세계 여러 나라를 가기 위한 다양한 방법

〈신체운동 · 건강〉

- 세계 여러 나라의 민속춤 놀이
- 나라 매트에서 대륙 찾아가기

〈사회관계〉

- 기장님, 승무원 되어보기
- 세계 여러 나라의 축제 즐겨보기

〈예술경험〉

- 다른 나라의 전통의상 만들어 보기
- 다른 나라 장신구 만들기
- 세계 여러 나라의 집 만들기 (기와집, 풍차집, 이글루 등)
- 내가 만약 네덜란드에 간다면? 콜라주

〈자연탐구〉

- 다른 나라 화폐 관찰하기
- 여러 나라 곤충 관찰하기
- 다른 나라 화폐단위 경험하기
- 오대양 육대주 퍼즐 맞추기

4) 관련 그림책

모자 쓰고 인사해요

■ 서지정보
- 글, 그림 : 한경대 디자인학부 구성, 이혜경 그림
- 출판사 : 보림
- 출판연도 : 2006년

■ 내 용

안녕하세요, 센 베노, 나마스떼, 즈드라스부이쩨! 세계 여러 나라 인사말과 문화를 소개하며 모자와 가면 형태로 된 보드북이다.

■ 특징 및 교육적 적용
- 세계 여러 나라의 전통모자를 쓴 느낌을 알 수 있도록 머리를 넣을 수 있는 공간이 있고, 그 나라 사람들처럼 인사도 해볼 수 있도록 되어 있는 그림책이다. 또한 그 나라 문화의 특징에 대한 소개도 되어 있어 유아들이 그림책을 보면서 세계 여러 나라의 모자를 쓰고 그 나라 인사말로 인사해 보며 문화를 체험해 볼 수 있다.

바바의 세계여행

■ 서지정보
- 글, 그림 : 로랑 드 브루노프
- 출판사 : 국민서관
- 출판연도 : 2008년

■ 내 용

코끼리 왕 바바 가족은 코끼리 1호기를 타고 이탈리아의 로마, 스페인, 인도, 일본, 프랑스에서 남극까지 14개 나라를 여행하면서 각 나라의 인사말과 문화체험을 하고 유명한 유적지를 둘러본다.

■ 특징 및 교육적 적용
- 주인공 바바 가족과 함께 세계 여행을 떠나 그 나라의 인사말과 문화를 체험하고 다른 친구들이 살아가는 모습을 경험할 수 있도록 구성된 그림책이다. 유아들과 함께 각 나라의 문화를 함께 만나보고 비교해 보며 ○○여행 책을 만들어 보거나 우리나라를 여행하는 바바를 소개하는 장면도 그려보는 활동을 해볼 수 있다.

마들렌카

■ 서지정보

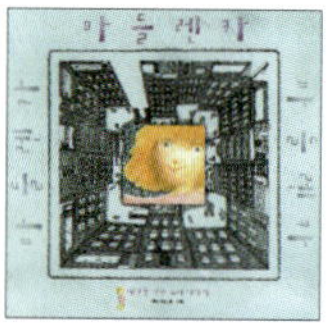

- 글, 그림 : 피터 시스
- 출판사 : 베틀북
- 출판연도 : 2002년

■ 내 용

뉴욕에 살고 있는 마들렌카는 앞니가 흔들리는 것을 느낀다. 그리고 이 놀라운 소식을 전하기 위해 뛰쳐나가 외친다. '이야호! 여러분, 내 이가 흔들려요!' 마들렌카는 동네 한 바퀴를 돌면서 세계 여러 나라에서 온 동네 사람들이 하는 빵집, 꽃집 등에 가서 그 나라 말로 인사하며 문화를 만난다.

■ 특징 및 교육적 적용

- 이 그림책은 구멍이 뚫린 책으로 유아들이 호기심을 가지고 볼 수 있으며, 주인공 마들렌카가 이가 흔들린다고 세계 여러 나라에서 온 동네 사람들에게 인사한다. 인사를 하러 가는 이웃집에 갈 때마다 그 나라를 소개하는 문화가 보이고, 다음 장으로 연결되면서 인사말과 다양한 문화가 보인다. 세계 여러 나라 사람들의 문화를 자연스럽게 접할 수 있으므로 유아들과 그림책을 보면서 자연스럽게 인사말과 그 나라에 대해서 이야기를 나눌 수 있다.

아델과 사이먼

■ 서지정보

- 글, 그림 : 바바라 매클린톡
- 출판사 : 베틀북
- 출판연도 : 2007년

■ 내 용

아델과 사이먼 남매는 학교를 마친 후 파리의 이곳저곳을 돌아다니며 사이먼의 갖가지 물건들을 잃어버리는 소동을 겪는다. 아델은 누나로서 동생을 의젓하게 챙기고 잃어버린 물건을 되찾으려 노력하지만 동생 사이먼은 그림과 책, 장갑, 목도리, 스웨터 같은 잃어버린 물건에는 관심이 없다.

■ 특징 및 교육적 적용

- 두 남매가 학교를 마치고 파리의 이곳저곳을 다니지만 동생은 그곳에서 물건을 계속 잃어버리고 누나는 물건을 찾아준다. 이 그림책은 잃어버린 물건이 군데군데 숨어 있어 찾는 재미를 느낄 수 있으며 섬세한 펜과 풍부한 색감으로 파리의 풍경을 그려내고 있다. 유아들과 프랑스의 문화를 경험하며 잃어버린 물건을 찾아보는 활동을 해볼 수 있다.

할머니의 선물

■ 서지정보
- 글, 그림 : 조 엘렌 보가르트
- 출판사 : 사계절
- 출판연도 : 2000년

■ 내 용

할머니가 세계여행을 떠나면서 엄마에게 선물로 받고 싶은 게 무엇이냐고 물었다. 엄마는 할머니가 가는 곳의 느낌을 생생하게 전할 수 있는 것을 선물로 주문한다. 할머니는 엄마의 질문에 일일이 약속대로 선물한다.

■ 특징 및 교육적 적용
- 그림이 점토로 만들어져 있는 독특함이 그림책을 돋보이게 하며 할머니가 여행가는 나라의 국기와 특징들을 찾는 재미를 느낄 수 있다.

와! 신나는 세계여행

■ 서지정보
- 글, 그림 : 마를렌 라이델
- 출판사 : 책내음
- 출판연도 : 2012년

■ 내 용

카지미어와 함께 세계 여행을 떠나 터키의 화려한 건축물과 중국의 만리장성, 알래스카의 에스키모와 네덜란드의 풍차 등 세계 곳곳의 풍물을 재미있게 체험하면서 무한한 상상의 나래를 펼친다.

■ 특징 및 교육적 적용
- 세계 곳곳의 사람들과 풍물을 판화기법으로 독특하고 환상적으로 표현되어 있으며, 그림책을 통해 유아들에게 세계 여러 나라에 대한 호기심을 불러일으키고 동시에 모험심과 도전정신을 심어줄 수 있다.

5) 언어발달 측면의 교육적 놀이 지원

활동 1 '여행'에 대해서

활동유형 이야기 나누기

활동연령 만 5세

목 표
- 세계 여행에 관심을 가진다.
- 여권이 무엇인지 안다.
- 자신이 여행을 가고 싶은 나라에 대해 이야기 나눈다.

2019 개정 누리과정 관련요소
- 의사소통 〉 듣기와 말하기 〉 자신의 경험, 느낌, 생각을 말한다.
- 의사소통 〉 듣기와 말하기 〉 말이나 이야기를 관심 있게 듣는다.

가. 활동자료

여권사진, 여행사진

나. 활동방법

1) 여행을 가본 적이 있어요?
2) 어디로 가보았니? 거기서 무엇을 했지요?
3) 다른 나라로 여행을 가본 경험이 있나요?
4) 그럼 우리는 왜 여행을 하는 것일까요?
   - 다른 장소에 있는 것을 보려고요.
   - 맛있는 음식을 먹으려고요.
   - 유적지, 대표 건물을 보려고요.
5) 여행을 하면 어떤 기분이 들까요?

– 설레는 기분이요.

– 날아가는 기분이요.

6) 여행갈 때 무엇을 가지고 갈까요?

– 여권, 세면도구, 가방, 돈, 지갑 등

7) 여권은 무엇인가요?

– 여행갈 때 꼭 필요한 거요.

8) 여권은 다른 나라를 여행하는 사람이 그 나라의 사람임을 증명해 주기 때문에 다른 나라에 여행하는 사람의 보호를 요청할 수 있어요.

9) 만약 지금 여권을 가지고 다른 나라를 여행할 수 있다면 어디로 떠나고 싶나요?

10) 그럼 그 나라에서 어떤 여행을 하고 싶나요?

– 맛있는 음식을 먹으로 다니고 싶어요,

– 엄마랑 같이 뛰어놀고 싶어요.

– 유명한 거(유적지)를 보고 싶어요.

– 사진을 찍고 싶어요.

다. 활동의 유의점

1) 다른 나라에는 어떤 나라가 있는지 유아들과 다양한 이야기를 나눈다,

2) 여권의 뜻과 용도에 대해 흥미를 가질 수 있게 한다.

라. 활동평가

1) 세계 여행에 관심을 가졌는가?

2) 여권이 무엇인지에 대해 아는가?

3) 자신이 여행을 가고 싶은 나라에 대해 이야기 나누었는가?

활동 2 할머니와 함께 여행가요

활동유형 자유놀이

활동연령 만 5세

영　　역 언어

목　　표
- 세계 여러 나라의 이름과 상징하는 것들에 대해 알 수 있다.
- 지도를 보며 나라의 위치에 대해 알 수 있다.

2019 개정 누리과정 관련요소
- 의사소통 〉 읽기와 쓰기에 관심 가지기 〉 주변의 상징, 글자 등의 읽기에 관심을 가진다.
- 의사소통 〉 듣기와 말하기 〉 상황에 적절한 단어를 사용하여 말한다.

가. 활동자료

그림책 『할머니의 선물』, 세계지도 게임판, 여권, 룰렛, 색깔 있는 비행기

나. 활동방법

1) 『할머니의 선물』 그림책을 회상하며 이야기 나눈다.
   - 이 그림책에서 할머니가 여행하셨던 나라를 기억하니?
   - 그 나라에서 어떤 것들을 소개했었니?

2) 게임자료를 보며 이야기 나눈다.
- 게임판에 무엇이 보이니?
- 할머니가 다녀오신 나라들을 찾아보자.
- 나라별로 어떤 사진들이 보이니?
- 여권, 룰렛판을 보니 어떻게 하는 게임일까?

3) 활동방법을 소개한 후 활동을 해본다.

활동방법

① 유아 2~4명이 각자 여권을 하나씩 나누어 가진다.
② '가위바위보'로 게임진행 순서를 정한다.
③ 순서대로 차례차례 룰렛을 돌려 '만리장성, 선물, 북극곰, 산, 카레라이스, 한 번 쉬기' 글자가 쓰여 있는 곳에 화살표가 도착하면 음절 수를 세어 게임판에 있는 말을 움직인다.
④ 음절 수에 맞게 움직인 말이 나라에 도착하면 그 나라의 이름을 친구들에게 말한 후 자신의 여권에 있는 비행기를 그 나라 위에 붙이고 나라 이름 카드를 떼어서 자신의 여권에 붙인다.
⑤ 가장 빨리 모든 나라를 다녀온 유아가 승리한다.

4) 활동 후 평가한다.
- 게임하면서 어떤 점이 가장 재미있었니?
- 불편했거나 바꾸었으면 하는 것이 있었니?

다. 활동의 유의점

1) 활동하기 전에 그림책을 읽고 할머니가 여행했던 나라들과 나라의 특징에 대해 알 수 있도록 한다.
2) 같은 나라에 또 도착을 하면 쉬고, 모든 나라를 여행하면 게임을 마친다.

라. 활동평가

1) 그림책 속 단어의 음절 수를 셀 수 있는가?
2) 세계 여러 나라 이름과 서로 다른 문화에 관심을 갖는가?

활동 3 음식 카드를 맞춰요

활동유형 자유놀이

활동연령 만 5세

영　　역 언어

목　　표
- 세계 여러 나라의 전통음식의 종류와 이름을 알 수 있다.
- 세계 여러 나라 단어를 알 수 있다.

2019 개정 누리과정 관련요소
- 의사소통 〉 읽기와 쓰기에 관심 가지기 〉 주변의 상징, 글자 등의 읽기에 관심을 가진다.
- 의사소통 〉 듣기와 말하기 〉 자신의 경험, 느낌, 생각을 말한다.

가. 활동자료

세계 여러 나라 음식 단어카드, 음식 단어카드 찾기판, 단어 찾는 비행기, 활동지

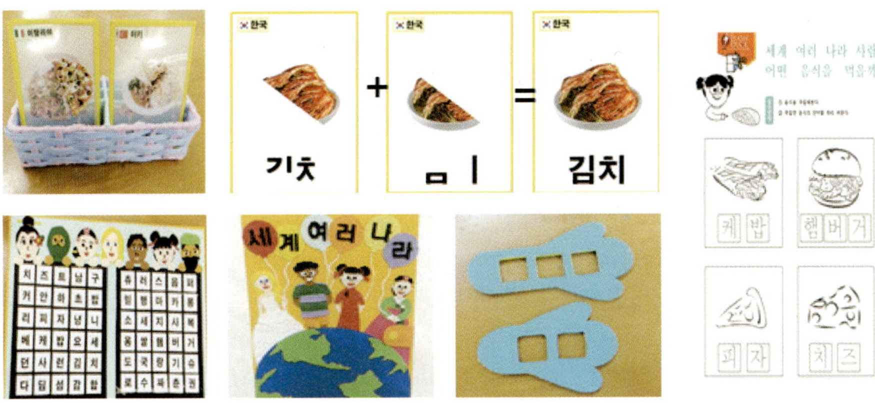

나. 활동방법

1) '여러 나라의 음식' 이야기 나누기를 회상하며 이야기 나눈다.
   - 이야기 나누기 시간에 세계 여러 나라의 음식들을 이야기했던 것 기억나니?
   - 우리나라에 전통음식은 무엇이 있었니?
   - 중국의 전통음식은 무엇이 있었니?

2) 게임자료를 보며 이야기 나눈다.
   - 카드에 무엇이 보이니?
   - 단어 찾기판에 무엇이 보이니?
   - 여러 나라 음식카드와 단어 찾기판을 보니 어떻게 하는 게임일까?
   - 단어 찾는 비행기를 이용하여 카드에 있는 글자를 찾아보자.

3) 활동방법을 소개한 후 활동을 해본다.

활동방법

① 유아 2명이서 단어 찾는 두 칸 비행기, 세 칸 비행기를 하나씩 나누어 가진다.
② 음식 단어카드 상자에서 카드 두 장을 꺼내 결합한다.
③ 결합하여 맞춰진 단어를 음식 단어 찾기판에서 단어 찾는 비행기를 이용하여 찾아본다.
④ 단어를 찾아본 뒤에 활동지로 마무리한다.

4) 활동 후 평가한다.
   - 게임하면서 어떤 점이 가장 재미있었니?
   - 불편했거나 바꾸었으면 하는 것이 있었니?

다. 활동의 유의점

1) 활동하기 전에 이야기 나누기를 통해 세계 여러 나라의 음식에 대한 종류를 알 수 있도록 한다.
2) 단어 찾기 비행기를 이용해서 번갈아 가며 두 단어, 세 단어를 찾아보도록 한다.

라. 활동평가

1) 자음과 모음을 결합해서 단어를 구성할 수 있는가?
2) 세계 여러 나라의 이름과 음식에 관심을 갖는가?

활동 4 책 속의 친구에게 편지쓰기

활동유형 대소집단 활동

활동연령 만 5세

영 역 언어

목 표
- 다른 나라 친구에 대해 관심을 가지고 그 나라의 문화를 이해하고 존중한다.
- 다른 나라 친구들에게 나를 소개할 수 있다.

2019 개정 누리과정 관련요소
- 의사소통 〉 듣기와 말하기 〉 말이나 이야기를 관심 있게 듣는다.
- 의사소통〉 듣기와 말하기 〉 상대방이 하는 이야기를 듣고 관련해서 말한다.
- 의사소통 〉 책과 이야기 즐기기 〉 책에 관심을 가지고 상상하기를 즐긴다.

가. 활동자료

그림책 『애들아, 안녕』, 편지, 가위, 풀, 본드, 색연필, 가족사진

나. 활동방법

1) 『애들아, 안녕』 그림책을 소개하며 이야기 나눈다.
   - 자유놀이 언어영역에 놓아둔 『애들아, 안녕』 그림책을 읽어보았니?
   - 읽었던 친구들 중에 소개하고 싶은 나라가 있었니?
   - 이 책은 다른 나라의 어린이들이 어떻게 생활하고 있는지 적혀 있단다.
   - 어느 나라 어린이의 이야기를 듣고 싶니?

2) 유아들이 선택한 다른 나라 어린이들의 생활에 대한 이야기를 들려준다.

3) 『애들아, 안녕』 그림책의 다른 나라 어린이들의 생활에 대한 이야기를 듣고 이야기를 나눈다.
   - ○○ 어린이의 편지 이야기를 듣고 어떤 마음이 들었니?
   - 왜 그렇게 생각했니?
   - 우리나라와 어떤 점이 다르다고 생각했니?
   - 우리나라와 다른 나라가 비슷한 점이 있었니?

4) 책 속의 친구에게 하고 싶은 말을 이야기해 본다.
   - 책 속에 등장했던 어린이에게 어떤 말을 해주고 싶니? 왜 그렇게 생각했니?

5) 책 속의 친구에게 하고 싶은 말을 편지로 표현해 본다.
   - 너희가 책 속의 친구에게 편지를 전달한다면 어떻게 표현해 주면 좋을까?
   - 세계 여러 나라 친구들이 너희의 모습을 볼 수 있도록 하려면 어떻게 하면 좋을까? (편지로 표현하고 유아들의 사진, 가족사진 등을 붙일 수 있도록 한다)

6) 유아들이 책 속의 친구에게 쓴 편지를 소개한다.

7) 책 속의 친구에게 편지쓰기 활동을 평가한다.
   - 힘들거나 어려운 점은 없었니?
   - 어떤 것을 더 바꾸어 보면 좋겠니?

다. 활동의 유의점

1) 언어영역에 세계 여러 나라 관련 그림책을 미리 제시해 주어 유아들이 관심을 갖도록 한다.

2) 글씨를 잘 못 쓰는 유아는 교사가 도와주거나 그림으로 표현할 수 있도록 한다.

라. 활동평가

1) 그림책을 주의 깊게 듣고 내용을 이해하고 감상했는가?
2) 문화의 다름을 이해하고 존중하는가?
3) 자신의 생각을 적절히 표현할 수 있는가?

마. 확장활동

1) 유아들이 쓴 편지를 모아서 책으로 묶어 언어영역에 놓아준다.

참/고/문/헌

강동일 역(1995). **문자의 역사**. Albertine, G. 저. 서울 : 새날.

강숙현(2001). **관찰과 기록화를 통한 유아평가**. 서울 : 교육과학사.

공주대학교 국어교육과 교과교재편찬위원회(2007). **의사소통기술**. 충남 : 공주대학교출판부.

곽금주 외(2006). **아동발달심리학**. 서울 : 박학사.

교육과학기술부(2012). 3~5세 누리과정 지침서. 서울 : 교육과학기술부.

교육과학기술부 · 보건복지부(2012). 3~5세 누리과정 지침서. 서울 : 교육과학기술부.

교육부(2025). 2024 개정 표준보육과정(0~2세) 해설서.

교육부 · 보건복지부(2019). 2019년 개정 누리과정 놀이실행자료.

________________(2019). 2019년 개정 누리과정 놀이이해자료.

________________(2019). 2019년 개정 누리과정 해설서.

국가교육과정정보센터(2014). 초등학교 교육과정.

권오식 · 윤혜경(1996). 4, 5세 아동의 읽기발달에 관한 연구 아동. **가족복지 연구**, 1, 1-26.

김명순(1999). 4~5세 아동의 읽기 · 쓰기 발달에 대한 어머니의 신념과 가정문해환경에 대한 연구. **생활과학논집**, 13, 120-131.

김명순 · 김길숙 · 임양미 · 이유진(2008). 만 3~5세 유아를 위한 교실 내 언어 및 문해환경 평가 척도(ELLCO) 타당화 연구. **유아교육연구**, 28(6), 27-45.

김선옥(2005). 읽기에 영향을 미치는 변인 연구 : 단기 종단적 연구. **유아교육연구**, 25(1), 129-146.

김선옥 · 조희숙(2004). 유아의 음운처리 과정이 읽기에 미치는 영향. **유아교육연구**, 24(1), 215-240.

김영태 · 성태제 · 이윤경(2000). **취학 전 아동의 수용언어 및 표현언어 발달척도(PRES)**. 서울 : 서울장애인종합복지관.

김영태 · 신문자(2004). **우리말 조음음운 평가학습(U-TAPU-WAP)**. 서울 : 학지사.

김영태 · 장혜성 · 임선숙 · 백현정(1995). **그림 어휘력 검사(PPVT-R)**. 서울 : 서울장애인종합복지관.

김영태 · 홍경훈 · 김경희 · 장혜성 · 이주연(2009). **수용 · 표현 어휘력 검사(REVT)**. 서울 : 서울장애인종합복지관.

김현자 · 조증열(2001). 학령 전 아동에서 음운인식, 시각지각 및 한글 읽기와의 관계. **한국심리학**

회지 : 발달, 14(2), 15-28.
김현정(2001). 유아의 또래 간 실제적 갈등상황에 대한 이야기가 조망수용 및 유아 문제해결 사고에 미치는 영향. 이화여자대학교 교육대학원 석사학위논문.
김화수 · 신혜림(2011). 3~4세 한국 아동의 초기 문식성과 어휘능력의 관계. **특수교육재활과학연구, 50**(4), 103-120.
남 규 · 이지현(2009). 교사의 그림책 읽기 상호작용 유형에 따른 영아의 언어발달 비교. **아동학회지, 30**(4), 257-276.
노영희 · 김창복 · 전유영(2014). **영유아 언어교육**. 경기 : 양서원.
단현국(2012). 교사-유아 관계와 유아의 언어수행능력. **한국유아교육연구, 14**(1), 5-35.
마송희 · 오채선(2002). 노래와 그림동화책을 활용한 영어교육활동이 유아의 어휘력과 이야기회상에 미치는 효과. **한국영유아보육학회, 30**, 179-206.
민영순(1994). **교육 심리학**. 서울 : 문음사.
박정민(2002). 다운증후군 유아와 일반유아의 언어 및 몸짓 발달 비교 연구. 이화여자대학교 대학원 석사학위논문.
박찬옥 · 구수연 · 이옥임(2010). **영아-교사 상호작용의 이론과 실제**. 경기 : 정민사.
박향아(2000). 아동의 음운인식 발달. **아동학회지, 21**(1), 35-44.
배소영 · 김선숙 · 이지희 · 장혜성(2004). **구문 이해력 검사**. 서울 : 서울장애인종합복지관.
보건복지부 · 육아정책연구소(2013). 제3차 어린이집 표준보육과정 교사용 지침서.
________________________(2020). 2020 개정 표준보육과정(0~2세) 해설서 개발 연구.
새세대육영회 부속연구소(2005). **교육과정 교수자료세트 동시활동 지도 자료집**. 서울 : 새세대육영회.
서정숙(2013). 그림책과 아이들. **책둥이, 57**.
서정숙 · 남 규(2010). **유아문학교육**. 서울 : 창지사.
석동일 · 박상희 · 신혜정 · 박희정(2008). **한국어 표준 그림 조음음운 검사(KS-PAPT)**. 서울 : 학지사.
성현란 · 이현진 · 김혜리 · 박영신 · 박선미 · 유연옥 · 손영숙(2001). **인지발달**. 서울 : 학지사.
신귀련(2002). 이중 언어 경험 정도에 따른 유아의 상위언어능력 발달에 관한 연구. 부산대학교 대학원 석사학위논문.
신정숙(2018). 교사를 위한 유아의사소통능력 측정척도의 개발. 덕성여자대학교 대학원 박사학위논문.
신혜림(2011). 3~4세 한국 아동의 초기 문식성과 어휘능력의 관계. **특수교육재활과학연구, 50**(4), 103-120.
엄은나(2006). 유아의 의사소통능력 향상을 위한 프로그램 구성 및 적용효과. 중앙대학교 대학원 박사학위논문.
윤혜경(1997). 아동의 한글읽기 발달에 관한 연구 : 자소-음소 대응규칙의 터득을 중심으로. 부산

대학교 대학원 박사학위논문.
이경화 · 조순옥 외(2003). **유아언어교육**. 서울 : 창지사.
이경화 · 조순옥 · 김정원 · 심은희 · 이연규 · 이문정(2009). **영유아를 위한 언어교육**. 서울 : 창지사.
이연승 · 김영실 · 김진영(2007). 제7차 유치원 교육과정 언어생활 영역 시안 개발 연구. **유아교육연구, 27**(1), 143-166.
이영자(2009). **유아 언어발달과 지도**. 경기 : 양서원.
이영자 역(1999). **놀이를 통한 읽기와 쓰기의 지도** - 유아의 읽기와 쓰기 기초 단계 이해. 주디스 쉬케단츠 지음. 서울 : 이화여자대학교출판부.
이영자 · 이종숙(1985). 비지시적 지도방법에 의한 유아의 읽기와 쓰기 행동의 발달. **덕성여대논문집, 14**, 367-402.
이영자 · 이지현(2006). 유아의 개인적 · 가상적 내러티브에 나타난 정신상태 용어, 내러티브 수준, 마음이론, 어휘 수준에 관한 연구. **열린유아교육연구, 11**(1), 153-178.
이은화(1985). 교사의 언어형태. **새세대, 35**, 14-15.
이정모 · 이재호(1998). **인지심리학의 제문제 II -언어와 인지**. 서울 : 학지사.
이정아(2017). 유아들의 사회적 상호작용에 나타나는 의사소통에 대한 해석학적 이해. 중앙대학교 대학원 박사학위논문.
이종인 역(2003). **문자의 역사**. Georges Jean 저. 서울 : 시공사.
이지현 · 마송희 · 김수영 · 정정희(2009). **영유아를 위한 언어교육**. 경기 : 공동체.
______________________(2013). **영유아를 위한 언어교육**(제2판). 경기 : 공동체.
이지현 · 전홍주 · 박은혜(2012). 3~4세 유치원교육과정, 5세 누리과정, 초등 1학년 교육과정 언어교육 내용의 연계성 분석. **유아교육학논집, 16**(4).
이차숙(1999). 유아의 음운인식과 읽기능력과의 관계에 관한 연구. **교육학연구, 37**(1), 389-406.
_____(2004). **유아언어교육의 이론적 탐구**. 서울 : 학지사.
_____(2005). **유아언어교육의 이론과 실제**. 서울 : 학지사.
장유경(1997). 한국 유아의 초기 어휘 획득에서 제약성의 역할. **인간발달연구, 4**, 76-87.
전경원(2000). 과거, 현재, 미래를 조망하는 신천년의 창의성 교육. **창조교육논총, 4**.
정남미(1996). 사회적 역할놀이가 유아의 말하기, 듣기, 읽기, 쓰기에 미치는 영향. 중앙대학교 대학원 박사학위논문.
_____(2014). **유아언어교육**. 서울 : 창지사.
조부경 · 조성연 · 박수옥(1996). 교사의 질문유형에 따른 유아의 창의성에 관한 연구. **아동학회지, 17**(1), 23-37.
조정숙 · 김은심(2003). **유아언어교육**(개정판). 서울 : 정민사.

창세기. 2:19; 11:1~9.

한국유아교육학회 편(1996). 유아교육사전-용어편-. 서울 : 한국사전연구사.

한유미 · 김혜선 · 권희경 · 양연숙(2010). 영유아 언어교육의 이해. 서울 : 학지사.

한유진(2000). 그림 동화책 읽기에서 유아와 어머니의 언어적 상호작용 전략과 유아의 이야기 구성능력. 서울대학교 대학원 박사학위논문.

홍성인(2000). 한국아동의 음운인식 발달. 연세대학교 대학원 석사학위논문.

황해익 · 송연숙 · 최혜진 · 정혜영 · 손원경(2009). (2007년 개정 유치원 교육과정에 따른) 유아 포트폴리오 평가. 서울 : 창지사.

Adams, M. J.(1990). *Beginning to Read : Thinking and Learning about Print*. Cambridge, MA : MIT Press.

Barbour, N. H., & Seefeldt, C.(1993). *Developmental Continuity across Preschool and Primary Grades : Implications for Teachers*. Wheaton, MD : Association for Childhood Education International.

Beck, I. L., McKeown, M. G., & Kucan, L.(2002). *Bringing Words to Life*. New York : Guilford Press.

Benedict, H.(1979). Early lexical development : Comprehension and production. *Journal of Child Language, 6*, 183-200.

Chall, J. S.(1967). *Learning to Read : The Great Debate*. New York : McGraw Hill.

Chall, J. S., & Dale, E.(1995). *Readability Revisited : The New Dale-Chall Readability Formula*. Cambridge, MA : Bookline Books.

Cho, J., & McBride-Chang, C.(2005). Correlates of Korean hangul acquisition among kindergarteners and second graders. *Scientific Studies of Reading, 9*(1), 3-16.

Clay, M. M.(2002). *An Observation Survey of Early Literacy Achievement*(2nd ed.). Portsmouth, NH : Heinemann.

Coulmas, F.(1990). *The Writing Systems of the World*. Basil Blackwell, Oxford.

Crain-Thoreson, C., & Dale, P. S.(1992). Do early talkers become early readers? Linguistic precocity, preschool language, and emergent literacy. *Developmental Psychology, 28*, 421-429.

Cunningham, A. E., & Stanovich, K. E.(1997). Early reading acquisition and its relation to reading experience and ability 10 years later. *Developmental Psychology, 33*(6), 934-945.

Dale, D. M. C.(1974). *Language Development in Deaf and Partially Hearing Children*. Illinoise : Charles C. Thomas.

DeFord, D. E.(1981). Literacy : Reading, writing and other essentials. *Language Arts, 58*(6), 652-658.

DeTemple, J.(2001). Parents and children reading books together. In D. Dickinson & P. Tabors(Eds.), *Beginning Literacy with Language*(pp. 31-51). Toronto : Paul H. Brookes Publishing Company.

DeTemple, J., & Tabors, P.(1994). Styles of interaction during a book reading task : Implications for literacy intervention with low-income families. In C. Kizner(Ed.), *Perspectives on Literacy Research and Practice : 44th Yearbook of the National Reading Conference*(pp. 265-271). Chicago, IL : National Reading Conference.

Dickinson, D. K., & Snow, C. E.(1987). Interrelaionships among prereading and oral-language skills in kindergarten from two social classes. *Early Childhood Research Quarterly, 2,* 1-25.

Flesch, R.(1955). *Why Johnny Can't Read : And What You Can Do about It.* New York : Harper.

Freeman, Y. S., & Freeman, D. E.(1992). *Whole Language for Second Language Learners.* Portsmouth, NH : Heinemann.

Gee, J. P.(1991). A linguistic approach to narrative. *Journal of Narrative and Life History, 1*(1), 15-39.

Goodman, Y.(1986). Children coming to know literacy. In W. Teale & Sulzby(Eds.), *Emergent Literacy : Writing and Reading.* Norwood, NJ : Ablex.

Halliday, M. A. K.(1975). *Learning How to Mean : Explorations in the Development of Language*(Explorations in Language Study). London : Edward Arnold.

Harris, T. L., & Hodges, R. E.(1995). *The Literacy Dictionary : The Vocabulary of Reading and Writing.* Newark, DE : internationai Reading Association.

Hecht, S., Burgess, S., Torgesen, J., Wagner, R., & Rashotte, C.(2000). Explaining social class differences in growth of reading skills from beginning kindergarten through fourth-grade : The role of phonological awareness, rate of access, and print knowledge. *Reading and Writing : An Interdisciplinary Journal, 12,* 99-127.

Hudson, J. A.(1990). The emergence of autobiographic memory in mother-child conversations. In R. Fivush & J. A. Hudson(Eds.), *Knowing and Remembering in Young Children*(pp. 166-196). New York : Cambridge University Press.

Jalongo, M. R.(2000). *Early Childhood Language Arts*(3rd ed.). Needham Heights, MA : Allyn and Bacon.

Lenneberg, E.(1967). *Biological Foundations of Language.* New York : John Wiley & Sons, Inc.

Lomax, R., & McGee, L.(1987). Young children's concepts about print and reading : Toward a model of word reading acquisition. *Reading Research Quarterly, 22,* 237-256.

Machado, A. B. M.(1999). Studies on neotropical Protoneuridae. 9. Phasmoneura cigana Santos, conspecific with Phasmoneura sancta(Hagen, 1860) comb. n.(Zygoptera). Notulae Odonatologicae, 5 : 37-38.

Machado, J. M.(2003). *Early Childhood Experience in Language Arts*(7th ed.). Thomson Delmar Learning.

Mason, J.(1980). When do children begin to read : An exploration of four-year-old children's letter and word reading competencies. *Reading Research Quarterly, 15,* 203-227.

McCabe, A., & Peterson, C.(1991). Getting the story : A longitudinal study of parental styles of eliciting narratives and developing narrative skill. In A. McCabe & C. Peterson(Eds.), *Developing Narrative Structure*(pp. 217-253). Hillsdale, NJ : Lawrence Erlbaum Associates.

Moran & Tegano(2005). Moving toward visual literacy : Photography as a language of teacher inquiry. *Early Childhood Research & Practice, 7*(1), 1-24.

National Early Literacy Panel(2009). Developing Early Literacy : Report of the National Early Literacy Panel Executive Summary. Washington, DC : National Institute for Literacy.

Ninio, A., & Bruner, J. S.(1978). The achievement and antecedents of labeling. *Journal of Child Language, 5*, 1-15.

Owens, R.(2001). *Language Development-An Introduction-*. Boston : Allyn and Bacon.

Peterson, C., & McCabe, A.(1983). *Developmental Pycholinguistics : Three Ways of Looking at a child's Narrative*. New York : Plenum.

Roskos, K., & Christie, J.(2000). *Play and Literacy in Early Childhood : Research from Multiple Perspective*. Mahwah, NJ : Lawence Erlbaum.

________________(2004). Examining the play-literacy interface : A critical review and future directions. In E. Zigler, D. singer, & S. Bishop-Jsoef(Eds.), *Children's Play : The Roots of Reading*(pp. 95-123). Washington, DC : Zero to Three Press.

Scarborough, H. S.(2002). Connecting early language and literacy to later reading abilities : Evidence, theory, and practice. In Neuman, S. B., & Dickinson, D. K.(Eds.), *Handbook of Early Literacy Research*. New York : The Guilford Press.

Scott, J.(2005). The development of word consciousness and general principles for teaching vocabulary. IRA's annual convention-presenter handouts, from Institute 6. www.reading.org/downloads/handouts/j-scott.

Senechel, M., Thomas, E., Monker, J., & Lawson, E.(1995). Individual differences in 4 year old children's acquisition of vocabulary during storybook reading. *Journal of Educational Psychology, 87*, 218-229.

Shaughnessy & Moore, T. L.(2006). The Encouragement of Thinking. *Journal of Thinking & Problem Solving, 16*(2).

Smith, J. O.(1962), Group language development for educable mentally retardates. *Exceptional Children, 29*, 95-101.

Smith, M. W., & Dickinson, D. K.(2002). *User's Guide to the Early Language* & *Literacy Classroom Obser-Vation Toolkit Research Edition*. Baltimore, MD : Brooks.

Snow, C. E.(1983). Literacy and language : relationships during the preschool years. *Harvard Educational*

Review, *53*, 165-189.

Snow, C. E., Burns, M. S., & Griffin, P.(Eds.)(1998). *Preventing Reading Difficulties in Young Children*. Washington, DC : National Academy Press.

Sternberg, R.(1987). Most vocabulary is learned from context. In M. G. McKeown, & M. E. Curtis(Eds.), *The Nature of Vocabulary Acquisition*(pp. 89-106). Lawrence Erlbaum Associates, Publishers.

Sulzby, E.(1985). Children emergent reading of favorite storybooks : A development study. *Reading Research Quarterly*, *20*(4), 458-481.

Teale, W. H., & Sulzby, E.(1986). *Emergent Literacy : Writing and Reading*. Norwood, NJ : Ablex.

Terman, L. M.(1916). *The Measurement of Intelligence : An Explanation of and a Complete Guide for the Use of the Stanford Revision and Extension of the Binet-Simon Intelligence Scale*. Boston : Houghton Mifflin.

Thomas, R. M.(2000). *Comparing Theories of Child Development*(5th ed.). Belmont, CA : Wadworth.

Torgesen, J., Wagner, R., & Rashotte, C.(1997). The prevention and remediation of severe reading disabilities : Keeping the end in mind. *Scientific Studies of Reading*, *1*, 217-234.

Vacca, J. L., Vacca, R. T., & Gove, M. T.(2000). *Reading and Learning to Read*(4th ed.). New York, NY : Longman.

Van Kraayenoord, C. E.(1983). Preschool screening for learning disabilities. Is it warranted?. *New Zealand Journal of Educational Studies*, *18*, 48-58.

Vukelich, C., Christie, J., & Enz, B.(2008). *Helping Young Children Learn Language and Literacy : Birth through Kindergarten*. Boston, MA : Pearson.

Vygotsky, L. S.(1978). *Mind in Society : The Development of Higher Psychological Processes*. Cambridge, MA : Harvard University Press.

Yaden, D., Rowe, D., & MacGillivary, L.(2000). Emergent literacy : A matter(polyphony) of perspective. In M. Kamil, P. Mosenthal, P. D. Pearson, & R. Barr(Eds.), *Handbook of Reading Research*(vol. Ⅲ, pp. 425-454). Mahwah, NJ : Erlbaum.

Yopp, H. K., & Yopp, R. H.(2007). Supporting phonemic awareness development in the classroom. *The Reading Teacher*, *54*, 130-143.

동아닷컴(2009. 8. 7). "따리마까시" 한글 쓰는 인도네시아 섬.

오마이뉴스(2012. 10. 23). 찌아찌아족은 한글을 공식문자로 채택하지 않았다.

위키백과(2013. 4. 2). 언어의 기원. ko.wikipedia.org/wiki/

조선일보(2003. 10. 6). 동물에게 말 가르칠 수 있을까? 언어유전자 없으면 평생 배워도 말 못해.

Daum 국어사전(2013. 6. 2). dic.daum.net/index.do?dic=kor

Daum 영화(2014. 9. 6). movie.daum.net

babysignlanguagerocks.com

www.maisonprog.com/main_down2_01_01.htm

저자소개

■ 남 규
대전보건대학교 유아교육과 교수

■ 최은영
육아정책연구소 연구위원

■ 장석경
국제대학교 유아교육과 교수

균형적 접근에 기초한

영유아 언어지도 [제6판]

| 공저자 | 남 규 · 최은영 · 장석경

| 1판 1쇄 | 발행 2015년 3월 5일
| 2판 1쇄 | 발행 2016년 2월 29일
| 3판 1쇄 | 발행 2018년 9월 10일
| 3판 2쇄 | 발행 2019년 8월 30일
| 4판 1쇄 | 발행 2020년 9월 10일
| 5판 1쇄 | 발행 2021년 8월 30일
| 5판 3쇄 | 발행 2023년 1월 30일
| 6판 1쇄 | 발행 2025년 8월 30일

| 발행인 | 김동훈
| 발행처 | **공동체**

| 주소 | 경기도 고양시 일산동구 호수로 358-39 동문타워 I 905호(백석동)
| 전화 | 031)814-3000(대표)
| 팩스 | 031)814-3100
| 홈페이지 | http://www.compub.co.kr
| 전자우편 | compub@naver.com
| 출판등록 | 2005년 10월 6일
| 등록번호 | 제396-2005-6호

| ISBN | 979-11-6725-992-9
정가 21,000원